中国社会出版社
国家一级出版社 · 全国百佳图书出版单位

图书在版编目（CIP）数据

宁夏最美地名故事．2020／妥永苍，崔晓华，李波主编．--北京：中国社会出版社，2021．12

ISBN 978－7－5087－6669－0

Ⅰ．①宁…　Ⅱ．①妥…　②崔…　③李…　Ⅲ．①地名－介绍－宁夏　Ⅳ．①K924．3

中国版本图书馆 CIP 数据核字（2021）第 253315 号

书　　名： 宁夏最美地名故事 2020
主　　编： 妥永苍　崔晓华　李　波

出 版 人： 浦善新
终 审 人： 王　前
责任编辑： 魏光洁

出版发行： 中国社会出版社　　　邮政编码：100032
通联方式： 北京市西城区二龙路甲 33 号
电　　话： 编辑部：（010）58124851
邮购部：（010）58124848
销售部：（010）58124845
传　真：（010）58124856
网　　址： shcbs. mca. gov. cn
经　　销： 各地新华书店

中国社会出版社天猫旗舰店

印刷装订： 河北鑫兆源印刷有限公司
开　　本： 170 mm × 240 mm　1/16
印　　张： 22．5
字　　数： 400 千字
版　　次： 2021 年 12 月第 1 版
印　　次： 2021 年 12 月第 1 次印刷
定　　价： 80．00 元

中国社会出版社微信公众号

《宁夏最美地名故事2020》编辑部

序

为加强地名文化宣传，展示宁夏地名文化的历史文脉，由自治区党委宣传部、民政厅、文联共同组织开展了宁夏地名文化宣传——“寻找最美地名故事与摄影作品”征集展播活动。共面向全社会公开征集地名故事184篇。本书汇集的，是本次活动评选出的优秀地名故事入围作品96篇。

地名，是人们赋予某特定范围内人文地理和自然地理实体的称谓。小儿呱呱坠地，一定要取个好名字。地名和人名一样，也要有个既好听，又蕴含深刻意义、良好意愿的名字。每个地名，尤其是时代久远的老地名，都有厚重的历史、文化，加上其渊源、变迁、影响、延伸使用，就构成了一个美丽的故事。

地名，是社会活动的媒介。大到管理国家、为政一方、经济活动，小到购买油盐酱醋、居家出行、上学上班，每个人在每天的生活中都离不开地名。为这种媒介提供的信息称地名信息，是社会基础信息。经济社会的发展和政府对社会的有效管理，都需要提供完整、准确、方便、规范的地名信息服务。

地名，是一种乡愁。人们对出生地、孩提时代的故土，为之长期艰苦奋战和生活的地方，都有一种思恋和怀旧情怀，沁人心脾，藏之肺腑。忆故土，乡愁是一个摇篮，我在里面，母亲在外面。思年轻，乡愁是一张旧船票，我在这里，她在彼岸。想壮年，乡愁是一部回忆录，甘甜与苦辣，奉献与成就，应有尽有。

然而，地名内涵最重要的，却是文化的传承。以“宁夏”为例，就蕴含着厚重的历史、文化。

夏，中国历史上的第一个朝代，我们自称“华夏”即源于此。其第一代君主禹，后人称“夏禹”或“大禹”。大禹治水“浮于积石，至于龙门西河”，中间经过宁夏，留下以青铜神斧劈山导河形成青铜峡的传说及禹王洞、禹王庙等古迹。公元 407 年，匈奴铁弗部首领赫连勃勃建立割据政权，定都统万城（陕西靖边县白城子古城），据有宁夏全境。他认为匈奴是夏禹的后代，故国号大夏，史称“赫连夏”。唐末五代，党项族以夏州（即统万城）为中心崛起，宋初从陕北逐步扩张到宁夏、内蒙古中西部、甘肃河西走廊。1038 年，其首领元昊称帝，定都兴庆府（后更名中兴府，今银川市），立国号为大夏。其境域“东尽黄河，西界玉门，南接萧关，北控大漠”。《宋史》有《夏国传》，因其版图在西，故史籍称西夏。西夏从正式建都立国到 1227 年被成吉思汗灭国，共 189 年。如从 1002 年李继迁攻占宁夏平原称“西平王”算起，长达 225 年，留下很多地名。忽必烈大汗中统二年（1261 年）创立行省制度，以西夏故地设“西夏中兴等路行中书省”，为全国 11 个行省之一，治中兴府（今银川市）。后与甘肃行省几经分合，于至元二十五年（1288 年）撤中兴路行省，设宁夏府路，寓意“安宁的西夏”。“宁夏”之名，由此传承至今。

由于地理环境优越，物产丰富，所以近现代有“天下黄河富宁夏”之说。如果追溯到古代，宁夏还有“塞北江南”的别号。唐代诗人韦蟾有诗曰：“贺兰山下果园成［城］，塞北江南旧有名。”“旧有名”就是早就出名了。“后周宣政二年破陈将吴明徹，迁其人于灵州，其江左之人尚礼好学，习俗相化，因谓之塞北江南。”这是文化风俗说。北宋宰相曾公亮所著《武经总要》前集卷十八在怀远镇（今银川市）又记：“有水田、果园……置堰分河水溉田，号为塞北江南即此也。”此为地理风貌说。不管用哪一说，都证实了“塞北江南”言之有据，而且已享誉 1500 多年。今天改作“塞上江南”，有一字之差，古“上”“北”相通，其实都一样。

至于宁夏所辖各地，都不乏历史、文化厚重的地名。如固原市，因居黄土高原“既高且平”之地，又在西周镐京的北面，所以在《诗经·小雅》的《六月》《出车》中，出现了“大原”“朔方”两个地名，北魏至隋唐称原州，明代改固原，也都如出一辙。宁夏现在有 3 个叫“古城”的地方，都源于西汉之前的古县：今彭阳县古城镇，是战国秦至北魏朝那县所在，祭祀文化、名人文化驰名全国；中宁县宁安镇的古城村，有西汉眴卷县遗址；吴忠市利通区有古城镇古城村，是西汉至元代灵州县、灵州城所在，因黄河洲岛“随水高下，未尝沦没，古号灵州”。盐池甘草、盐池滩羊、中宁枸杞，都已列为国家农产品地理标志名录，对当地经济发展至关重要，是地名文化延伸使用的丰硕成果。

这本优秀地名故事的出版，旨在弘扬、宣传宁夏地名文化。愿有更多的热心人，能加入地名文化的研究、宣传行列中，是为序。

（鲁人勇　退休公务员。原宁夏交通厅副巡视员。现为宁夏文史研究馆馆员，宁夏地名学会专家委员会主任委员。）

前言

一个地名，描绘一方山水；一个地名，记录一段历史；一个地名，承载一方风物；一个地名，留住一缕乡愁。乡愁是对故乡的眷恋，乡愁是永恒的情感。一个人走得再远，故乡都是心中永远的羁绊。地名是文化的重要载体，留住家乡地名，能唤起人们的文化记忆，传唱美丽的乡土传说。

为进一步加强地名文化宣传，展示宁夏地名文化的历史文脉，扩大地名文化的社会影响力，由自治区党委宣传部、民政厅、文联共同组织，面向区内外地名爱好者、地名工作者，开展了宁夏地名文化宣传——“寻找最美地名故事”征集展播活动。

活动以“最美地名故事”为主题，围绕宁夏地域文化、红色文化、丝路文化、边塞文化等地名文化遗产，以故事、图片形式，反映宁夏的大好河山、古镇名村、文化古迹和风景名胜。

该活动由宁夏回族自治区党委宣传部、民政厅和文联三家单位联合发文，广泛发动下属及相关单位踊跃参加，并通过宁夏新闻网、“晴彩宁夏”公众号发布征集公告，利用网络媒体资源，扩大宣传力度。同时，借助社会专业团体（宁夏地名学会、宁夏作家协会），充分调动一切社会力量，积极参与此项活动，共接收社会各界“最美地名故事”征文投稿184篇。通过网络、专家筛查、初评出入围作品100篇。针对这些入围作品，经过专家充分讨论，无记名投票，最终确定了一等奖1名、二等奖3名、三等奖20名和优秀奖25名，并将评选出的优秀作品在宁夏导视频道、晴彩公交电视、“晴彩宁夏”公众号等媒体平台进行了3个月的展播。

《宁夏最美地名故事》由96篇入围作品编撰而成，是一部通过讲故事的形式来了解宁夏地名的来历和其意蕴的普及读物。全书依照宁夏回族自治区行政区域，分为银川篇、石嘴山篇、吴忠篇、中卫篇和固原篇。书中所选的作品，有的以地名为载体记录宁夏的历史史实，有的是与地名相关联的民间故事和传说，紧扣“最美”主题，以地域文化、红色文化、丝路文化、边塞文化等地名文化遗产为内容，反映了宁夏地名的历史变迁。

宁夏地名工作，始于20世纪70年代末期，在广大地名工作者长期的工作实践中，特别是在开展的第一次、第二次全国地名普查工作中，进一步补充完善了宁夏回族自治区全域的地名相关资料。这些宝贵的资料为这本《宁夏最美地名故事》的编撰工作提供了有力支撑。可以说，《宁夏最美地名故事》的出版凝聚着宁夏地名工作者和地名研究爱好者的心血和艰辛的劳动，对弘扬地名文化有着重要的现实作用和深远的历史意义，能够很好地起到传承地名文脉、留住乡愁、热爱家乡、活化历史的作用。在此特别感谢吴忠礼、鲁人勇、何彤慧、李鸣骥、杨洪嵬、闫宏伟等地名文史专家对本书提供的宝贵意见。

地名故事是最易触动人们乡愁记忆的情结密码。我们坚信：《宁夏最美地名故事》的出版在传承宁夏历史文化脉络、强化中华优秀传统文化自信等方面，将起到不可替代的作用。地名文化遗产的挖掘和利用，必将为建设美丽新宁夏产生积极的推动作用。

由于时间仓促、水平有限，本书难免有不足之处，诚望广大读者批评指正。

CONTENTS

目 录

银川篇

石嘴山篇

吴忠篇

中卫篇

固原篇

银川篇

古秦渠

张碧迁

宁夏平原上最古老的干渠，孕育出西北第一家机械化农场……这些描述都与秦渠有关，可惜，这条古老的秦渠，开凿于何年，一直尚无定论。如果时光倒回千余年前，有关秦渠的开凿始末史书定会庄重记载，定会详细记录秦渠所拥有的风光、所承担的使命以及它所经历的沧桑。面对这些遗憾，我们唯一能做的是追寻历史的印迹，走近千年秦渠，去探寻它的过去和现在，在了解它后，更好地爱它、呵护它。

流淌千余年确切年龄仍是谜

滚滚奔腾的黄河水，两千多年前起就开始经由这条古渠，滋养着银川平原一片片翠绿的稻田……缓缓的流水，流经人口稠密的街巷闹市，迂回曲折，和汉渠相连，组成一幅工程浩大、气势恢宏的城市水网图。渠内之水取之不尽，用之不竭。秦渠可取水灌田、饮用，又可泄洪排涝，最终在西北这片土地上成就了一个独一无二的“塞上江南”。如此重要的一条古渠，史书上却没有详细记载它的开凿年代，以至于后人只能借助史料去推测。

关于秦渠的修建年代，目前专家和学者主要有两种观点：一是修建于秦始皇时期，二是修建于汉武帝时期。持秦渠修建于秦始皇时期的专家学者认为，在宁夏平原上凿渠引水，灌溉农田，最早可以追溯到秦。秦始皇统一六国后，为了巩固北方，防御匈奴等西北少数民族南犯，实施了空前而又引领后代的创举——徙民实边政策。这一新开发的移民区，就是至今被历史研究者称道的“新秦中”（河套地区），宁夏中东北部的一些地方属于“新秦中”的地域范畴（河套地区）。“新秦中”移民，在数年内有过两次。两次移民大约有 30 万人，宁夏是这次移民安置的重要地区，尤其是宁夏北部（黄河以东地区）。驻戍兵、派官吏、治百姓，为解决官兵的肚子问题，自然有必要兴建水利，以开发当地的农业生产。并且，秦人曾在此凿渠的传说也广为流传。基于以上原因，他们认为秦渠应该修建于秦朝时期。

否定秦渠开凿于秦朝的专家学者也给出自己的证据。他们指出，清代中叶以前的文献史料明确记载宁夏引黄灌溉设施创始于汉代，或含糊地说建于古代。其中，成书于1826年的《西夏书事》有秦渠“相传创始于秦”的记载。100年之后，成书于1926年的宁夏地方志《朔方道志》重提这一说法。1943年编撰的《十年来宁夏省政述要》，引用《朔方道志》的说法，同时又指出，根据渠名来推测秦渠始建于秦朝的说法是一种猜测，不能证明秦渠修建于秦朝。

为了探寻秦渠究竟开凿于哪个朝代，笔者走访了相关部门与人士，查阅了相关记载与资料后，能找到的关于宁夏平原开始引黄灌溉的最早记载见于司马迁的《史记·匈奴列传》，明确记载历史上的军事屯田是从汉武帝开始的。公元前112年，汉武帝向西北地区派遣60万戍卒，实行规模较大的屯田。这种军事性质的屯田，开历代军屯之先河。宁夏平原的黄灌区，是早期军屯的理想之地。按司马迁的《史记·匈奴列传》上下文所述时间顺序推算，通渠时间应在公元前119年之后。

秦渠既非秦代所开，其名又从何而来呢？有部分专家学者认为，秦渠原名秦家渠，所谓“秦家”，也许与350—394年氐人苻洪创建的前秦政权有关。苻洪创建的前秦政权实际上是通过匈奴族铁弗部刘卫辰及其子赫连勃勃来间接统治宁夏地区的，但刘卫辰父子臣服于前秦、后秦的时间均很短，他们开的渠道以“秦家”为名的可能性不大。

关于秦渠开凿年代，两种主要说法都有自己的依据，虽然我们不能确定其具体年龄，但是不论哪种说法都可以肯定秦渠水已在宁夏平原上流淌了千余年。千余年来，秦渠在恩泽子孙后代、繁衍生息的同时，也为城市的建设增添了一道亮丽的风景线。在走访秦渠的途中，我在吴忠市看到，蜿蜒的渠水在流淌过闹市区时，宛如一条玉带镶嵌在繁华的都市之间，为都市带来些许清静和灵气。在秦渠公园里我看到，两岸绿树成荫，郁郁葱葱，花鸟云集，香飘遐迩。园内亭台楼榭错落有致，各种健身器具也一应俱全，吸引了很多市民前来消暑、散步和进行各项健身活动。

从秦渠公园里出来，走在秦渠边的林荫下，看着那远远流去的一渠生命的源泉，内心充满了敬畏和感叹。我们不得不喟叹先辈的聪明智慧、非凡的创造力、长远的眼光、博大的胸襟，感叹秦渠给银川平原带来的繁荣昌盛。

西北地区第一个国有农场

最初对秦渠的了解缘于灵武市的一次交流学习。在交流结束后，无意中聊到古渠时，诗人杨春礼告诉我，在灵武有一条宁夏平原上最古老的渠，和历史上修建于秦朝的灵渠好有一比。灵武竟然有这么古老的一条渠，这让我很兴奋。在寻找秦渠的过程中，才得知我们的生活就没有离开过秦渠，我们今天吃的大米、长枣等，很多都是来自这条渠的浇灌。也是因为有了秦渠的浇灌，才有了1952年建立的西北地区第一个国有农场——灵武农场。

通向灵武农场的支渠叫农场渠，很显然，它是因农场而得名。走在这条给予灵武农场生命的渠边，看着渠水静静地流向远处的灵武农场，内心便有一种急于见到灵武农场的渴望。

当你看到6万多亩农田一片葱茏时，怎么也不会想到在中华人民共和国成立前这里曾是一片茫茫的荒滩。农场开创之初的那种艰辛难以想象，很多人一开始住的是没有门窗、冬冷夏潮、逢雨倒灌的地窨子。一位退休的农垦人这样回忆说："滩上长满了芨芨草、白刺、芦草，黄羊、野兔、狼群常常出没，在这样的荒原上建立农场，在哪里开凿渠道、在哪里修路、房子盖到什么地方，这些难题，在当时条件有限的情况下，每完成一项都要付出很大的代价。每天都和湖泊、荆棘、风沙打交道，往往收工时因为天黑找不到回家的路，半夜还在荒滩上打转转。"

后来随着农场渠的开凿，秦渠水被顺利引入了这块荒芜之地，在秦渠水常年的浇灌下，这块荒芜之地才算被慢慢征服。从"一把镰刀一把锹，一根木棍肩上挑，一副背篼压弯腰，旱地中耕锄头刨"，到机械化作业，在日渐肥沃的土壤里每年的收获能解决数十万张肚皮的食物。

如今，灵武农场作为西北第一家机械化农场，经过半个多世纪的发展，已成为农、林、牧、副、渔全面发展的自治区大型农业企业和宁夏农垦的龙头骨干企业，一些农副产品在满足我区市场需求的同时，也给其他省区的市民餐桌奉献了多种美味。

率先命名全区首批家庭农场

农场渠作为秦渠灵武市境内一条重要的支渠，它在担任灵武农场灌溉重任的同时，还担当着周围一些区域的农田灌溉。在秦渠这条“大动脉”上，有一条“毛细血管”叫梧干渠，虽为“毛细血管”，但它发挥的作用不可小觑，它所灌溉的区域农田的经营模式正在发生着历史性的变革。

在梧干渠流经的地方，有一个叫梧桐树的村子，附近的村民曾告诉我，这里有个大农场主，而且是我区首批家庭农场主。这个农场究竟有多大呢？一个路过的村民指着远处连片的水稻说：“那些水稻地，全部是他的农场。”

循着稻香，我找到了大家所说的农场主吴明忠。在和吴明忠的交谈中得知，他确实是一个大农场主。1994 年，吴明忠通过土地流转承包了 300 多亩土地，当年收入达到 15 万元。那时的他可以算上一个种粮大户了。经过近 20 年的发展，吴明忠流转土地规模不断扩大，耕种模式也实现了机械化操作。2012 年流转土地达到 2600 多亩，实现纯利润 107 万元。2013 年，被自治区授予第一批“家庭农场”，顺利完成了从种粮大户到家庭农场主的转型，作为第一批“吃螃蟹的人”，他感到非常荣幸。

在吴明忠看来，要做大农场主，自然资源是非常关键的，成片的土地和灌溉条件是不可缺少的因素。他之所以能成功转型，得益于广袤的银川平原和千年流淌的秦渠。

随着灵武市和兴庆区的 6 家家庭农场的正式成立，家庭农场的概念也第一次进入银川市民的视野当中。目前，银川市通过工商登记的这 6 家家庭农场，其中兴庆区 2 家，灵武市 4 家。

"五十里长街"北京路

李振文

如果将今日的银川市区图做一横向对折，其轴线大致会落在一条长长的街道上，它的名字叫——北京路。一如它致敬首都的名称寓意，以及城市重要的交通地位，这条被银川人亲切地称为"五十里长街"、东西贯穿银川市区的重要街道，于这座城市的重要性不言而喻。

(一)

自2003年正式建成后，北京路不仅成为银川的"第一长街"，而且极大地改变着这座城市的风貌。然而，如果说起这条街道的前身，却远不能用"长"来形容。

最初的北京路与现在的北京路相比，可以用一条条"线段"来比喻。自东向西，这些"线段"分别有过这样的名称：北环东路、北环西路、银新北路、新城东路、新城西路、西夏东路、西夏西路、上海路……

于是，探究北京路最早的故事，我们还是先从过去银川的老城墙说起。

银川是一座历史文化名城，其今天古城所在（今兴庆区所辖原称"老城"范围），始于唐仪凤三年（678年）修筑的怀远新城。之后，历经宋、夏以及元、明各代，到清乾隆六年（1741年）时，古城的规模是这样的：周围长2754丈，东西4.5里，南北3.1里。再往后，历经民国至1949年前，这一格局基本未变。

宁夏文史专家做过考证，在这一古城形制中，四面城墙的方位：东面是以今银川商都东门为基准的南北一线，南面是以今南薰门城楼为基准的东西一线，西面是以今中山公园西侧保留的古城墙遗迹为基准的南北一线，北面是以今银川市实验中学大门为基准的东西一线。北京路的最初，即与这北城墙有关。

20 世纪 30 年代的银川北城墙

今年 75 岁的银川人马忠，在银川出生和长大。在他儿时的记忆里，银川的城墙还是基本完整的。城墙内众多的街巷自不必说，而沿着四周城墙的外侧，也各有一条小路环绕相接。小路不知形成于何时，是旧时那种简陋的“牛车路”，上面有两道经年累月碾压形成的车辙。

可以说，这条沿北城墙而生的简陋“牛车路”，便是今日北京路最早的雏形。

1949 年之前，银川原老城的城市区域基本限定在四面城墙之内。中华人民共和国成立后，城区逐渐向外扩大，城市道路也随之拓展。这些冲出“围城”的街道，以环绕四面城墙外围的东、南、西、北四条环城路为最先形成。这其中的北环城路，对应的正是今日北京东路的一段。

这条路，马忠印象深刻。1958 年，17 岁的他参与了这条路的修建。他们先是拉土铺设路基，铺好后用压路机压，最后再铺上一层砂石，筑成当时那种还算“高级”的石子路。

（二）

进入 20 世纪 70 年代后，时称“环城北路”的北京路，经历过一次铺设沥青的改造。

今年 50 岁的倪方京，从出生到长大，差不多有 30 年的时间都生活在今北京东路附近。他儿时的记忆，正对应着这一时期的“环城北路”。那时，从他家房后往北穿过一片一二百米的盐碱滩，便可到达当时的环城北路。“路面只有现在北京路南边非机动车道那么宽，坑坑洼洼，车一过尘土飞扬，路北是20多米宽的污水滞留带，再往北是很大的一片在天然湖基础上开挖的鱼湖和依然存在的部分沼泽湖，一直延伸到北塔附近，那是一片属于多数像我一样孩子的广阔天地。”

在这片“广阔天地”里，童年的倪先生“春天去放自己糊的风筝，在芦苇中捉小鸟；夏天下小沟里摸鱼，在鱼湖里游泳……”或者“放学后到湖边看书，欣赏远处映红了天空的晚霞和盘旋在湖上空渐渐飞去的鱼雕……”

此情此景，置身今日繁华喧嚣的北京路，只能用“恍若隔世”来形容了。

关于这条道路的下一个节点，在《银川市地名志》中可以找到一些记载。在此书“北环路”条目下，这样写道：“曾名北环城路，1984年重修，1986年更现名。”

历经1984年的这次重修，北环路变为这样的形制：自东环路（今清和街）至西环路段（今凤凰街），长为2650米，道路拓宽为34米，路面采用沥青碎石加封面砂技术。

这一点，在倪方京先生的记忆里也得到了印证。“20世纪80年代前期，我所在的北环路路段开始拓宽改造，逐渐填平了路北的污水滞留区，（路南）我家房后的盐碱滩也逐渐被现在的‘幸福村’小区取代。到了20世纪80年代中后期，靠近北环路边的鱼湖和沼泽芦苇湖逐渐被填平，开始建起临湖一村、二村，海宝小区……”

（三）

家住银川市西夏区的张震彪，今年80岁。对于这条横贯市区的长街，他有着特别的情感。

20世纪80年代初，爱好集邮的张震彪，常一月数次骑着自行车，从西花园出发到湖滨街买新出的邮票。走的正是这条漫漫长街。

“由西夏东路过铁路道口，经新城西街、新城东街、银新北路、北环路，从进宁街南拐到湖滨街邮票公司，来回一次大约两个小时。一路上让我最兴奋的是望见唐徕渠两旁长得又粗又高的大白杨，因为见到大白杨就快过唐徕渠了，离目的地也就不远了。”

除印象深刻的白杨之外，令张震彪同样记忆犹新的，还有当时北京路的模样——如今车水马龙、高楼林立的北京路，当年还只是一条不宽的“砂石小道”，两边大多是农田。“站在唐徕渠桥上，向东西两边瞭望，看不到一幢高楼。后来先富起来的一些人开始在银新乡路北盖小洋楼，大多为四五层。”

如上述张震彪的回忆，新城西街、新城东街、银新北路……这些根本没出现“北京”字样的名称，确实都是北京路。

先说最西端的西夏路，这条始修于1960年的道路，原名纬六路。其后，此路陆续向西延伸，直至与今天的京银线相连；而向东，则与曾经的新城街相接。

20世纪90年代的银川西夏路（今属北京西路）

新城街，始筑于1959年，亦属与西夏路、北环城路同一时期诞生的道路。由新城街再向西，当时与之衔接的是银新北路。这是一条比前面几条路年轻些的路，始筑于1978年。其东端亦同时修建了唐徕渠桥（今中房桥），这样便与当时的北环路打通，为缓解当时市区三区（旧城区、新城区、新市区）之间的交通压力起到了至关重要的作用。

一番有些枯燥的路况叙述，对应着张震彪先生当年的骑行之旅。原先他所经过的一条条零散“线段”，正是今日北京路的一路走来，也正因为有了它们的修建与联结，才有了今日这条绵延长街。

（四）

这一联结，最终发生在2003年。而它的“前奏”，在此之前已经快节拍地响起。

倪方京清晰地记得，20 世纪 90 年代开始，北环路两边快速地变化着。“原先的鱼湖和沼泽湖已不存在了，取而代之的是建设中的住宅小区和写字楼，北环路的名称也在 1997 年改为了上海路。”“2000 年之后，道路两边的建设进入了大发展期，原先零星存在的平房、空地已完全没有了。”

2003 年，一桩“高楼平移”事件，让银川人印象深刻。这座位于原银新北路的楼宇，被称作“小白楼”，高 9 层，在当时整体建筑都比较“矮化”的情况下，称得上引人注目。当年，出于道路拓宽的需要，这座楼房被整体平移 38 米，创下了全自治区乃至全国整楼移动的新纪录。

轰动一时的平移，对应的也正是这一年北京路的大规模改造。至 2003 年 8 月 18 日，北京路改造工程正式竣工通车。新建成的北京路宽 60 米，双向 8 车道。同时，原西夏路、新城路、新银路（银新北路）、上海路（北环路）更名统称为北京路。至此，一条西起京银线，东至丽景街，全长 24.42 千米的街道正式形成，成为当仁不让的银川“第一长街”，人称“五十里长街”。

2003 年 8 月，北京路“五十里长街”建成通车

然而，这“长街”的脚步并未止息，之后它继续向东穿过了丽景街、友爱街，全长约 26 千米。2016 年 4 月，银川市北京路延伸及滨河黄河大桥正式通车，北京路得以向东连通，直接跨越黄河，进一步完善了城市的路网结构，对宁夏向东与毗邻省、区的交流起到积极的促进作用。

一条路，走过如此漫长的变迁。现实中，它是一个来小时的车程；地图中，它是一条平滑伸展的线段。然而，缩微在它身上的，却是一座城市肌体的生长与变迁，一份你我生活脉搏的温度与律动。

镇北堡

张碧迁

从城西沿着110国道向贺兰山下走，经过一排排白杨林，一个个葡萄园、枸杞园后，会被著名的镇北堡西部影城和路边镇北堡温泉小镇的热闹挡住去路。这里，便是首批列入住房和城乡建设部特色小镇创建名单的镇北堡镇。

小镇缘起古代要塞

镇北堡温泉小镇、国家5A级旅游景区镇北堡西部影城、红酒博物馆、枸杞生产加工厂、葡萄酒庄……走进小镇的那一刻，你绝对不会相信十几年前它还是一个落后的移民村。而更早一些时候，镇北堡原本是明清时期修筑的一座戍塞边城，辛亥革命后失去屯兵打仗的作用被废弃闲置，周围一些农牧民便将这里作为羊圈，在其中居住、圈羊。

镇北堡最早诞生于何时？史志专家研究发现，该堡始建于明代弘治年间，是古代一座驻兵的军事要塞，距今已有500多年历史。1739年（清乾隆四年），该堡被地震摧毁。后在震毁的“老堡”旁不到200米处，修建了一座比之略大些的土城堡，这就是人们所称的“新堡”。它大约落成于旧堡被震毁后的两年，也就是1741年，距今有270多年的历史。古堡的建设是中国西北地区特有的覆土建筑，古人因地制宜，就地取材，城堡墙体没有一块砖石，完全用黄土夯筑。经过数百年的雨雪风霜以及人为破坏，到20世纪五六十年代，边防要塞的雄姿已经面目全非。

两堡一南一北，均坐西朝东。紧邻沿山公路东侧的老堡已被风蚀殆尽，仅存残墙断垣，形制尚存。向北穿过城中黄土路，是老堡瓮城遗址。再向北行200米便是新堡。新堡城池较完整，东面辟有半圆形瓮城，城门南侧有一斜坡可登上城墙。

吴仁宝与“宁夏华西村”

“我1994年来的时候，这里还是一片盐碱地，附近除了零星的一些牧民、一个林草场外，就剩影城了，当时的影视城就是两个破烂的堡子，游人少得可怜。”2016年11月1日，华西村村支书任炳升在村子里的农家大院，正谋划着如何将游客带到村里来。

任炳升指着村里四通八达的路网和一片片漂亮的房舍告诉我，这些都是近几年建成的。当时和他一起承包林草场的有30来户，这些人后来成了镇北堡的第一批移民。“现在一亩地能产2000斤玉米，当时一亩地也就100来斤。”任炳升至今仍清楚记得当时犁地的场景：每年春天地里都是白茫茫的一片，当地里长出苗后，玉米苗会被碱死一大半，剩下的一小半也半死不活的。

就在任炳升来到这里的第二年，镇北堡迎来它历史上的第一次变革。

1995年6月的一天，江苏华西村书记吴仁宝第一次去了同心县窑山乡五道岭子村。当他来到一个农家，看到餐桌上全是野菜、土豆，没有一粒粮食后，才得知这里已经大旱了四年。吴仁宝第一次到宁夏共停留了一周的时间，考察了6个县20多个乡，回去后他做了一个决定，由江苏华西村出资帮助南部山区搬迁1000户6000多名贫困人口，到银川近郊镇北堡建立一个“宁夏华西村”。

从1996年开始，很多山区老百姓陆续搬迁下来，他们如同蒲公英的种子，散落到这片土地，开花繁育，成就了今天的宁夏华西村，成就了如今这一片沃土和兴旺。

葡萄美酒飘香小镇

“小镇我曾经来过，这次我们主要是想看看这里的酒庄。”来自北京的康金辉是一位商人，10月21日笔者见到他时，他说他这次是来挑选一些红酒，想在北京做专卖。本来打算多跑几个地儿，没想到足不出镇，就有这么多的酒庄可让他选择。

其实，除了西部影城让大家熟知外，镇北堡镇的葡萄酒更是享誉海外。作为贺兰山东麓的小镇，这里得天独厚的地理条件培育出了一批优质的葡萄酒庄。目前，已建成贺兰晴雪、志辉源石、德大等酒庄14座，年均产酒260吨，创造收益5500万元。

这其中，不少酒庄和小镇一起成长，志辉源石酒庄就是其中一家。当我驱车驶进酒庄时，两座高耸的宋代风格雀楼让人眼前一亮，一种浓郁的文化气息扑面而来。“1996年开始在贺兰山东麓植树造林，到后来种植葡萄，我在这里已经待了20年。”志辉源石酒庄总经理袁辉坦言，这一带的葡萄酒品质好，在世界上都是得到公认的。

还有，“贺兰晴雪”是贺兰山东麓的八大景观之一，当它作为一个酒庄的名字出现时，却变得比那个从古籍中流传的景观更加具体。已经多次从国际葡萄酒大赛上捧回金、银奖的“加贝兰”就由这里的贺兰晴雪酒庄酿制推出。

中国电影从这里走向世界

当成长的华西村为镇北堡镇的诞生培植沃土时，距离华西村不到两千米处的镇北堡西部影城也经历着它在那个年代的巨变。经过数百年的风吹雨打，两座古堡黄土夯筑的墙体已经布满窟窿和沟壑，磨砺出一份独有的苍凉与悲壮。在镇北堡西部影城景区大门不远处，一块巨大的展板上见证着众多导演、演员在这里留下的身影。

1993年9月，张贤亮创办了宁夏华夏西部影城有限公司，基地就是镇北堡西部影城。在影城工作了20余年的书法家牛尔惠告诉我，在此后的20多年时间里，相继几百部影片在此拍摄，镇北堡古朴、原始、粗犷、苍凉的特质吸引着越来越多观众的眼球，《黄河谣》《东邪西毒》《大话西游》《新龙门客栈》等脍炙人口的电影和电视剧作品，创下了中国影视业的奇迹，西部影城也因此获得“中国电影从这里走向世界”的美誉。

而就在观众通过一部部影视作品尽情感受西部风情时，张贤亮已经开始思考美景之外的东西了。思考再三，他最终决定，把电影电视提供的艺术造型作为基础，将西部影城逐渐转化成一个中国古代北方小城镇。张贤亮开始用低廉的价格大量收购真正的明清建筑构件散件，充实到相应的场景中，使这些原本为了剧情设计的艺术造型真正有了魂魄。另外，影城还从各地招募吸收各类民间艺人，免费为他们提供场地展示非物质文化遗产项目及民俗项目，再现了古人的生产生活及娱乐方式。

如今，集国家5A级旅游景区、国家文化产业示范基地和国家级非物质文化遗产综合实验基地三块“金字招牌”于一身，镇北堡西部影城凭借其极高的投入产出比被认为是宁夏最成功的文化产业之一，已成为宁夏重要的人文景观和旅游景点。

丰富的旅游资源与文化

“一个小镇能有这么丰富的旅游资源，着实出乎我的意料。”首次来银川旅游的重庆游客万金良告诉笔者，他此行本想入住市区，来到镇北堡镇后，发现这里有不少可玩的地方，索性就住在了小镇，慢慢玩。

其实，当你翻阅地图时就会发现，镇北堡小镇除了驰名中外的镇北堡西部影城、新兴的休闲养生胜地镇北堡温泉小镇外，10 千米的辐射圈内还有苏峪口国家森林公园、滚钟口森林景区、贺兰山岩画等旅游景区，以及万义生态园、红柳湾山庄、新牛庄园等现代观光园。此外，由此向南至西夏陵，向北至沙湖景区不足 60 千米，其地理位置可谓是银川乃至宁夏西线旅游的集散地。

“仅去年镇北堡西部影城游客就有 200 多万人，今年预计会超过 300 万。作为西线旅游的集散地，这些人来到小镇后，我们会通过我们具有的旅游资源优势，将他们留在这里。”西夏区镇北堡镇党委书记崔继鹏说，在挖掘旅游资源的同时，小镇也在丰富旅游文化上作了各种尝试，比如镇北堡温泉小镇的大型战争演艺秀《西夏盛典》、影城的非遗展示等。尤其当你漫步影城古朴的明清街道，打铁、擀毡、纺线、织布等祖辈们生产、生活的场景在这里一一再现，让人仿佛穿梭于时光隧道，可以亲身体验那种只能在记忆中寻找的流年往事。

“留住游客的除了地理环境优势外，这里本身具有的旅游文化也是一个重要原因。”游客付琪坦言，每次去葡萄酒庄游玩，各种葡萄酒文艺沙龙都会让他得到不少收获。

“三棵树”飞机场

李振文

放眼各地，不乏一些与树相关的地名，远点的，如山西的大槐树、青海的玉树、浙江的樟树下……近点的，如宁夏的柳树巷（今银川步行街）、梧桐树（灵武境内），等等。今天要说的，是银川境内另一处不太为人所知的地名——三棵树。其名称由来，不仅与树有关，而且还可以牵涉出一段颇具意义的历史往事。

黄河边鲜为人知的三棵树村

三棵树，是黄河岸边的小村庄，地处贺兰县金贵镇境内。《银川市地名志》（1988年版）这样记载：“1934年曾于此修建机场，为指示飞行方向种树三棵，因而得名。”

一处位置偏远的村落，以树为名，且在80余年前便与“稀罕”的飞机有着密切关联，这究竟是怎么回事？笔者前往探访。

驱车至通贵乡，询问了数位当地人，均未听过“三棵树”的名字，更别说地址何在。于是只有按图索骥，边走边问。

地图所示，三棵树村在通贵乡东北约3千米处，靠近黄河西岸，在卫星地图上，整个村落呈南北狭长形状。即使已属偏僻，近年来乡村的改造与变迁，仍较大地影响到这里，以至于道路、地貌都变化不少，这也让寻找之旅，变得不是那么轻易。

一番寻找与周折，终于在路边一处村落，寻到一位知情者——吴万彬。吴先生出生于1934年，是土生土长的当地人。在他家紧邻公路的院落前，他伸手向西南方向不远处一指——“看，‘三棵树’就在那里！”

“（宁夏）解放前，这里有过一个很大很大的飞机场，在机场的南边，栽着三棵树，是飞机下落时的标志，人们就把那块地方叫作‘三棵树’。有一

位于机场旧址东南边的三棵树村

年，飞机落错地方了，落到了河中间的沙滩上，当年把通贵、通昌的骡马都集中到这里，往出拉（飞机）……”

宁夏第一个飞机场在这里诞生

“飞机场”“三棵树”“掉在河里的飞机”……时光已经远去，频频出现在吴万彬记忆里的这些字眼，虽印象深刻，却也不得不承认，许多细节与事实已显模糊。

翻查史料，有这样一段历史可与吴先生的记忆印证：据《宁夏交通史》记载，1933 年，时任宁夏省政府主席的马鸿逵，提出了发展航空的计划，并列入当年《省政府计划》。1934 年春，在击溃侵扰宁夏的孙殿英部队后，省政府立即组织兵工、民工，在省城东 20 千米的通昌修建机场，并于当年 6 月起降了飞机。

东昌堡，即今通昌（现为贺兰县金贵镇下辖行政村），因谐音讹为“东昌”，而其所指机场的具体地址，也便是今天我们寻访的“三棵树”。

在吴万彬的讲述里，这处机场的使用时间并不长，之后就又变成了一片没有人烟的荒滩，但很长一段时间里，当地人还是把它称作“飞机场”——“去哪里呢?”“去三棵树那边的飞机场……”吴万彬回忆着当年人的对话。

同样是《宁夏交通史》里的记载，东昌机场，是选择一处较平的河滩地而草草修竣。因地势低洼，常有积水，且附近居民很少，只有一条高低不平的大车道通往省城（银川），交通极为不便。旅客及机场的工作人员、警卫出入，只能乘坐牛马大车或骑驴。因此，当时欧亚航空公司的机组人员飞宁几次之后，即提出另建机场。于是，在这处命运短暂的宁夏第一个飞机场之后，才有了1935年的“新满城机场”，以及始建于1936年，为银川人所熟知的“西花园机场”。

北有黄沙古渡，南有三棵柳树

依照吴万彬的指引，我们来到了他所在村落西南方约1千米处，这里便是他记忆中当年的机场所在，而三棵树就长在机场的南端中段。

眼前吴先生指认的机场旧址，已是一片农田，翻耕过的土地，开阔平整，等待播种。农田的西侧是条叫“小中沟”的渠道，南侧的渠道被称作“交界沟”，其所区分的是当地通北大队第十一生产队和第一生产队的耕地区域，十一队，即吴万彬所在的村落，而一队则在此片农田东南方向约500米处。

“东昌机场”旧址，现已是一片开阔的农田

机场尚且如此，吴先生所指认的原先三棵树的生长位置，也早面目全非。

树，为柳树。在吴先生的记忆里，彼时，这处位于黄河岸边的区域还属荒滩，农田开垦很少，除了这三棵树之外，也别无他树。三棵柳树，树形高大，粗约五六十厘米，东西呈一字排列，彼此间隔10米左右。在一片广阔滩地中，显得格外醒目，且“长得美得很”（吴万彬语）。

“当年老百姓有个顺口溜，‘北有黄沙古渡（在此处东北方向黄河东岸月牙湖乡），南有三棵柳树’。”吴万彬说。造就了一个地名的三棵树，在吴万彬的记忆里，一直存在到20世纪50年代末，然后被砍伐，消失。

同样也是在那一时段，中国的地名经历了一个大变动时期，人们不再用某个具体名字称呼村落，而是变成“某大队几队”。寻访归来，与地图和资料再作比对，“三棵树村”曾被称为“通北大队第一生产队”，其位置正在吴万彬指认的机场旧址一旁。

掉在河里的飞机

“三棵树”的故事算是有了着落。那么，前面吴万彬所说的“掉在河里的飞机”，又是怎么回事呢？我们接着探究。

马存功，出生于1928年，家住通贵乡通贵堡。说起“三棵树”这一地名时，老人也提到了“掉在河里的飞机”这件事。这里，结合两位老人的回忆，再加上相关史料的佐证，我们对之做一还原。

事情发生在1938年（也有说是1939年）冬，一架飞机迫降于通贵附近的黄河河道。“就在河道中间，一个翅膀（机翼）插入水中，一个翅膀露出水面。后来，从飞机里走出三个外国人，手里拿着国民党的旗子，大喊着：‘中央政府、中央政府’……”（马存功回忆）

令当时通贵老百姓惊奇不已的事情，有着它的历史背景。《民国宁夏风云录》（杨少青、胡迅雷主编）有载，其时，正值日寇侵华。那年冬天的一个夜晚，驻扎在山西运城的日军飞机，倾巢赴重庆空袭。于是国民党空军指挥部指派支援我国抗日的苏联空军志愿军的一个队，7架飞机，夜袭运城日空军基地。

轰炸任务刚完成，之前获知情报的敌机也已飞返，并以数十架的数目将志愿空军包围，展开空战。力量悬殊，志愿空军的飞机迅速向西撤退，其中领队飞机缺油，途中先行降落于定边。剩余6架向宁夏飞来，需完成中途加油，才能飞返兰州基地。

由于无人懂俄语电报，当这些飞机飞抵宁夏城（今银川）上空时，立即遭到地面部队的阻击，各种轻重武器一起开火，苏机飞行员顿时晕头转向，乱了队形，四散开去寻找降落地。

事后才知，这6架飞机，3架落在了定远营（即今阿左旗），1架落在灵武，1架落在小坝，另一架，落在了通贵，也就是马存功和吴万彬记忆中的“掉在河里的飞机”。据马存功回忆，其迫降地点距通贵乡“三棵树”，不过1千米左右。

五百春秋平伏桥

郑济洧

明嘉靖十二年（1533 年），为加强宁夏镇城西部的防御，沿良田渠修筑“平胡堡”等 3 座城堡，也就是从那时候开始，有了平胡桥这个地名。200 年后的乾隆四年（1739 年），清廷批准在“平湖桥东南”重建“宁夏满城”，表明此时已改称“平湖桥”了。又 200 年后，可能是宁夏话发声的含糊，这座桥名变成了“平伏桥”……

20 世纪 50 年代的平伏桥

银川西郊平伏桥桥西是一条沿良田渠逶迤而行的大道，桥东是一条东西方向长约 200 米的小街，住有十几户人家，但有近 10 家铺面，足见昔日的繁华。街道南侧有杨家油坊、谢家铺子，北侧也有四五间门面房，相连成市，据说，曾经有过商店、医疗所、铁匠铺等。只是到了那时，有铺无店，萧然冷清。每年秋后，桥头复又热闹起来，南来北往的驼队，东行西去的牛车，和着或清脆或浑厚的铜铃声，从黄昏响到黎明。据长者讲，平伏桥是宁夏城通往贺兰山各口的必经之道，往来阿拉善做生意的商客行人，进出汝其沟运煤炭的车辆驴驼，都要经过这里，人们在这里歇脚，牲口在这里添草补水。若逢西山上有庙会，善男信女们也会摩肩接踵穿梭于街头，讲述天南海北的见闻。

平伏桥南北的良田渠畔，真是良田千顷，7 月麦浪滚滚，9 月瓜果飘香。桥西是大片的沼泽地，桥东不远处就是大西湖（今阅海，亦称池子湖），蒲馨苇茂，鸟欢鱼跃。佛泉寺北那片果园，沙果、葡萄、桃杏、红枣，酸甜有度，色泽诱人。令人称奇的是，别的地方枣杏都生虫，这里的却不见虫影，人说是庙里的佛爷保佑。

20 世纪 50 年代中期，银川郊区建立最早的两个高级社，其中一个就是平伏桥农业生产合作社，名噪一时，银川地区的人都知道。

古老的佛泉寺

中国有3座佛泉寺，一座位于河南省鲁山县佛都山，一座在香港大屿山，一座是宁夏银川市金凤区平伏桥的佛泉寺。三寺中香港佛泉寺较年轻，另两座皆很古老。佛泉者，佛法之源泉也，亦即福之泉，寓意可谓深邃。

平伏桥佛泉寺坐落于小街北侧，雄踞于高台之上，巍峨肃穆，香火旺盛，传说修建年代久远，有人说始建于北魏，有人说不晚于明代。20世纪50年代的佛泉寺，是清末复建的，正殿中央的画梁上写有“光绪二十六年”字样。而其前的寺院，毁于同治年间的战乱。祖居庙旁的“老秀才”讲，庙前那对威武的石狮子，肯定是寺院焚毁前的文物。到了20世纪70年代，光绪时所建庙宇被彻底拆除，石狮子则被埋入地下。

许多宁夏人都把佛泉寺称为平伏桥庙，由此还引出“平伏桥的和尚——发愣”这句知名的歇后语。其实，这句看似贬义的话语，表达了人们对佛泉寺高僧“法愣”的怀念，也促使平伏桥名声远扬。

改革开放后，当地的佛教信仰者发起集资，在村委会的帮助下，找到古庙遗留的一些物件，于原寺南200米处重建佛泉寺。但限于资金等因素，少了台基，缩了规模，殿宇也就不似昔日那样宏伟。

明代的“平胡堡”

《嘉靖宁夏新志》卷一记载，右屯卫“领屯堡一十八，大坝堡，靖夷堡，杨显堡，靖虏堡，威远堡，平胡堡……”并注释道：“嘉靖十一年（1532年）秋九月，虏由赤木口入，逾良田渠，薄镇城下，焚烧庐舍及场圃积聚之物，饱利而归。十二年夏四月，巡抚、督御史杨志学，总兵官周尚文相度其地，委指挥周唐城靖虏，王镗城威远，王（车巳）城平胡，鼎足而峙，声势联络。迄今虏不敢窥，人安耕牧矣。”

在平胡堡建立后一年，就是嘉靖十三年（1534年），杨志学又修筑平胡堡墩。20世纪50年代初，平伏桥西100米处，尚有大半截墩台，周围是一片被雨水冲刷下的墩土，那就是平胡墩。至于平胡堡的位置，从防御的角度讲，应该在良田渠以东。20世纪四五十年代，有村民在平伏桥小学北200米处开荒，挖出大量古代青砖，其个头大于老庙的墙砖，质量上乘，成色灰重。由此想见，那里应是“平胡堡”旧址。其具体位置，在今金凤区满城街道平伏村，通达街西，良田渠东。

完全可以断定，自明中叶起，良田渠上平胡堡墩旁的那座古桥，应该就更名叫平胡桥了，算来已有近500年历史了。

《嘉靖宁夏新志》言，当时宁夏右屯卫所属各堡多有仓场，驻旗军200名，设把总官一员，守堡官一员。一所驻军200人的屯堡，一座古老的寺庙，一条东达镇城西通贺兰山各关口的小街，勾勒出斯地明王朝时期的繁华。那个时期，西长城平羌堡（今平吉堡）一镇北堡一线是宁夏镇城（银川）的第一道屏障，而杨显堡（今永宁县杨显村）、威远堡（今金凤区砖渠村）、平胡堡则成为镇城的第二道防线，保障了良田渠以东大片地区的安宁，使“人安耕牧矣”。这是“平胡堡”的光荣，也是平胡桥的荣耀。

据《万历朔方新志》，“平胡，改为丰乐，今废。”由嘉靖十二年（1533年）建平胡堡，到万历四十五年（1617年）《万历朔方新志》成书，总共85年时间，就是说“平胡堡”存在了约几十年时间。

清代的“平湖桥”

在平胡桥这个名字出现两个世纪后，也就是到了清高宗乾隆三年（1738年），宁夏地区发生8级大地震，原建在宁夏府城东北郊的满城被夷为平地。震后，清廷派兵部侍郎班第来宁夏赈灾安民。李凝祥《宁夏满族述往》引《清代手抄史科事宜》记载了班第到宁夏后经过实地考察，上疏朝廷，建议“移建满城，另择高燥地基，以为永久良图。”乾隆准奏。于是，班第会同宁夏地方官吏，选择“距宁夏府城西十五里平湖桥东南丰乐堡”重建满城。这就是说，丰乐堡在平伏桥东南，与明平胡堡不在一地。乾隆四年（1739年）正月，朝廷批准了班第的方案，次年五月动工，于乾隆六年（1741年）六月竣工。从此以后，一座被称作“新满城”的崭新军城屹立在宁夏府城西部，那是全国13个将军之一的宁夏将军衙门驻地，守望中国北疆200年。

班第就“新满城”选址给朝廷上报的方案，表明两个事实。其一，平湖桥地区当时虽属丰乐堡管辖，但以平湖桥为坐标，说明平湖桥的名气大过丰乐堡，是宁夏府城西部有影响的好地方。其二，在清乾隆年间，文字上已称为“平湖桥”，而不是“平胡桥”。这表明当时宁夏地区各民族之间关系融洽，社会经济发展。

“新满城”建成后，平湖桥的地位不像以前那么重要了。在《乾隆宁夏府志·兵防》中，延续明朝兵防制度，“平湖堡墩”只是“洪广营十九处”塘汛中的一处，驻兵三五人。但满城一两万八旗子弟的军需和高消费生活，即便是征用平湖桥附近1000多亩土地作为“旗地”，还需要大量的蔬菜瓜果和鸡鸭鱼肉，促使这里的农业生产得到了前所未有的发展，平湖桥的美名得以传承光大。

清人杨润在其颂扬“宁夏八景”的《连湖渔歌》开篇中写道：“平湖如镜水清涵，山翠天光荡蔚蓝。”这里的平湖，是“七十二连湖”，当然包括平湖桥一带的湖泊。“平湖桥”这个地名，既传递出宁夏平原“平湖如镜”、水天一色的塞外独特景观，又富有诗意，韵味深长，委实是难得的好名。

随着银川城区的扩展，平伏桥周围的景观焕然更新。但人们的记忆永恒地刻画在历史的年轮上，“平湖桥”亮丽而辉煌的轨迹，必将在嬗变中传承流芳。

上海新村

沈文海

上海新村是20世纪60年代银川的一个新街区，位于今天富宁街以东，新华西街和利群西街之间，得名于1958年一些支宁来银的上海人集中居住地。当时这片区域地处银川西北角，地势低洼，也比较偏远荒凉。支宁的上海人来了以后，政府为了安置支宁的上海人，在这盖了一些用青砖箍起来的房子，俗称“砖窑”，后来又陆续盖了一些土木结构的平房，也搬来了一些银川的老住户和其他居民，笔者的家就是这时候搬到这里的。到60年代后期，这里虽然叫上海新村，其实上海人并不多，只是相对集中罢了。倒是过了南环路不远，有家整体从上海迁来的工厂叫康乐木器厂，师傅们几乎是清一色的上海人。还有就是现在的十中南面有家生产小五金的工厂上海人也比较多。

20世纪60年代，老百姓的日子都不富裕，上海人从繁华的大都市一下子来到这塞外苦寒之地，生活习惯很难适应，比如上海人喜食大米，银川平原虽然盛产大米，但那时实行粮食供给制，大米、白面还有粗粮是按比例供应的，他们又不善于做馒头、面条一类的面食，笔者就看到上海小伙伴家经常吃的是一锅白水煮面条就一碗咸雪里蕻。那时候大家住平房，没有卫生间，都使用公共厕所，老一点的上海人有使用马桶的习惯，所以每到清晨都能听到“唰唰”的刷马桶的声音。那时候银川人叫上海“阿拉”，于是就有了一段调侃上海人的童谣：“阿拉上海人，来到宁夏城。锅锅碗碗都不带，就带一个尿尿盆。”可见马桶对上海人是多么重要。其实这恰恰说明了上海人生活的精致，后来银川有“小上海”之称，就是这些往返于上海和银川之间的支宁人把织锦缎的棉衣、烫发等时髦的东西带到了银川。笔者第一次见到梳妆台这样的家具就是在上海人家见到的。

在上海新村的上海人除了一些在市政公司和煤球厂从事重体力劳动工作之外，还有一些是从事服务行业，比如缝纫、洗浴和理发工作，他们大多都敬业、乐观，银川人都认同的就是上海师傅手艺好。笔者小学有位姓金的同学，他父亲是康乐木器厂技术特别好的师傅，笔者当时很羡慕他父亲给他做的木质的铅笔盒，就央求他让他父亲也给笔者做一个，后来如愿以偿得到了金师傅亲手做的铅笔盒。小小的铅笔盒不用一根钉子，全部是卯榫合成，砂纸打磨，外罩清漆，那叫一个精致漂亮，给灰色的童年留下了特别美好的印象。笔者有个小朋友，他父亲在煤球厂上班，工作环境当然很恶劣，但每到星期天总是衣着整洁、头面光滑，尽显上海男人的讲究和体面。笔者上中学时在康乐木器厂学工劳动，车间的上海师傅人手一套紫檀木刨子，油光瓦亮，每到下班都要擦拭得一尘不染，小心地锁在工具箱里才肯离开。

20 世纪 90 年代，银川旧城改造，上海新村的平房都被拆除了，新建的小区还是沿用上海新村的名字，康乐木器厂也改制迁移了。老一代“阿拉”恐怕都已经七老八十了，只是偶然在街上能听到个别老人互相用上海话交谈的声音，他们的第二代或第三代已经完全融合并本土化了。前些年银川交通台播出的宁夏方言的情景剧里的“毛老羔”，谁能相信他可是地道的“阿拉”。

红花渠寤梦

郑济洧

古今中外，有城市的地方就有水。古都洛阳，洛水之神护佑；西京长安，灞桥折柳情浓；杭州城里，西子湖晴雨相宜；上海外滩，黄浦江流光溢彩……

现在想来，唐人在怀远老城遭黄河“汛损”之后，更建怀远新城的选址实在是极富远见。这座古城，东临黄河“素练横波水石明”，西有贺兰山“太阴为峰雪为瀑”；左枕唐徕渠五谷丰裕，右抱红花渠柳暗花明。于是，成就了此后1300多年银川城的辉煌。

黄河是条龙，唐徕渠是龙女，红花渠则是小龙孙。唐徕渠北流到今银川苗木场西侧，右堤开一渠口，就是红花渠首，自此，红花渠开始了它“长二十八里”（《乾隆宁夏府志》）的流程，与它的母亲唐徕渠伸开双臂，抱拥银川这座塞上古城。在唐徕渠的众多支渠中，红花渠是一条小渠，但明前期150多年间，却以其流域广种“贡红花”而令国人皆知，名垂青史。

6月的一天，笔者久立于古渠斗口，举目南望，但见渠水淙淙，湖光潋滟，杨柳依依，麦浪滚滚，依稀还是古时风光。转身向北，高楼鳞次栉比，道路车水马龙，怎么也找不到红花渠俏丽的身影。是老目昏花，还是头脑愚钝？漫漫的迷茫，无尽的怅惋。恍惚中，笔者回到大明嘉靖年间，沿着蜿蜒的渠堤漫步。南塘的知止轩里丝竹悠悠，新建的永通石拱桥若虹卧波，古老的南薰门燕鸣啾啾，清净的三清观香烟缭绕。红花渠流经南塘后折向东流，在宁夏镇城东南角楼外又画了一条漂亮的弧线，继而北流。蓦然间，眼前红光婆娑，无边无垠，映红了巍峨的城楼，染透了雄浑的城垣。渠水闪着红光，桥栏披着红装。噢，怪不得都叫“赤栏桥”呢，真是名副其实啊！

走过赤栏桥，安步东去的大道，道旁依然是满眼红波。笔者愕然，这是何处仙境，怎的如此奇妙？此时，一位老军匆匆而来，头戴一顶晒得发白的草帽，肩荷一把木柄花锄，长须飘动，步履矫健。笔者抱拳施礼，问道：“请问老丈，这里为何红光四射，莫非有神仙路过?”老军拂须而笑：“客官，何来的神仙，是进贡的红花盛开。”啊，笔者惊诧。久闻夏地红花品质优良，朝朝纳贡，不想已身在其中，却不识其真面目。惭愧啊惭愧！老军见状，仰天长笑，自豪地言道：“没见过这阵势吧？天下唯此独有啊！”笔者连连点头。

老军轻抚吾背，并肩而行，侃侃而谈。“这宁夏红花，色泽鲜艳，香气久远。以其染布，红润光鲜，仕女着之宛如云中仙子；以其入膏，便是胭脂，嫔妃涂腮艳于三月桃花。唐时就是贡品，西夏与宋换物，至今从未间断。”老军携笔者走上一座草阜，挥手画一大弧，曰：“这红花渠畔三千亩良田，种的皆是红花。春季下种，夏季开花，秋季结子。客官来得正巧，恰逢开花时节，欣赏这壮丽的景观。”笔者连声说：“是的，是的，感谢老丈指点。”老军问道：“客官知道红花采收的情景吗?”笔者答道：“只从古书上读过一些，不知其详，请老丈赐教。”老军道：“此刻已是辰时，红花采收的最佳时机是寅卯之际，日出之前。先生若是早来两个时辰，可见识这千亩沃畴上兵民相助、夫妇共采的画面，红花带露香、花萝满阡陌的胜景。红花渠畔朝霞百丈，那真是蔚为大观啊！”老军似有惋惜，但又有所悟道：“也好，先生尚可目睹红花制作的过程。请跟老夫来。”

谈笑间，来到一处院落，似是老旧的军营。篱笆低矮，房屋破旧。院子铺满芦席，席上晾晒红花，香气扑鼻而来，令人心旷神怡。院隅的树荫下，摆着几个石臼，其臼窝约有西瓜大小，几个壮年汉子正用石杵舂捣红花瓣。进得北屋，数十只大缸回旋摆开，几位老者将舂捣成膏状的红花轻轻浸入缸水。另外一间屋中，几个壮年男子赤裸着上身，用钩子挂起装着花泥的布袋，黄色的汁水不断从袋中流出，袋内则是暗红色的花泥。老军说：“如此过滤之后，布袋内剩下的主要是红色素了。再用发酸的淘米水冲洗，进一步除去残留的黄色素，即可得到纯净的红色素。这种提取红花色素的方法，古人称之为‘杀花法’，汉朝就有了，一直流传至今。”笔者眼界大开，只有不住地点头称是。

从北屋出来，老军又带笔者到南屋，屋中，几张条桌拼接，四周围坐十多位妇女，一边说笑，一边将形若冻伤的红花瓣捏成饼状。老军见笔者不解，解释道：“长期保存红花，一是像院中那样晒干，另一种就是这样捏成饼阴干。阴干的质量最好，都被进贡了。当然，这先要把采来的鲜花用野外的青蒿覆盖一夜，次日方可制饼。”

笔者与老军执手走出院门，老军道：“这千亩红花地头，还镶嵌着丽景湖、金波湖、宜秋楼等景观，五月夏桂飘香，七月荷花满塘，春夏秋冬皆有特色，不妨常来走走。”我挥手道别，行走在阡陌之间，脑中全是鲜艳的红花、殷红的花泥、溢香的花饼……不知不觉中，路旁现一座小庙，飘出阵阵异香。那的确是座小庙，仅一楹殿宇，没有神像，依墙设一尊木质牌位，上书“红花神之位”五个金字。牌位前，三炷燃香，两盏明灯，供奉一碟带露红花，一碟精美花饼，一碟贴花馒头。我双膝跪地，二目紧闭，行三叩礼。

睁开眼，不见小庙，不见花神。一段卷曲的小渠，半渠混浊的流水，周围高楼林立，马路喧嚷。

横城古渡

刘宏安

横城古渡位于银川市东16千米外的黄河两岸，明代以前被称为“黄沙古渡”，是宁夏八景之一。这里西临黄河，滔滔河水向北奔腾而去；北边是浩瀚无垠的漫漫黄沙，明代横城堡坐落在黄河岸边；东侧接近鄂尔多斯台地，蜿蜒的明代长城向东伸延。此地交通贯通南北，自古以来就是军事、商贸要地。

历尽沧桑的横城古渡，被左右摇摆不定的黄河水冲刷无数遍后，在公路交通兴盛之后逐渐失去了作用。

如今驻足横城渡，追忆那些被岁月堙没的故事，耳边隐约传来人吼马嘶的回音，眼前仿佛出现一片繁忙的渡河景象……

横城古渡的历史

宁夏是黄河水运比较发达的地区之一，自古黄河沿岸就遍布古渡口。魏晋南北朝时期，横城渡就是黄河水运的重要港口。

据《魏书·刁雍传》记载：北魏太平真君七年（446年），太武帝拓跋焘下诏，命薄骨律镇（西魏时改称灵州）镇将刁雍把河西囤积的50万石粮食运到沃野镇（今内蒙古巴彦淖尔市乌拉特前旗），以供军需之用。刁雍计算陆运不如水运省时省力，当年造木船200艘，每艘载粮1000石，仅用半年时间就完成了运载任务。

太武帝下诏将刁雍水运之法“永以为式”，此举开创了宁夏黄河水运史之先河。

《魏书·贾显度传》记载：北魏孝明帝正光六年（525年），高平农民义军攻灵州，灵州别将贾显度见义军兵势强大，无法长期固守，为保全力量，遂率灵州军民乘船沿黄河顺流抵达秀容（今山西忻州），成功撤离。

唐高祖李渊为防御突厥，曾下令在灵州置水师，派大将于筠到江南招募船匠来灵州造船，把横城渡作为重要军港。唐代灵州所需军粮，均由北都（今山西太原）购买后逆水而上运至灵州。朝廷为管理好黄河水运，命朔方节度使兼任 6 城水运使，负责水运事宜。唐肃宗在灵州登基时曾大兴土木，黄河航道一片繁忙景象，黄河水运发挥了十分巨大的作用。

《西夏记事本末》卷首地图标有西夏时期的顺化渡、吕渡、郭家渡等。顺化渡就是黄沙古渡，即明代以后的横城渡，这里向西 16 千米便是西夏都城兴庆府。

元代开始复兴黄河水运，至元二年（1265 年），元代科学家、水利专家郭守敬向元世祖忽必烈建议兴通黄河漕运（水道运粮）。忽必烈采纳了他的建议，下令沿河建立 10 个水运驿站，横城就是其中之一。

至元十二年（1275 年），21 岁的意大利旅行家马可·波罗由横城渡河北上，抵达元上都。明清时期，宁夏黄河沿岸设有横城、高崖等 16 处官渡，其中以横城渡规模最大也最负盛名。

明代翰林王家屏在《中路宁河台记》中记载其“渡者蚁集河壖”，可见其繁荣景象。

清光绪初年，皮毛输出促进了黄河水运的发展。民国时期，横城水路运输分为经营运输业的行船户和经营摆渡业的渡船户。横城皮筏上通青海、甘肃，下达黄河中下游；木船上通青铜峡、中宁，下达内蒙古后套等地。

民国七年（1918 年），商人陈润生、向涤修、蔡质夫等人发起组织甘绥轮船公司，官商合股购置一艘载重 2 万斤名为“飞龙号”的轮船，由横城渡顺航往返于绥远、包头、临河等地。

1935 年，宁夏省政府发放借款，鼓励船户造船并购置小汽船。1940 年，宁夏河运局成立，统一河运价格，下设 4 个河运队，横城渡被列为第 3 队。1942 年，河运局撤销，船只移交十七集团军运输处调用，多数船筏被迫停航。

黄沙古渡与宁夏八景

因为横城堡之北有个地方名叫黄沙嘴，所以明代以前把西夏时期的顺化渡称为黄沙古渡。因古渡靠近横城堡，也称横城渡。黄沙古渡在明代以前，就被列入宁夏旧八景之中。

明代翰林王家屏在《中路宁河台记》文中写道：“横城之津危，则灵州之道梗。灵州之道梗，则内郡之输不得方轨而北上，而宁夏急矣！”可见横城渡在军事、交通中的重要作用。

《中路宁河台记》记载横城渡口戍台高5.5丈，上建亭榭3座，四边建有厢房，台外城墙周长90余丈、高2.4丈，城墙四面重门有兵士把守。

明太祖朱元璋第十六子庆靖王朱㮵善于诗赋并酷爱观游，他不仅发现宁夏风景之佳、形胜之势，而且在《西夏八景》诗中留下一首《黄沙古渡》："黄沙漠漠浩无垠，古渡年来客问津。万里边夷朝帝阙，一方冠盖接咸秦。风生滩渚波光渺，雨打汀洲草色新。西望河源天际远，浊流滚滚自昆仑。"这首诗描绘出黄沙古渡的壮丽景色和其在交通上的重要地位。

明万历初年，为了确保横城渡口畅通无阻，巡抚罗凤翔督建中路宁河台。建成后，他登临眺望，留下《宁河台成登眺》一诗："津口新成百尺台，深秋登望戍烟开。兰山直亘北荒去，河水遥从西极来。漠漠北沙伏毳幕，茫茫绿野编农垓。清平浑似中原地，千羽风光始见回。"

历代文人雅士途经此处，都纷纷登上宁河台游览，吟诗赋词，咏古怀今，胜赞边塞美景。

清代灵州人王绥是乾隆五十五年（1790年）进士，官至江南提督，颇有政绩。他好读书、爱诗文，著有《一啸轩集》。他观赏完黄沙古渡景观后，写下一首《黄沙古渡》："荒烟漠漠路漫漫，河泻平沙两岸宽。缆解帆悬朝雨歇，马嘶人语夕阳残。涛声澎渤千秋壮，风色花茫六月寒。独羡渔刀轻一叶，长歌终日傍惊端。"诗中描绘了夕阳下黄沙古渡苍茫而繁忙的景象，塑造了搏风斗浪的黄河船工豪迈乐观的英勇形象。

康熙大帝与黄沙古渡

据《清实录》记载，清康熙皇帝为了平定西蒙古贵族噶尔丹叛乱，于三十六年（1697年）三月二十四日来到临河，当日住宿在横城堡。次日，康熙渡过黄河在横城渡口西岸举行了隆重的祭祀黄河仪式。他向西远眺，黄河如同巨大的白色飘带横贯南北；北面沙漠如海，连片的果园犹如一颗翡翠镶嵌在金色的大漠之中；举目东望，蜿蜒崎岖的明长城像一条匍匐在茫茫戈壁中的巨龙，千曲万盘，绵延千里；回首南看，一望无际的条田绿洲，低丘起伏。

康熙被这金沙绿原、长城古堡、烽燧长河的塞外独特美景陶醉，于是即兴写下一首七言绝句《横城堡渡黄河》："历尽边山再渡河，沙平岸阔水无波。汤汤南去劳疏筑，唯此分渠利赖多。"对宁夏平原引黄灌溉赞誉有加。

横城古渡与近代水运商贸

近代，随着对外贸易的开展，甘草、羊皮、绒毛等轻工业的兴起，给宁夏水运带来了商机。

民国初年，因宁夏黄河水运业十分发达而成为西北贸易的门户，宁夏70%以上的出口物资都通过水路外运。据《西北丛编》载：民国年间，仅横城一处每年输入布匹等杂货约1.3万担，输出甘草约5000担、羊皮约1000担、羊毛500万公斤、驼羊绒20万公斤。横城渡和中卫、中宁、石嘴山等渡口成为宁夏主要的水运口岸。

中华人民共和国成立初期，宁夏黄河水运发展到鼎盛时期，拥有木船、机帆船、拖轮等大小船只近1000艘。1950年，宁夏省河运局成立，横城渡口归其管理。1960年，随着青铜峡大坝的建成，宁夏水运事业走向衰落，但横城渡口送往旅客的渡船依然生意兴隆。

1994年7月1日，随着银川黄河大桥的建成通车，名噪一时的横城古渡变成了人们追忆往昔的旅游景点。

西花园机场

张碧迁

2013 年，对于银川河东机场来说可谓是“双喜临门”：6 月，银川河东机场三期扩建工程可行性研究报告获国家发改委正式批复；7 月，中国民航局批复同意“银川河东机场”更名为“银川河东国际机场”，这是继咸阳国际机场之后，西部机场集团拥有的第二家国际机场。从一个“土得掉渣”的军用机场，到现今宁夏对外沟通的便捷空中通道，银川河东国际机场拥有怎样的前世今生？

消失的西花园机场

谈起银川的机场，大家首先想到的是河东国际机场。其实，在河东国际机场建成之前，在宁夏航空史上占据重要地位的却是位于银川市西夏区的西花园机场。

在曾经的西花园机场旁，一幢幢拔地而起的高楼间有几栋老楼。虽然西花园机场已经完成了历史使命，但这些老楼里的人，依然清晰地记得当时飞机起飞降落时特有的轰鸣声。

王玉明就住在其中的一栋老楼里。这位八旬老翁谈起西花园机场的故事来滔滔不绝，至今仍能清楚地指认被保留下来的西花园机场航站楼。

王玉明谈起西花园机场时有些感慨：“现在居住在这里的年轻人，大多不知道这里曾经是飞机场。”他指着航站楼说，“你看那航站楼，以前没有这些高楼大厦时，航站楼可气派了，每天晚上当航灯亮起时，这里一片灯火通明。”

给王玉明留下深刻记忆的除了航站楼之外，就是当时飞机起降的声响。据老人讲，飞机场刚开始投入使用的那段时间，生活在这里的居民都受到了很大影响。飞机起飞的声音特别大，把人震得直想呕吐；特别是飞机调试的时候，飞机一响大人被震得耳膜嗡嗡响，小孩被震得哇哇乱哭。不过后来，人们竟慢慢习惯了这种轰鸣声。飞机场搬走后的那段时间，总是觉得生活中缺点什么，晚上总失眠，适应了好几个月，才慢慢习惯没有飞机轰鸣声的日子。

如今10多年过去了，飞机的轰鸣声已经在老人的耳膜中消失。记忆中的老机场随着岁月的流逝也渐行渐远，留下的只是那些支离破碎的记忆。

宁夏解放前的西花园机场

一座消失的机场，记载了一段历史。从1936年西花园机场建成，到1997年停用，历时60多年，在这60多年间，西花园机场曾经给人们留下了太多的记忆，无论岁月如何轮转，这段历史也不会随着时光的流逝而被湮没，因为它见证了这座城市的发展。

其实，西花园机场并非银川最早的机场，在西花园机场建成之前，银川就有过几处“短命”的机场。1934年之前，宁夏没有一个机场，连军用飞机都无法升降。马鸿逵主政宁夏以后，为了给部队提供给养，并对孙殿英实施空袭，当时的宁夏省政府在现在的兴庆区银河仪表厂修建了一座简易机场。在同一季节，又在现在的兴庆区通贵乡修建了通昌机场，当年6月，欧亚航空公司开通了兰州到银川的首条航线，航班每周一班，11月航线延至内蒙古包头。但因机场靠近黄河，地势低洼，跑道经常积水；加之当时的飞机跑道全部是用黄胶泥砸出来的，欧亚航空公司机组人员飞宁几次后，认为黄土泥跑道不利于飞机的安全起降，向宁夏省政府提出新建机场的要求。

1935年10月，宁夏省政府以“防共”为由，在满城（位于如今的银川市金凤区）修建机场。当时的满城是清朝满族旗人生活的小城，住着几百户居民，为了修建机场，马鸿逵将居住在这里的满族人强行迁走。令人啼笑皆非的是，满城机场建成后竟然根本无法使用：其一，跑道长度达不到飞机起降要求；其二，由于满城东边是一片湖泊，西面是一条灌溉渠，无法再进行扩建，满城机场只能起降一些小型飞机。被逼无奈的马鸿逵又在西花园重新规划设计建造了后来的西花园机场，建成后的西花园机场设施非常简陋，跑道为土质碎石道面，其性质基本是一座军用机场，为马鸿逵部队11军168师据守。

1936年建成的西花园机场，迎接了很多当时的军政要员，张学良、陈诚、杨虎城、朱绶光等国民党高级将领都曾随同蒋介石多次“光顾”西花园机场。机场建成后，没有自己的飞机，马鸿逵觉得在军政要员中很伤面子，但又不想自己掏腰包买飞机，苦思冥想后，就以向蒋介石祝寿为名，在宁夏搞“献机祝寿”活动，活动总计强索“捐款”6万元，购买飞机1架，并命名为“宁夏号”。

然而，对于马鸿逵和他的西花园机场来说，似乎灾难来得更早了一些。1937年抗日战争全面爆发，日军飞机疯狂地袭击了省城银川，人员伤亡惨重，西花园机场也遭到了重大的损失。为了战争和安全的考虑，马鸿逵决定修建同心军用机场和平吉堡机场，并在固原三营、七营、黑城子强征大批民夫，修建了豫旺军用机场。

抗日战争胜利后，马鸿逵调用官兵1875人，用了一周时间，对西花园机场进行了整修。然而此次整修更像是在给将来的逃跑铺路，1949年9月，马鸿逵乘机仓皇逃到重庆。9月23日，中国人民解放军进驻银川并接管了西花园机场。

西花园机场完成历史的演变

宁夏解放后，西花园机场一直隶属军方。1958年，国务院决定国家民航局划归交通部，成立中国民航银川站时，张顺礼任站长。那时的西花园机场尚是一片荒芜，跑道上长满了杂草，没有任何导航设备。虽然宁夏解放后政府对西花园机场进行了整修，但由于当时经济和自然条件的限制，跑道仍然用砂砾铺成，流水不畅，跑道容易积水。在1961年至1970年，机场跑道四次被淹没，最短停航时间为11天，最严重的一次是1961年，因贺兰山洪水暴发，淹没西花园机场跑道、候机楼，停航时间长达108天。

1958年10月20日13时41分，一架伊尔14型客机平稳地降落在银川西花园机场，宁夏回族自治区民航在此举行开航典礼，拉开了中华人民共和国成立后宁夏民航的序幕。

改革开放后，走出去和走进来的人越来越多，飞机在经济发展中的地位日益凸显，西花园机场也迎来自己最辉煌的历史时刻。1986年，国家民航局和自治区投资260万元对西花园机场进行了扩建，扩建后的西花园机场为3C级机场，可起降BAe146及50吨以下机型，跑道长1800米，道面为沥青混凝土。1988年，由于航线增多，业务繁忙，自治区政府对西花园机场再次进行了扩建，设有候机楼、贵宾室、旅客餐厅、招待所。这次扩建后跑道达 2200 米，机坪面积为 3600 平方米，西花园机场达到了其发展史上的顶峰，可直达西安、北京、太原等各大城市。

1997 年 9 月 6 日，4D 级国内干线机场银川河东机场建成，中国民航总局颁发银川河东机场使用许可证，当日零时，西花园机场宣布关闭，长达半个世纪的西花园机场才算退出历史舞台。

其实，从 1936 年的西花园机场，到如今的西部机场集团拥有的第二家国际机场，银川河东国际机场在半个多世纪的风雨洗礼中，一跃成为西部重要的现代化航空港。这期间，它曾经历了多次蜕变。

古灵州的地名来历

杨森翔

灵州是宁夏境内一个非常重要的历史地名。

“灵州”一名是如何而来的呢?

在秦汉时期，还没有黄河的统一名称。那时的人们，因为视野的缘故，常常分段给黄河命名。比如，流经宁夏的黄河，就有“上河”“北河”“西河”等名称。其中，流经吴忠的黄河，一出青铜峡，便别络分流：主流北注——从今唐渠口向北，经青铜峡市莲湖、七十二连湖、贺兰增岗、银川西湖到贺兰常信乡再向东北，在陶乐西南与支流汇合，古人将这段黄河命名为“西河”；支流（即“分水”，不止一条）向东——也是从今唐渠口向东，沿吴忠东南山边子，经黄沙窝海子、灵武狼皮子梁、大泉、安家湖、马场湖向北，至陶乐南（或曰沿关马湖、巴浪湖、灵武沈家湖、安家湖、马场湖，至陶乐南）与黄河主流汇合，古人将这条支流命名为“东枝”“枝津”。这样，就在主河道“西河”与支流“东枝”“枝津”中间形成了一个面积很大的洲渚。这个洲渚，南北长90多千米，东西宽30多千米，总面积几近3000平方千米，相当于今天吴忠利通辖境的近3倍，从今青铜峡市莲湖、永宁增岗以东、吴忠和灵武东山边子以西的广大地区都是其范围，包括今青铜峡、吴忠、灵武以及永宁、银川、贺兰一部分在内的吴灵青引黄灌区和银川灌区的一部分。

这样大的一个洲渚，在黄河流域独一无二。由于它的面积巨大，以致“西河”和“东枝”的水无论如何都不能淹没它，好像有灵似的，“随水高下”——水涨洲涨，水落洲落——“未尝沦没”，遂成为“天下奇观”。当时的人们便给它起了两个好听的名字：“灵洲”和“河奇”。说到灵洲、河奇，不能不提一提名噪一时的“河奇苑”。

秦汉时期，灵洲一带的畜牧业相当发达，史书上说它“畜牧为天下饶”；

汉官府在西北养马 30 万匹，其中在吴忠地面上就设置了两个大型官办养马场，一个叫“河奇苑”，一个叫“号非苑”，专门饲养战马，以供朝廷边防之需。“河奇苑”的具体地址非常清楚，就在河中洲渚北端，即今银川附近；“号非苑”具体地址不详，但在河奇苑附近无疑。由于当时战争频仍，仅靠官府养马，显然不能满足需要。汉武帝曾令当地老百姓也要发展畜牧，由官府贷给母马，以繁殖马匹，三年后归还，利息什一，即只交 10% 的利息，“以充入新秦中”。史书描述当时的情景是“人民炽盛，牛马布野”，很是富足。这个神奇而又美丽的地方，就是生成灵州的地理基础。

灵州是根据“灵洲”（即“河奇”）一名而来：先有“灵洲”，后有“灵州”；“灵州”是个行政建制，而“灵洲”则是黄河上的一个洲渚，是个地理单位。唐代大学问家颜师古说：“水中可居曰洲。此地在河之洲，随水高下，未尝沦没，故号灵洲，又曰河奇。”西汉惠帝四年（前 191 年）汉中央政府便在这块神奇而丰饶的土地上，设置一县，其名称就叫“灵州”。

秦汉时期的灵州，仅是一个县级单位。之所以取“州”字，是因为，在汉代，“洲”“州”通假。后来，随着战略地位的提高，灵州的行政级别也逐步提高。到了隋炀帝大业三年（607 年），对全国的行政建制进行了较大改变，先是“并省诸州”，随后又把州改为郡，实行较为彻底的郡县制，行政建制为中央、郡、县共三级。当时，全国共设置郡 190 个，县 1255 个，灵州便被改为灵武郡。这个灵武郡与附近的灵武县同名，但不是同一个地方。当时的灵武郡辖回乐县、灵武县、鸣沙县、温池县等。

唐朝初年仍沿袭隋朝的体制。到了武德元年（618 年）又改灵武郡为灵州，并置都督府。贞观元年（627 年）将灵州都督府改属关内道，属京畿地区，由京官遥领。天宝元年（742 年）又改为灵武郡。这样，灵州（灵武郡）的级别越来越高，地位越来越重要，某些方面类似今天的深圳特区。到了唐末五代，丝绸之路改道，灵州（灵武）大道成为丝绸之路的主干，灵州也成为交通枢纽，是当时仅次于长安的国际商贸大都会。

到了明朝初年，由于黄河水泛滥，原来建在吴忠境内的灵州城“被河水冲激崩圮”，被迫“三迁其址”，最后落脚在“沙山西、大河东”（《宣德宁夏志·十一属城》），也就是今天的灵武市。而灵州故城，随着岁月的流逝、历史的变迁，也一步步淡出人们的记忆，只留下“古城”的名字任人猜想和凭吊……

2003 年 3 月，吴忠市在城市建设中，发现了规模庞大的古代墓葬群。5 月 8 日，又在金星镇金星花园社区绿地苑小区工地发现了一块“大唐故东平郡吕氏夫人墓志铭”。该墓志铭细砂石质，长 32. 5 厘米，宽 26 厘米，厚 8. 2 厘米，全文共 317 字（其中两字脱泐），叙述了吕氏夫人的籍贯、父亲、丈夫及本人的身世、品行，其中最重要的是如下两句：“以太和四年七月六日，终于灵州私第，……其年十月十四日，殡于回乐县东原……”正是这段关于吕氏夫人丧葬日期、家庭住址及埋葬地的文字，构成了一个在考古学界称为“勿须讨论”“勿须论证”的证据，解开了一个千古之谜！被专家学者称为“一石惊天”!

“大和”同“太和”，是唐文宗李昂的年号，起止年限是 827—835 年；“太和四年”即 830 年；“终于灵州私第”就是“死于灵州自己的家”；“殡于回乐县东原”就是“埋葬于回乐县东边的原野上”。这一段文字所蕴藏的历史、文化信息是：吕氏夫人墓志铭出土的地方，就是唐代回乐县的东原。又因为唐代的回乐县与灵州是“同址而治”，所以，这里也就是唐代灵州城的东原！运用“倒推法”推测，则唐回乐县和灵州城应该在今金星镇西边不远的黄河边上——古城湾一带，这与《唐书·地理志》及《元和郡县图志》“回乐县……枕黄河”的记载完全一致；再据《元和郡县图志·卷第四》“温泉盐池（今惠安堡），在（回乐）县南一百八十三里。……安乐川（今韦州），在灵州南稍东一百八十里”的精确记载（已经精确到“南稍东”和“一百八十三”），这也与今吴忠利通区到惠安堡和韦州的距离高度相符。由以上考古发现和文献记载的证据，再加上民间口头资料关于“古城”的传说和实地勘察，说“今天的吴忠市利通区就是唐回乐县和灵州城的故地”，还有什么疑问吗?!

这里，有必要对“灵州”和“灵武”的关系再说几句。

在西汉时期，宁夏地面上既有灵州县，又有灵武县，这是两个不同的地方。前面已经说过，灵州设在今吴忠境内，其名称因“灵洲”而得；灵武县设在今黄河以西的邵岗附近，这里因邻近贺兰山灵武谷口，所以就以谷名城，叫“灵武”。据文献记载，西汉时的灵武谷，到西夏时称灵武山，明代至今皆称灵武口（民间讹为“柳木高”），具体地址在青铜峡双山南、玉泉营西，有谷道可越贺兰山。这个“灵武”在王莽时被改为“威戎亭”，东汉时废弃。到了隋朝仁寿元年（601 年），又在今陶乐西南、灵武西北另外设置了一个新灵武，但存在时间不久，随即又迁到“胡地城”，也叫“典农城”，就是东汉时期废弃了的西汉灵武县旧址（今邵岗、玉泉营附近）。隋炀帝大业三年（607 年）的体制改革中，“灵州”的建制被撤销，改为“灵武郡”。自此以后，“灵州”才又有了“灵武”的名称，也才有了后来唐肃宗在“灵武”（即灵武郡，也就是灵州，址在今吴忠）即位的故事。同时，河西的灵武县仍然存在，这是不可混淆的。

白芨沟煤矿

石凡生

位于贺兰山深处的汝箕沟煤田，有一座因草得名的煤矿——白芨沟煤矿，而老一辈煤炭人，习惯称它为卫东矿。白芨沟矿山大沟深，漫山遍野生长着一种叫芨芨草的植物，因芨芨草的根茎为白色，所以这里的人们更习惯叫它白芨芨草，后来建了矿，也就顺理成章地叫白芨沟矿。

1958 年，大炼钢铁期间，从陶乐、平罗、灵武等县抽调一些农民在白芨沟等地挖坑炼铁，为供应所需要的煤炭，首先在白芨沟井田南侧二层煤露头处开挖多处小窑。1965 年 12 月 31 日贺兰山煤炭工业公司下发《关于批准汝箕沟矿区白芨沟矿井初步设计的通知》，1966 年 3 月，原煤炭工业部第七十九工程处 300 多名建设者来到了这块荒山秃岭，1968 年浙江知青来一批，在海拔 1900 米的贺兰山中扎下了根，用土坯依山建小地窝，用岩石块建干打垒住房，开始了艰苦卓绝的创业。为了稳定职工，60 年代建矿初期，在山下大武口创办了农场一点、二点，用于安置职工家属，供应矿上水果蔬菜等。白芨沟矿区南北平均长 6. 3 千米，东西平均宽 2. 5 千米，面积 15. 8 平方千米。1970 年，白芨沟建设矿井被命名为卫东煤矿。1985 年 2 月 6 日，又更名为白芨沟矿。1972 年 11 月 25 日投产，设计能力为年产 120 万吨。2000 年左右实际生产能力稳定在 160 万吨以上。有职工 4000 余人，其中有各类专业技术人员 650 多人，企业固定资产 3. 6 亿元，年销售收入已突破 2 亿元以上，成为宁夏乃至西北地区最大的无烟煤生产矿井。

白芨沟矿有得天独厚的资源优势，生产的优质“太西”无烟煤，以“三低六高”特性而享誉中外，被誉为“煤中之王”，是冶金、化工等工业的最佳原料和环保精品。“太西煤”自打入国际市场以来，一直远销西欧、东南亚以及中国香港等十多个国家和地区。改革开放以来，白芨沟矿以“团结勤奋、务实创新”的企业精神，坚持依靠科技和管理进步，不断深化企业内部改革，强化安全和质量标准化工作，努力提升企业整体素质，经济运行质量和效益逐年攀升。特别是2002年实现了原煤生产、安全、效益3个历史性突破，创出了工效、成本、煤质、销量、职工收入5项历史最高水平，取得了连续安全生产三周年无重大事故的历史最好成绩。先后荣获全国煤炭行业二级企业、特级质量标准化矿井、自治区一级企业、自治区先进基层党组织、自治区文明单位标兵。1999年9月，被中央文明委授予“全国精神文明建设工作先进单位”；2002年9月，被中国煤炭工业协会授予“全国煤炭工业双十佳煤矿”称号；2003年1月，被中华全国总工会和国家安全生产监督管理局授予“全国‘安康杯’竞赛优胜企业”称号；2003年5月，被中华全国总工会授予“五一劳动奖状”。

建矿初期，因受历史条件限制，生产布局相当复杂，共21个采区。从1972年投产至1983年，井下生产一直沿用人工炮采的方式。以后采用高档普采，1986年，在4221工作面上马了第一套国产综合机械化采煤机组，成为我国西北地区首例探索使用机械化综合采煤的煤矿。由高档普采到综采，使白芨沟的采煤方式发生了质的变化。80年代，大功率综掘机的使用，大大减轻了掘进工人的劳动强度。1990年，综采首次突破年产百万吨大关，填补了西北地区综采单产百万吨的空白，进入了全国先进行列。白芨沟矿掘二队，自1987年以来，连续4年被评为矿、局、自治区安全掘进先进集体，特别能战斗的标准化掘进队，年年组织矿、局、自治区各单位到掘二队工作面参观学习，当时的口号“远学聊城，近学白芨沟矿”，近学白芨沟矿指的就是掘二队，掘二队1988年取得全国掘进会战第47名，1990年取得全国掘进会战第三名，1991年摘取全国掘进会战桂冠。2000年3月，白芨沟矿综合放顶煤技术一次性试采成功，填补了“两硬特厚”煤层放顶技术空白。

白芨沟矿投产以来，一直属高瓦斯矿井。为减少瓦斯排放给大气造成的污染，实现瓦斯的综合利用，1988年白芨沟矿铺设上万米瓦斯管路，为矿区7200多户居民输送瓦斯用于做饭和取暖。1994年和1996年，白芨沟矿集资，上马了炭黑一期和二期工程，用瓦斯制造炭黑，创造利润，使瓦斯变害为宝，造福矿区员工群众。

20世纪90年代，白芨沟矿的发展达到了鼎盛时期，从城市里来白芨沟矿探亲的市民走在矿区里发现，不大的山沟里，不仅建有幼儿园、小学、中学，还有百货商店、市场、灯光篮球场、电影院、花园、林荫带、办公大楼、邮局、工行、建行、邮政储蓄、医院、法院、派出所、公安局，凡是城市里有的政府机构和事业部门，在这里应有皆有。麻雀虽小五脏俱全，这里俨然就是一个小社会。2000 年，白芨沟育新中学一名品学兼优的高三考生以优异成绩被清华大学录取，2011 年白芨沟育新中学又一名品学兼优的高三考生以优异成绩在石嘴山市考了个状元，成了矿区的爆炸性新闻，也成了白芨沟矿的骄傲。育新中学年年为祖国各类大学输送大批优秀人才。矿上各科室生产、机电、地测、调度等专业人员，大都是从基层经过考试提拔上来的。白芨沟矿是人杰地灵、人才辈出的地方，原石炭井矿务局、宁煤集团及下属各矿井主要领导大都是从白芨沟矿走出来的。

随着企业迁居工程的实施，为了改善矿区员工家属的居住、医疗条件，2008 年，矿区员工家属陆续下迁，从矿区搬到了城市居住。加之矿井生产系统优化为“一井一面”，大部分员工分别分流到银南各新矿井，留守在矿区的员工不到 1500 人，昔日沸腾的矿区变得沉寂了，加之满山被剥离和塌陷区域，资源枯竭，边角煤被采光，小煤窑人员全撤去，到处是一派萧条。在白芨沟现有的员工队伍中，有不少是在矿上土生土长的“煤二代”，甚至是“煤三代”，这里是他们生长的故乡，时代在变迁，但他们对矿区深厚的感情始终没有变。

春天返青后的芨芨草，绿色的茎秆一节一节抽生出来，茎秆外壳在抽生时形成的中空，乳白的髓汁遍布其中，内柔外刚，耐磨耐用。一粒粒芨芨草种子，顺风随性，生生不息。这是白芨沟矿人的写照。

梦回洪广营

刘占林

杨家血泪斥胡人，化作白骨听风声，
康熙铁营今何在？常使后人泪满襟。
——作者题记

（一）

忆当年，洪广营辉煌雄伟的城墙，洪广营的货郎，洪广营的叶疯子，洪广营的大狮子，洪广营的四条“狂犬”，洪广营的干饼子，洪广营的米糊子，洪广营的大秧歌，洪广营的歌谣，洪广营传奇的故事，洪广营和暖泉名字的来历……前人之述备矣，诚然，我这是人云亦云罢了。

暖泉洪广营是我的故乡。它是一座有着悠久历史文化的古堡，也是故乡人心目中一座永远不朽的历史丰碑。可悲可叹的是，它却被风沙和人为的破坏毁掉了。

很长一段时间，我在沉思一个严肃而痛心的问题：用什么方法，算是对已经消逝的洪广营最好的凭吊和救赎呢？

我是地道的暖泉洪广营长大的人。我的大半生，都是一手拿铣，一手拿笔，在洪广营这片热土上，不停地耕耘寻找我心中的精神净土。但是，在我完稿《永远的洪广营》一书之前，只要我一提到洪广营，就有无数的见证者、诠释者、“翻译者”、响应者、购书者，满腔热情，踊跃地为我提供着关于洪广营的各种图片，当年的人和事，辉煌和衰败，或笑或唱或骂。这样，我颇为欣慰和释然。我喟叹，居然还有那么多的故乡人，热爱和眷恋着洪广营，以及她当年的历史根脉和名人逸事。

我永远是洪广营的子孙，所以，把洪广营的血脉和灵魂渗透在文学作品里——用小说这种特殊的文学艺术手法，接纳自己对已经消逝的洪广营的追忆和缅怀。

诚然，书中的插图，是我十几年前见到洪广营时，拍下的几张夕阳西下的城墙。当时，写了一首词：

望古城，夕阳残照，恰似百草废墟笑，莫把军魂惊扰。梦中阑珊，谁在军营酒释怀，恰巧几只麻雀吵。

四百载，风雨雪飘，噬得城墙砖瓦恼。不敢信，古城已老，庙宇残垣，恰似魂在人间绕。

见此状，我喟叹不已：还有谁能见证当年康熙皇帝夜闯洪广营时，尴尬中的威严和因为宁夏城涣散的军纪而恼羞成怒？率军打仗的穆桂英，当年如何被困暖泉的焦虑与后来天赐泉水，转败为胜的惊喜？城隍庙里的各路神仙是否还在洪广营城墙仙游？戈壁滩上，谁还能捡到锈迹斑斑的兵器认前朝？今日，当你看到三清观亭台楼阁上插着猎猎作响的黄幡时，难道你竟然一点儿也没有奢想梦回四百年前，洪广营的盛况与辉煌？在典农河畔，你可否还能隐隐约约地听到窈窕淑女君子好逑，所谓伊人在水一方的曲调？

历史古城洪广营，本来是宁夏机械工业的鼻祖，见此状，我再次喟叹不已：这难道就是传说中的历史古城洪广营吗？当你真正漫步走进洪广营这座历史城池时，内心必然产生出强烈的历史反差，隐隐作痛，无法言表：当现代化工业园区的英姿与古拙苍敝的城墙擦肩而过，正悄然崛起的暖泉工业园区和商业贸易市场的勃勃活力，正以饱满强盛的发展态势，和苍凉陋敝的小村庄遥遥相望、无法握手言和时，那一刻，我不禁喟叹：设若人间尚有像张贤亮先生那样的智者和文人儒商健在的话，那么，洪广营定然是第二个古色古香的镇北堡。

（二）

暖泉洪广营，坐落在宁夏银川市贺兰县洪广镇，东靠滚滚的黄河，南靠美丽的凤城银川，西靠巍峨的贺兰山，北靠黄沙碧水的沙湖，毗邻典农河和洪广营生态园，周边有暖泉工业园区。

根据《平罗纪略》一书记载：“洪广营始建于明神宗万历三十三年（1605年），当时巡抚黄嘉善主持，又从城东北扩大为一百六十四丈。到乾隆三年（1738年）城被地震摇倒，第二年又始建修，城围二里六分（1600米），高二丈四尺。南门一座，角楼四座，敌楼二座，到乾隆五年（1740 年）完工。”清代康熙年间，河套发生战争，宁夏总兵调遣洪广营丁游击领兵到临河增援，经三月后平定战乱，才凯旋。雍正年间在内蒙古阿拉善旗贺兰山西麓筑置了定远营，遂将洪广、玉泉、定远三营并列为镇守贺兰山重镇的三大营。洪广营和玉泉营驻绿营兵由游击统率；定远营驻清制蒙兵，属札萨克和硕特亲王管辖（俗称王爷府）。同（治）、（道）光年间，官兵据守洪广营，由游击督率军民，联防常信堡台、五量殿台、四十店台、新堡子等要隘，以洪广营为中心，抵抗过马化龙领导的回民起义西军。在漫长的战乱中，经攻城堡激战数十次，前四处均被攻破，唯洪广营始终坚守，未被占领。“铁打的洪广营”遂因此而著称。

明、清两代洪广营（属平罗县），既是军事要津，又是南通宁夏城，北达汝箕沟煤矿的枢纽。也是西接贺兰山水等堡，东连黄河沿岸新户地的中心，文化经济颇为发达。清道光年间，平罗县（六十四堡）共有学校 5 所，洪广营就有一所。全县有粮库 5 处，洪广营就有一处。至于工商业市场，除了百货店铺，各作坊、木市、炭市、骡马市以及大小行业应有尽有外，还有皮毛、甘草庄栈。收购山水当地的皮、毛、甘草、药材等土特产，运销全国，闻名中外。在那时常信还设立集市，因而多少年来，洪广营一直为北营（银北）的重要市场。连大武口、云盛墩、崇岗、下庙的农、工、商都来这里赶集，市面商贾云集，晋、豫、陕等外地客商很多，特别活跃。在那时李刚虽有集市，但相比洪广营的特产销售和古代建筑来说，就很逊色了。从清代到民国年间，洪广营还保留下许多庙宇，如三教台、文昌宫、玉皇阁、城隍庙、大佛寺、关帝庙、东岳庙及十王殿等 17 处。民国九年（1920 年），洪广营设有高小一所，入校学生崇岗、下庙的很多。自 1922 年常信立集市以后，平罗县署决定将洪广营高小及集市一并迁到常信，从此以后，洪广营逐渐冷落。民国十七年（1928 年），宁夏省建设厅将原游击署拆除，在原地建筑起规模较大、设备复杂的甘草膏公司。公司后因技术、设备均差而倒闭，并于 1931 年被拆去。1933 年冬，宁夏军阀马鸿逵为抵挡孙殿英四十一军，特约来青海匪军马步芳的一个骑兵团（宣称骑兵旅），在洪广营驻守有一月余，挖战壕、筑炮台，害人民不浅，竟将营内外所有寺、庙、殿、阁、庵的碑、匾、门、窗、供桌等全部拆去使用，毁坏一空。原有游击署的仓库和枪弹库，于 1934 年改设炭厂，由冲岗炭局经营运销。越年，马匪辎重团牛车队成立，炭场撤销。

洪广营这一辉煌壮丽的建筑，历经沧桑，距今380年之久，位接沙漠之滨。可惜封建社会只有迷信观点，人们修寺盖庙，梦想靠神过上幸福生活，不会造林防沙，无法控制自然灾害，竟致东北两道城墙屡遭沙漠侵袭，无能为力。民国以前游击署存在时，遇大风过后，及时清扫护理。民国以后游击署裁撤，每次大风，无人过问，东北城墙已被风沙吞噬，变成沙岭地带。农民移出城外居住者多，城西北部已显得空荒。到1936年又立集市，全乡聚股兴办“洪丰新”大商店带作坊，洪广营兴盛一时。不期经营多年的大业，被主事人鲸吞无遗，倒闭已尽。民国三十年以后，1941年至1944年又拆废炭场改建草场，属县军粮局管理收集军草，给牛车队供应。同一时间，有些庙宇也被当地机关学校拆去。宁夏解放后人民政权建立，曾设过区、乡政府。在大跃进时期，当地政府强迫群众拆城墙、城门和门楼、庙宇，所有城内外的古迹一无幸存。1977年洪广公社旧址移到暖泉新址，企事业单位以及中学、医院、大小商业与集市一并迁去，因而洪广营顿时萧条。当时，城内南部，仅住有一个生产队的居民，房屋都是近年来翻新的。原街道形象早就不存在了，南城墙也被修路挖沟无踪迹了。留存在西边的那段残墙断垣和整个废墟，都是清代复修的遗迹，如今已成了沟通古今历史、文化的见证。

（三）

传说当年穆桂英带领十万大兵征西夏时，兵分五路，分别出了贺兰口、苏峪口、插旗口、汝箕沟口、大武口，先与西夏兵马在平虏城下打了一仗，后西夏兵不敌退入平虏城……

（四）

纵然，我没有亲眼见到过真正的刀光剑影的洪广营，它给我的印象打了一个零分，然而，暖泉洪广营的变化今非昔比。

洪广营是我的家乡摇篮，是我嗅着沙枣花香长大的地方。家乡的田野里，哪儿有苦苦菜，哪儿有鸡腿子蘑菇，哪儿有榆钱钱儿，哪儿有树蘑菇，哪儿有哥俩树，哪儿有三姐妹树，哪儿有驼背的老头树，哪儿有鱼有野鸭、野兔……都有我和小伙伴们的足迹和笑声！

近几年来，党的惠农政策如春风一样，温暖着农村家家户户，我的家乡也发生了翻天覆地的变化。

“最爱湖东行不足，绿杨荫里白沙堤”。看着从小玩到大的“湖东”内心感慨万千，思潮澎湃！小时候这里是一片芦苇和白碱滩，今日简直不敢相信自己的眼睛：过去上学时的鸡窝式坑坑洼洼的马路，如今是平坦笔直的柏油路！马路两边是星罗棋布的鱼塘：这里水清鱼肥，景色宜人！路边一根根电线杆挺立，一排排砖瓦房整齐气派，一棵棵树木葱茏茂盛，土地平旷，阡陌纵横，与田间绿树村庄相互掩映，生机勃勃，这一切无不见证着党的惠农政策的正确与英明！

如今，古城洪广营东北边，有几处湖泊，湖面碧波荡漾，芦苇翠碧欲滴。北面有4.6万多亩沙漠，现在，早已变成了良田绿洲，一望无际，风光旖旎，美不胜收。大漠风沙豪情，生长有红柳、沙枣树、白杨树各种植物。这里有洪广营生态园——汇集古城、工业园区，沙丘、湖泊，庙宇殿堂，亭台轩榭，典农河，垂钓，船只，养殖牧场等连为一体，景色迷人。典农河两岸，亭台楼阁，炊烟袅袅，稻谷飘香，水草丰茂，牛羊成群，绿树成荫，河水澄清，碧波荡漾，沙鸥飞翔，鱼儿嬉戏，垂钓者络绎不绝，是节假日休闲娱乐、踏青、旅游观光、沙漠探险的好去处。作为家乡的一名教师，我醍醐灌顶：为何不效仿古人“曲水流觞”，今人“击鼓传花”，让“魅力洪广营”“历史中的洪广营”走进我们的课堂?

更值得一提的是，如今，刚刚获得银川市非物质文化遗产项目的洪广营陈氏米糊小吃，早已成为当地的一大特色，一传十，十传百，家喻户晓。它的发展史，与洪广营的发展史紧密相连，一脉相承。

洪广营距今已有400多年的历史。因为百余年前，洪广营以驻军为主，其主要食物以青稞、小麦、糜子、玉米等为主，所以出现像米糊这样的民间小吃也就不奇怪了。

作为陈氏米糊传承人的陈国富，自小就受到祖上和家庭的熏陶，其制作技艺始终坚守原生态特征。为了制作出地道的米糊，他每年秋季都要骑上摩托车，到贺兰山脚下的农户家中购买大糜子。因为，只有贺兰山下的大糜子制作出来的米糊才甜而不噎、顺滑有度，而且发酵时有股淡淡的清香。现在，在贺兰及银川周边，制作米糊的就剩他一家，周边上了年龄的人一提到洪广营陈氏米糊，无不津津乐道。

（五）

朋友，如果当下，你驱车穿过“洪广营旧址”的转盘，进入暖泉工业园区时，你会惊奇地发现：这里的交通四通八达，大中小型企业和新旧厂家星罗棋布、错落有致，一幢幢新建的楼房矗立在公路两侧。这里路面宽阔，人行道、机动车道井然有序。新型的暖泉工业园区正焕发着勃勃生机，如同年轻有为的骄子，正昂首挺立，迎接新世纪辉煌的明天！

经过暖泉芙蓉鑫苑小区时，你仿佛置身于贺兰或银川某个小区，阳光百盛、农贸市场的商品，琳琅满目，满足了暖泉居民丰富的物质需求，简直让你目不暇接，耳目一新！此刻，你一定会看到路南那座端庄秀丽的建筑物——我的母校贺兰三中，是暖泉地区最亮丽的一道风景。

如今，焕发青春的暖泉洪广营啊，你真的变了，变得越来越漂亮，越来越耀眼！此刻，你如同贺兰县北大门的一颗璀璨的明珠。我仿佛又一次梦回到四百年前繁华的古城洪广营的怀抱。

又是一年秋风起，你像母亲一样，重返人间，用你那温柔的双手抚摸着你的儿女；用你那芬芳的气息，吹熟了枝枝果实，黄灿灿的，仿佛是取得成绩的儿女喜出望外地要向父母汇报似的；你吹弯了粒粒稻谷，仿佛是儿女低头向父母虔诚地致谢感恩；你吹红了棵棵高粱，仿佛是儿女羞赧地向大地母亲诉说着自己取得的微不足道的成绩；你吹黄了片片落叶，化作泥土，正在发出“落红不是无情物，化作春泥更护花”的喟叹，你仿佛期待着来年的春天；你吹来了悠悠怀念，使你的儿女更加思念你，热爱你，怀念你……

我真真切切地生活在你的身旁，从小我就依着你温暖的臂膀，抚摸着你古朴的身姿，吸吮着你甘甜的乳汁，嗅着你芬芳的气息，听着你可歌可泣的故事，看着你变老的容颜，翻着你辛酸的历史，悟着你当年的荣辱，喟叹着你多舛的命运，探索着你不朽的灵魂，吟唱着你传世的歌谣，书写着你、哭笑着你——你就像我的母亲，让我梦魂萦绕，自觉或不自觉地催促着我用手中笨拙的笔，通过文字来彰显你可贵的美德，怀念你博大的情怀，传颂你凄美的爱情，传承你深厚的文化，采撷你遗失的文物，祭奠你不朽的灵魂。

洪广营在我的心里，将是永远无法散去的乡愁。

石沟驿古城

刘宏安

在灵武市区东南45千米、老石沟驿煤矿西南3千米处的荒漠地带，盘踞着一座古城。明代以前修建这座城时，因地表岩石裸露、沟壑纵横，故得石沟驿之名。自古以来，这里就是通往陕甘及京畿要冲之地，特殊的地理位置和重要的军事交通地位使其曾名噪一时。在驿城周围，烽火墩、古瓷窑、将军墓等文物遗址星罗棋布，历史文化内涵十分丰富。

寂静荒凉的古城堡

关于石沟驿，有一个广为人知的民间传说。据说唐天宝年间，大唐名臣郭子仪（697—781年）时任朔方节度使率兵讨伐安禄山时，曾经屯兵石沟驿城，军卒在城中埋锅做饭时，无意间燃着一块“石炭”。这种“石炭”燃烧时无烟、无臭，火焰炽热。将点燃的“石炭”埋入炭灰中，几天后拨开仍能继续燃烧，最后剩下一撮白灰，如同木炭。后来，士卒从地层下开采这种“石炭”，用于取暖和铸造兵器。这是有关灵武煤炭发现历史最早的传说。唐代以后，石沟驿出产的煤炭因质量较高，成为宫廷贡煤而久负盛名。

民间传说因无史料依据，无从考证。笔者怀揣种种迷惑与猜测来到石沟驿城，在走进古城的那一刻，仿佛跨入了历史。城垣虽然破败不堪，然而城障气势犹存。徘徊在寂静荒芜的城堡内，地面野草丛生，一些残砖碎瓦散落其间。

石沟驿城东西长460米、南北宽300米，呈长方形。墙体为黄土夯筑，基宽7米、顶宽3米、残高6～8米，东、南、西三面墙体多已被流沙掩埋，仅存隆起的慢坡状土梁，墙体被雨水冲刷出许多断断续续的豁口。在城内距北墙50米处，有一道与北墙平行的内墙，内墙残存150米长，略高于外墙。城南开一门，已被流沙掩埋过半。瓮城残毁，城楼夯土台基尚存，台基上有砖、瓦等建筑残件。

据《嘉靖宁夏新志》记载："石沟城：即石沟驿。北至大沙井六十里，南至盐池七十里。旧城周回三百步。弘治十三年（1500年），都御史王珣拓其城至二里，南门一。"在《嘉庆灵州志迹》城池堡寨志中记载，石沟驿在灵州城东南九十里，明置操守。

据史料分析，石沟驿城始建年代不迟于明初。弘治十三年都御史王珣又将城扩大，当时城内驻军113名，百户一员领之。如今城内遗留的内墙就是当时的北墙。清乾隆九年（1744年）八月，石沟驿交由灵州管理。民国元年（1912年），石沟驿撤销，在灵州城内南街设立灵州邮政代办所。

见证历史的古驿站

驿站是古代专供传递军情、转运军需器械、递送公文差役和为往返官员途中提供食宿及车马的处所，驿站内车马、仓库、生活用具一应俱全，还配有庖丁（厨师）专司膳食。驿站分驿、站、铺3部分，驿夫使用"勘合"和"火牌"两种"邮符"凭证，凡需要驿站提供车、马、驿夫运送公文和物品，都要出示"邮符"，官府使用"勘合"，兵部使用"火牌"。

我国驿站历史长达3000多年，唐代通往灵州的驿传速度已经很快。据《新唐书·史孝章传》记载，唐会昌年间（842年），泾源节度使（治泾州）史宪忠改任朔方节度使（治灵州），诏命"驰驿赴屯……"

明代，宁夏通往陕西的驿站在宁夏境内共设有6站365里，灵武境内就有高桥（灵州城内）、大沙井（杜木桥与白土岗之间）、石沟3个驿站。据《嘉靖宁夏新志》记载，嘉靖十九年（1540年），都御史翟鹏在一份奏疏中写道："宁夏自在城驿渡河而南，有高桥、大沙井、石沟、小盐池、萌城五驿递，南接怀庆、省城，以上京师，西通固、静、临、巩以至甘肃；不时传报军情，转运军需器械，递送公文，供应往来人马，差役浩繁，日不暇给……"由此可见这条驿道的重要。

明太祖朱元璋第十六子、庆靖王朱栴（1378—1438年）就藩宁夏时，于建文三年（1401年）从韦州移居银川，在宁夏生活了45年。在这期间，朱栴曾多次途经并住宿在石沟驿，以《石沟驿》为题赋诗一首："山围城廓野烟中，亭馆萧然对晚风。山下红尘是非路，星轺日夜自西东。"这首诗描写四面群山围绕着宽阔的石沟驿城，周围村舍炊烟袅袅，城内亭台馆舍冷落凄凉，空荡荡地矗立在晚风里。山下无论路上还是路边都是尘土飞扬，一派繁华热闹的景象，流星般飞速行驶的轺车（由一匹马驾驶的小型轻便的车）不分昼夜地东来西往。朱㮵以感慨的心态描述石沟驿城夜晚的景观，借景抒情，表达内心感受。由此说明，这条道路不仅是民间商旅往来的道路，也是朝廷使臣通行的要道。

而今，朱㮵的诗情感慨伴随着邮驿叮当作响的驼铃声，早已远逝在历史的尘埃中，驿路往日的繁华渐渐褪去了颜色，悄然走向荒凉。

硝烟燃尽的烽火墩

石沟驿城东南与西北两侧数十里内，分布烽火墩 20 余座，依次为：红墩、大庙台墩、麦垛山墩、立山墩、寨子梁墩、柴山墩、盖勃墩、石头墩、白塔水墩、盖墩等。这里是灵武境内烽火墩最集中的地区，基本每隔二三里便有一座。烽火墩为黄土夯筑和石头垒砌两种。

寨子梁墩南距石沟驿古城约 1 千米，东侧约 500 米处还有 1 处城障居住遗址。寨子梁墩修筑在高山之上，地势险要，墩台底边宽 11 米、高 7 米、顶宽 6 米，为黄土夯筑，夯层厚 14 ~ 16 厘米。在烽火墩东西两侧，各有 5 个用沙石垒成的圆锥形堡垒，以中轴线向两侧伸展，与主墩呈扇形排列。堡垒高 2 米、底径 7 米，每个堡垒间隔 2 ~ 3 米，距烽火墩 20 米。这种墩台两侧加筑的堡垒是烽火墩的附属设施，其作用是配合主墩根据来敌人数多少，燃放烟火传递军情。

石头墩位于石沟驿城东南 5 千米处，是灵武境内唯一一座用石头垒砌的烽火墩，墩底边宽 15 米、高 10 米、顶宽 10 米，呈方锥台形，墩体四周用直径 24 ~ 40 厘米的褐黄色毛石包砌，中间用碎石与黄土掺杂夯实，较为坚固。站在墩顶可以看到连串的烽墩向东南逶迤而去，进入盐池县境。

柴山墩位于石沟驿煤矿东南约 1. 3 千米，呈方锥台形，底边宽 13 米、高 7. 7 米、顶宽 6. 7 米，为黄土夯筑，夯层 20 厘米。

盖勃墩位于石沟驿煤矿东南约 4. 3 千米，呈圆锥台形，底边宽 13 米、高 9. 5 米、顶宽 6. 5 米，为黄土夯筑，夯层 20 厘米。

烽燧下曾经多少英勇将士浴血奋战、驰骋沙场！而今烽烟早已燃尽，不见了刀光剑影、人喊马嘶。夕阳西下，落日给远山镶上一道金边，那道岩石山梁就像一匹卸下缰绳疲惫的驿马，停驻在西山河边。

失去记忆的古瓷窑

石沟驿瓷窑遗址位于石沟驿古城以北，窑址东西宽2千米、南北长1千米，在其北部沙岭之间，有一条南北流向的季节水沟，依稀可辨的瓷窑群坐落在水沟西岸。在断崖处可见2~3米瓷片堆积层，亦有部分窑炉暴露。瓷窑遗址地表散布大量褐釉和黑釉粗瓷器皿残片及少量青花瓷片。黑釉瓷主要有缸、盆、瓮，青花瓷主要是碗、盘等。瓷器多为涩底或涩圈，说明此窑采用叠烧与套烧方法。从器物造型和施釉特点初步推测，该窑系明清时期民窑。

根据瓷窑周围地质环境判断，古时候该地具备烧窑条件：一是燃料充足。石沟驿地下煤炭储量丰富，开采历史悠久。据调查，仅在石沟驿城周围就发现古代小煤窑口500多处，斜井、立井纵横交错，深度一般为20~30米，个别达到百米以上，说明古代开采技术和规模已相当具规模。从季节河沟断崖处可以清晰地看到距地表较浅的散碎煤层；二是水源便利。瓷窑场北侧季节沟内常年有水，为建窑与制坯和泥提供了充足的水源；三是陶土丰富。在煤炭露头的地方或在夹层中，均生有高岭石质泥岩和高岭石泥岩夹矸，就地解决了烧制陶瓷的胚胎泥料。

神秘莫测的将军墓

在石沟驿城东南3.5千米处，有一片占地面积600平方米的墓区，墓区处在一道东西走向裸露在地面的灰沙岩石梁上，周围沙丘成岭，蒿草丛生，植被稠密。20世纪80年代以前，墓区前有一座石牌楼，上嵌一块2.8米长、0.57米宽的石匾，石匾上用行楷字体镌刻“怀远将军郭氏墓”，字体刚劲有力。墓地神道两侧有石柱、石狮、石猪、石羊、石龟座等卧于流沙中。方形石柱高3.3米、边宽38厘米。石柱下有石座，石座两侧各雕刻一对高20厘米、长50厘米的小卧狮，两柱间隔距2.5米。墓葬早年曾被盗挖，墓区内遍布沙岩石硝，根据坟冢痕迹判断，该墓在石梁就地凿空修建，系典型石室墓葬。

在墓室200米以外，有一块墓碑，碑面平倒于地，碑额为半圆形，四边刻有4.5厘米宽水波连云纹。碑体通高1.6米、宽74厘米，碑首凿刻“怀远将军郭公墓碑记”，除了“万历五年镇守总兵官”等字样外，碑文漫漶不清。

如今墓区早已被风沙掩埋，不见当年恢宏景象。听到远处回荡着悠扬的牧羊歌声，偶尔看见一只碧眼的狐狸，在迷茫中四处张望。

石沟驿庞大的城堡在经历了500多年风摧雨蚀之后，在岁月的流淌中早已灰飞烟灭，人去城空。暗淡了刀光剑影，远去了鼓角铮鸣……湮没了黄尘古道，荒芜了烽火边城，恰似对石沟驿真实的写照。

清水营

郭文秀

据《嘉靖宁夏新志》记载："清水营西逾河至宁夏七十里，南至灵州七十里，东至兴武营六十里，北临沙漠。城一里许。弘治十三年（1500 年），都御史王珣拓之为二里，驻官军一百二十名。"这段话清楚地记述了清水营古城的方位和城堡规模的大小。嘉靖八年（1529 年），巡抚、都御史翟鹏奏请朝廷增官军 510 名，置操守官 1 员、官队官员 5 员、守堡官 1 员。嘉靖十一年（1532 年），总制尚书王琼奏驻灵州参将，增设官员。后又设兵部议事处，总制三边（延绥、固原、宁夏）官员在此议事。至此清水营城成为当时河东长城边事指挥中心。由于它特殊的重要地位，清水营城的建制和修建规模相对较大。原城墙内外两侧均"砌以砖石"，因而显得气势雄伟壮观，辉煌一时。直至 20 世纪 60 年代以前清水营城原貌仍保存较为完整，后因人为因素，现砖石皆被拆除，原砖砌城墙已裸露为土筑墙体，保存完好，城为方形，边长 300 米，城墙底宽 14 米，顶宽 6 米，高 9 米，四角有方形角台，角台实体凸出城墙墙体，比墙体宽而厚实，角台之上城楼已不复存在，但城楼基础残踪尚存。东城墙有大门，面东而开，城门外套以瓮城，瓮城墙体高大、纵深，其南墙下有门洞面南外开，以古色青砖拱砌。瓮城墙体上尚有城楼建筑痕迹，长 22 米，宽 7 米。清水营城内已一片废墟，地面遍布砖瓦、瓷片。但是，480 年前的清水营古城，一度曾是明代总制三边的重要军事据点。辖领烽堠达 14 座：有双沟墩、苦水墩、柔远墩、镇北墩、宁靖墩、古寺墩、靖边墩、斩贼墩、木井墩、清字墩、定远墩、旧定远墩、庙儿墩、塔儿墩。辖域地界跨今陕西、甘肃、宁夏三省区。至清朝乾隆六年（1741 年），朝廷对清水营城又加以重修，至城高三丈，厚二丈五尺，顶宽一丈五尺，驻把总。

明代清水营古城，逐渐形成一处较大的交易市场称互市。暗门内外每逢交易日马嘶驴叫，牛羊成群，此去彼来，这就是有名的清水营马市场景。清代官府在清水营设立驿道，设快马18匹，驿夫10名，以致后来，由于疆域扩大，边界稳定，清水营城防务作用日减，其辉煌的历史也逐日衰落。关于明代清水营“马市”，其形成的基本原因主要有二：一是各民族的交易所需。明代，周边各少数民族的生产力均有提高，其马牛驼羊、皮毛等土特产品是明政府和内地人民所必需的，而内地的茶、粮食、纺织品、铁器等也为各少数民族所必需，双方都希望以其所有易其所无，建立密切的商业往来关系。二是明廷实行商屯政策的结果。明政府利用食盐专卖权，规定商人把粮食运到边境，交纳上仓，就可以换取“盐引（贩盐许可证）”，是为“开中制度”。开中商人为了获得更多的利润，就雇人在边地屯垦，收获的粮食就近纳仓，换取“盐引”。永乐时期，边粮二斗五至一斗五可支盐一引，“商之利甚厚”，商人皆“勠力垦田，充实边塞”，商屯开辟出的荒田很多，大大提高了灵州地区的土地利用程度。

明廷顺应社会经济的要求，更重要的是为了在政治上笼络和控制各族人民，所以逐步建立起以茶、马为主的贸易体系。因清水营是明长城中的一所重要城堡，设有南北通道和暗门（一种供出入的拱券小门），在驻军控制下关启。又因其脚下是清水河，河水清澈见底，其水面至20世纪七八十年代还约宽20米，河床平坦，水不过膝，是畜群饮水的良好处所。再加上它处于宁盐（今银川至陕西定边）大道的中段，东边和陕北有驻兵防守的“平安大道”

清水营古城址

相接，堠墩设置齐全，是明时宁夏境内东西来往的必经之处。所以，隆庆五年（1571 年），明廷在清水营开设“马市”。官府和来此商屯的商人及本地居民着意绿化，绿荫交织，商贸来往频繁，不少盐商也持就近纳粮入仓换取的盐引，前来参与交易。清水营也就成为明代中期西北地区最北面十分重要的商贸场所。

清水营开设马市后，明政府对茶市、马市的交易控制逐步放松了，允许一定数量的犁、钵、锅等铁器入市交易；开市时间也由原来每月一次改为每月数次或连续开市 10 多天。万历元年（1573 年）后，还允许民间每月开设一次“月市”，每年开一次“牛羊小市”，清水营更成了宁夏、陕西、甘肃和长城以外蒙古族的商品集散地。朝廷有时也专门拨出银两给宁夏，以购买马匹，其中有许多就是在清水营马市成交的。随着茶、马市向着民族间的自由贸易市场转变，各民族参与交易的人越来越多，贸易规模不断扩大，促进了清水营及灵州地区多种经营的发展。

清水营马市一直持续至明末。到了清初，由于横城处于宁盐大道和黄河水路的交汇处，又有水运之便，所以逐步取代了清水营马市的商贸活动。

灵武长红枣有一个美丽的传说

崔殿龙

灵武地处宁夏中部，春迟秋早、日照充足、热量丰富、蒸发强烈、气候干燥，晴天多、雨雷少，气候很适宜长枣的生长。

千百年来，灵武人与长枣结下不解之缘，被誉为“果中珍品”。树养人，人养树，人树合一，息息相生。晋代为官的灵武人傅玄在《枣赋》中写道：“斐斐素华，离离朱实。”在嘉庆《灵州志迹》四时仪节中，有重阳节“食糕，饮菊酒”，除夕“闺中以枣、柿、芝麻及杂果堆满盏著茶叶，奉翁姑及尊客”等多种风俗礼节。长枣在灵武人生活中被人们当作必备食品，乡村过春节蒸枣糕祭祀诸神，端午节包枣粽子，八月十五以枣果拜月，腊八节吃红枣腊八粥。新人结婚的婚房内，必放红枣和花生，寓意“枣”生贵子，孩子满月、过生日吃枣糕，结婚“催妆”时包红枣“封子”，撒红枣等。尤其在回族群众喜好的八宝盖碗茶中，长枣更是必不可少，喝起来香甜可口，滋味独具，并有滋阴润肺、清嗓利喉之功效。每到八九月时，灵武的山川大地到处是长枣挂满树，枣香馨四方，标志着丰收的季节来了。

灵武长枣是在灵武特定的地理环境及优越的光热水土资源条件下，经长期自然选择和人工筛选培育形成的极具地方特色的优良鲜食品种。聪明勤劳的灵武人并将长枣开发研究出枣醋、枣茶、枣酒等系列产品。还有在民间流传与枣有关的民间传说，也就形成了丰富灿烂的灵武枣文化。

相传，枣是天上的仙果，凡间人若吃上它，会延年益寿长生不老。大禹治理洪水有方，为奖励大禹，王母娘娘派一对金童玉女给大禹送去两颗仙枣。在路过灵武时，金童玉女被这里的美丽风景和淳朴善良的民风吸引，流连往返，忘记了身上背负的使命，将仙枣留在了灵武，王母娘娘十分生气降懿旨，将这对金童玉女赶出天界，下降到凡间。此后，金童玉女在灵武这块风水宝地住了下来，善良的灵武老百姓在东山边划出一片土地，让他们经营安身，金童玉女在这片土地上种植了枣、梨等果树。过了几年，王母娘娘来到了凡间，路过灵武时想看看这对金童玉女的表现，看到他们经营的果园树大茂盛，结出的水果香甜可口，为之感动，就有了想带他们重回天界的想法，但金童玉女与灵武结下浓厚的情缘，舍不得离开这里的乡邻，王母娘娘却紧拉着玉女的手不放，金童悄悄地拿根枣针扎进王母娘娘手指，王母娘娘手指流出鲜血，松开了玉女的手，无可奈何地离开了人间，这对金童玉女也就留在了灵武。相传当时长枣的颜色为绿色，王母娘娘的几滴鲜血洒在枣院后，枣子的颜色为仙气所沾，颜色变为了鲜红色，营养丰富，凡人吃后，精气神特足，并且有治病、养颜和驻足长寿的功效。一传十，十传百，灵武长枣的名气在凡间广为流传，也就有了“一日吃仨枣，一辈子不显老”“五谷加红枣，胜似灵芝草”“天上王母蟠桃，地上灵武长枣”这些谚语。

灵武盛产长枣，种植面积有十几万亩。近些年来，长红枣也成为灵武市一张亮丽的名片：2006 年，灵武市被国家林业局命名为“中国灵武长枣之乡”，2008 年，灵武长枣被国家质检总局列为国家地理标志保护产品，2014 年，灵武长枣种植系统被农业部列入第二批中国重要农业文化遗产名录。

2009 年 9 月 26 日，中国经济林协会决定在灵武市建立“中国枣种质资源库”。世界枣树看中国，中国枣树看灵武，中国枣树品种占世界的98%，达700 余种，灵武枣树博览园的建立则将全国半数的枣树品种收纳进来，成为名副其实的枣树博物馆和资源库。灵武枣树博览园现有百年以上的老枣树 1.6 万棵，是灵武枣树最古老、最集中、保存最完好的一片百年枣林，古枣树之多，在全国首屈一指。每到秋季，灵武市都在此地举办长枣节，欢迎区内外的好友嘉宾来做客，观赏灵武美景，品尝灵武长枣，灵武市借枣博园宣扬本地枣，做足枣乡文化大文章，为农民致富助力。

“银河”往事

李振文

在银川，“银河”是一个较为特殊的词。它不仅是一所老工厂的名称——银河仪表厂，同时也代表了一类为人所熟知的地名，如银河巷、银河家园、银河宾馆等。而如果追溯，由这些名称牵带出的，更是一次中国历史上著名的大规模工业迁移事件——“三线”建设，以及它所对应的那段“遥远”年代里的火热岁月。

走在如今的银川市银河巷小区或街边，常可以遇到一些说话明显带着胶辽口音的老人，李延清就是其中一位。老人出生于1930年，故乡是山东牟平县。而要说起他如何来到银川，还得从一桩50多年前的历史事件讲起。

20世纪60年代中期，“三线”建设在中国大地拉开帷幕。其时，李延清在位于辽东半岛的大连仪表厂工作，任车间副主任。1965年，他和同事们接到通知：大连仪表厂将“一分为二”，“抽调最好的设备和最好的人员”，到

银河巷附近随处可见的“银河”符号

西北宁夏银川建设一座新厂。

这一年的 11 月底，李延清带着妻子和 3 个年幼的子女，由大连出发，向着千里之外的“新家”赶去。西北、宁夏、银川……这些字眼在他之前的印象中几乎一片空白，直到轰隆隆的火车驶过了内蒙古包头，车窗外开始出现大片大片、从未见过的戈壁和荒漠，他似乎才对将要到达的目的地，有了一些略微确切的感知。

而就在李延清一家人这次旅程的之前与之后，自 1965 年 10 月至次年 11 月，大连仪表厂分期分批，完成了共计 307 名人员、233 台机器的搬迁工作。“备战备荒为人民”“好人好马上三线”，在那段特殊的年代里，一场漫长而浩大的迁徙之旅，改变着这些参与者的命运，也将为他们踏上的这片“陌生土地”，注入一份前所未有的改变……

20 世纪 60 年代的中国工业仪表制造领域，重要的工厂不过三四家，大连仪表厂的技术与实力，堪称领先。以该厂生产的差压计为例，在当时中国的核技术研制工作中，都有着不可或缺的应用。1965 年这次“好人好马”的搬迁，无疑将让偏僻的银川成为当时国内工业仪表制造的另一处核心之地。

李延清至今还记得，当时他和家人到达银川时已是傍晚，他们一出车站，便被人用汽车接往新建的工厂，工厂位于银川老城（今属兴庆区）内的东北区域，也就是今天的银河巷一带。

到达工厂时，天色已晚，李延清无法看清周遭的模样。但等第二天早上，他打开家属楼的窗户望出去，眼前这座来前已被告知是省城的地方，还是让他有点意外：城内的建筑基本都是平房，很多地方还裸露着黄土……而他们工厂所处的区域，远谈不上繁华，厂子东侧不远处就是树林和农田，周围如今的清和街、湖滨街、永康巷，尚未完全成型，银河巷还只是条名叫“建材巷”的简陋小径。

自 1965 年 1 月起，先期到达的部分大连仪表厂工作人员，已开始在此进行新厂的筹建，然后视工程进度，“边建设，边搬迁”。而在大连厂人员完成搬迁的同时，陆续又有一批大中专毕业生被分配至此，他们与已到的厂方人员挖土方、搬砖、筛沙子、平整场地，一起投入工厂的建设中。至 1966 年底，一座崭新的仪表厂在银川正式建成，定名“银河仪表厂”。

戚务善，出生于 1925 年，也是当年那次“迁徙之旅”中的一员。说起建厂之初的情形时，老人的记忆清晰依旧。

昔日的银河仪表厂

银河仪表厂落户银川，工业技术层面的意义，自不待言。而被这座崭新工厂一同带来的，还有许多令当地人眼前一亮的“新风景”。

在戚务善的记忆中，随仪表厂一同建起来的，还有数幢崭新的家属住宅楼。住宅楼为砖混结构，虽然只有三层，但在当时的银川已属了不起的“高楼”，常引来路人的参观，甚至有人直接就把这里称为“银川大楼”。

还有，因为来自当时体育运动较发达的大连，银河仪表厂在银川较早地组织起了企业体育活动，如篮球、乒乓球、长跑，等等，厂里建有足球队，男女乒乓球队，围棋、桥牌队，其中厂足球队更在之后成为银川市甲级队，在当时颇具名气。

1965 年末，尚处建设之初的银河仪表厂，就以原先大连厂的职工为班底，组建了一支乐队。乐队以铜管乐器为主，在当时的银川堪称稀有。回忆起这段往事，戚务善还记得乐队第一次走上银川街头的情景，那些来自当地人的围观与赞叹，同样让他们这些千里之外的异乡人，欣慰良久。

清晨 7 点的银川玉皇阁广场，已会集了不少早起的晨练者。在一处保健操练习者的队列中，领舞者是位老人，举手投足间，有一种与满头白发不太相称的利落。

老人名叫宋世庆，出生于 1933 年，老家山东烟台，现居银川。他也是当年那次“迁徙之旅”中的一员。技术研究人员出身的他，这样形容他当年所从事的行业的重要性——仪表是“工业的眼睛”。缺失了这一构成，许多机器的操作和使用，无从谈起。

1965 年 4 月，与同事一样接到“搬迁”通知的宋世庆，并没有立即踏上西去的火车，而是与几位同事奉命南下，赴上海参加一项名为“双波纹管差压计”的产品研制。

差压计，测压类仪表，广泛应用于石油、化工、冶金、电力等领域。1968 年之前，我国工业领域普遍采用的是“浮子差压计”，这种差压计充有水银，水银蒸发在空气中后，会使制造、使用它的人因长期吸入含水银空气，产生中毒。宋世庆此行的目的，即是研发一种可以替代它的新产品，也为银河仪表厂在正式完成建厂之后，打造一个先进的主导产品。

研发地点，设在第一机械工业部仪表研究所，银河仪表厂为联合研制单位之一。宋世庆至今还记得，上海的研发工作进行数月后，仍无结果。而此时，银河仪表厂的新建工作正火热进行，他觉得不能再这样“耗”下去了，于是提前赶到了银川，边参加工作，边与同事们进行产品研制。

几个月后，研制取得重大突破，获知消息的在上海的科研人员也惊喜地赶往银川，新建的银河仪表厂让西北宁夏顿时变成了国内仪表业的又一处核心地。

关于此事，《宁夏通志·工业卷》中这样记载：“以银河仪表厂为首，组织有关单位联合设计研制无水银的双波纹管差压计，于 1966 年研制成功……在国内第一次更新了基地式差压流量仪表。”

除双波纹管差压计之外，银河仪表厂在之后的研制与生产中，也取得了诸多成绩。20 世纪 70 年代，银河仪表厂与清华大学合作试制成功激光流速计，获全国科学大会奖，“填补了国内一项空白”。80 年代，他们由国外引进涡街流量计、节流装置的生产制造技术，产品不仅供应国内，而且远销亚、非、欧等十几个国家和地区。

戚其涛，62 岁，1975 年进入银川仪表厂工作，其父即为前文提到的戚务善。在这位第二代“银河人”的印象里，自 20 世纪 90 年代中期起，银河仪表厂已开始进入一个下滑的坡道。也是在这一时期，他办理了下岗手续，1998 年后，“自谋生路”从事个体修理工作。

2015 年 10 月 18 日，银川某宾馆多功能厅，一场主题为“庆祝银河仪表厂建厂 50 周年”的联谊会正在举行。座席间，多有须发斑白的老者，皆为当年“三线”建设时期银河仪表厂的开拓者，还有他们之后的二代、三代“银河人”。

联谊会上，组织者们给笔者提供了一盘他们自制的光碟，里面收录了各种与银河仪表厂相关的图文、影像，其中一段文字这样写道：“2006 年，银河仪表厂转型改制宣告‘解体’，令银河人彷徨、困惑，但银河情结难以割舍。”

也同样是在这辑影像中，有一段这样的朗诵：“天上一条银河，星光闪烁；地上一条银河，群贤聚合。开拓的艰苦，坚守的执着，成功的喜悦，失去的困惑，都随着时光流过……”

时光果然匆匆，自 1965 年那场“迁徙”之后，已过去了整整 50 个年头。

西府井与高台寺井

唐志军

银川平原引黄灌溉，得天独厚。历史上重灌轻排，地下水位高，随便掘地一两米便可见水。自治区成立前，老银川高楼大厦少，没有自来水，人们大多生活在土坯平房的四合院子里，步行从今解放东街走到解放西街，就可看到每隔几百米，就有一个院子里有口井。

一口井能满足周围100多户邻居几百口人饮用。那时，吃水不要钱，人们下班后先提水后做饭，去早了井水清澈透亮，去晚了，井水混浊有沙。因此，生活在老银川的人，为吃水家家户户都备有高1米左右盛水的大缸，一家四五口人就能吃上几天。

那时银川城有两口井，井大水深，水味甘甜，最有名气。

一口是坐落在城西，是今新华西街文化馆十字路口东北角位置的西府井；一口是坐落在城东高台寺位置的高台寺井。城西的居民多数吃西府井的水，城东的居民多数吃高台寺井的水。

老银川市政建设没有专业打井队伍和技术力量，机井更是无从谈起，要打出十多米的深井，就要选择院子大、出行方便、周围居民多的位置来打井。打井是要花钱的，于是，每家每户出钱雇人来打井。没有脚手架，全凭镐刨锹挖。

先在地面上挖掘出直径3米左右的大坑，再逐渐由大到小，形成井口小，井底大的圆形状。挖到井深4~5米时，用绳索把人吊送下去轮换着继续挖，直到出水。之后，用砖和水泥从井底紧贴井壁砌到地面井口，井口再用方形石块或大青砖砌一个圆口井台。

这种井水水质有些苦涩，只能洗涮或勉强饮用。由于深井少，城西、城东居民的饮用水主要来源于西府井、高台寺井这两口井。

1958年，自治区成立后，自治区和银川市人民政府从改变和提高城市供水面貌，关心银川市人民长期饮用井水出发，决定成立银川市自来水公司。随后在银川东门投资兴建了银川市有史以来的第一家小型自来水站（当时叫水管会）。

由于当时供水能力差，远远满足不了人们的用水需求，水站采取卖水票按时按点供水。每天供水时间一到，人们提着大小水桶排队买水。那时井水虽多，但有条件的家庭还是要选用干净卫生的自来水。供水是买方市场，便催生出挑担卖水职业。于是，银川自来水站、西府井、高台寺井周围，聚集了很多卖水人，谁家要水只要打个招呼，卖水人就会挑着水桶走街串巷把水送到家里，每挑一角钱。

后来，随着城市人口的不断增多，家庭用水量也在上升，挑担卖水辛苦费时，也赚不上多少钱，卖水人穷则思变，把水桶换成了汽油桶。汽油桶平卧在胶轮架子车上拉水叫卖，汽油桶后留一个出水口，出水口没有水龙头，接一截轮胎内胎当水管，不放水时，胶管叠扎，绝不会漏水，放水时内胎对准水桶，一趟下来能赚几元钱。

庹蓉生老人小时候家住银川东门，是喝高台寺井水长大的。在他儿时，邻居老张是一位卖水人。当时卖水人老张 40 多岁，满脸皱纹。老人还记得童年时和小伙伴一起跟在老张身后，又蹦又跳，“老张，老张，挑水一大缸”的往事。卖水人老张那身着便服、微微佝偻的背影让人不能忘却。老张孩子多，生活困难，靠卖水赚钱，养家糊口。他乐观豪爽，大嗓门，爱讲笑话，走到哪儿，都引来一片笑声。他为人忠厚，大人小孩都喜欢他，大人称他老张，小孩子也笑着叫他老张，一条木质扁担，一对木桶，终日忙碌。冬去春来，穿一身自家缝制的粗布便服衣裤，挑水的扁担往肩上一放，大步流星，从城外高台寺井挑水进了东门，水桶里漂浮的压水木片平稳不晃，一路吆喝着“卖水了，卖水了”，有时累了，就唱民歌、吼秦腔，人们一听到他的吆喝声，要水的人家便出来招呼。

老张把水挑进院里，一桶桶再把水倒进缸里，接过水费，装进贴身的衣兜。人们看到老张挑水辛苦，汗流浃背，递上毛巾，端一杯热茶，让老张休息。

老张助人为乐，还经常帮助有困难的孤寡老人和他的送水用户，搬搬抬抬，他说他有的是力气。挑着空桶向城外走时，他便随着步伐，将扁担左右晃动，一对水桶左右摇晃，像是在享受着为人服务的轻松和愉快。

东门一片的娃娃常排着队跟在老张后面，唱着儿歌和老张一起扭。几年后，老张的挑水木桶也换上了铁桶，又过了几年，铁桶又换成了架子车拉水的汽油桶。

1965 年，银川市人民政府投资建设了日供水 6600 立方米的第一水厂，改写了银川市没有大型水厂的历史。

仁存渡口

唐志军

几千年来，古老的黄河曾把旧银川这处塞上江南与外界隔绝。宁夏解放前旧银川“天上飞机少，地上没火车”，经济贫穷，交通落后。过去旧银川晋商八大家在北京、天津的生意往来主要靠黄河这条黄金水道来运输。

永宁县仁存渡口是当年旧银川黄河宁夏段黄金水道最大的一个渡口。过去仁存渡口车水马龙，就像长江沿岸的码头一样，过黄河的、乘船送货的，黄河两岸人来人往，川流不息，渡口生意好不红火。

这处渡口还曾在银川解放期间，转运过中国人民解放军十九兵团的千军万马，为解放银川作出了历史性的贡献。

仁存渡在宁夏黄河段有着得天独厚的渡口条件，这里紧临黄河，汹涌波涛的黄河流经仁存后，立刻变得水稳平直，风小无浪，河床没有险滩和旋涡，很适宜行船和羊皮筏子摆渡。

这块地方滩地大，黄河农田灌溉好，一年四季五谷丰登，杨树、柳树茂密成林，船夫们造船做桨有成材的林木随手伐来、就地取材，渡口货运紧张时，这里的船夫们能为过河的人提供方便的栖息吃喝和存放货物的码头。

过去，仁存渡口有几条渡船，大船能载货物上百吨，小船能载货物几十吨。

水路比陆路运输价格便宜，运输成本低，货物安全有保证；而陆路运输，商家要雇用骆驼和押镖的人，数月走来，骆驼和押镖人都要在沿途住宿吃喝，风险大，成本高，遇到山大沟深，土匪还时常出没打劫，货物安全难有保障。

因此，旧银川晋商八大家，大多选择价格低廉的水路运输，晋商每年从宁夏各县收购来的干草、枸杞、发菜、羊毛、羊绒等土特产品，大都从仁存渡口装运上船，就像码头集市一样，通过黄河黄金水道运往包头，再由包头卸货装运火车或汽车运往北京、天津和全国各地；晋商们再把北京、天津等地的针织百货、洋货商品组织起来运往包头，再由包头黄河渡口通过黄河逆水行舟运往仁存渡口。

过去通信落后，晋商们的信息全靠电报传递，当货船行驶遇到刮风下雨或者大浪洪峰时，为了保证安全，货船不能行进时，便选择一个就近码头停靠，一个来回少则一个月，多则两个月，为了保证行船安全，把货物安全送到目的地，船夫们认真负责看管货物，以防货物被盗和丢失，他们在船上风餐露宿，吃着自家烙好的饼子，喝着沉淀的黄河水，个个都仔细行船，精神饱满，没有丝毫懈怠，两眼时刻关注水情变化，做到人员、货物万无一失，货船快要到旧银川时，晋商们早已在旧银川骡马市雇好马车在仁存渡口等待接货。

那时，晋商们做生意非常讲诚信，在渡口发货只要把货物数字点好，发货单交给船老大，运价谈好，双方便可放心走人，晋商们在货物打包上，不掺假，不以次充好，不做欺诈买卖，很受北京、天津和全国各地客商的信赖。由此，宁夏的土特产品在外地市场以质量优、信誉好，非常走俏。

20 世纪三四十年代，国民党宁夏省主席马鸿逵经常要到盐池、吴忠一带视察军事防务，仁存渡口是他过黄河的必经之道。旧银川到仁存渡口有 20 多千米，马鸿逵第一次到仁存渡口过河，20 多千米的路程，三步一岗，五步一哨，前有骑兵开道，后有警卫护送，4 匹高大洋马拉着 4 个轱辘的高级马车。

那时，旧银川到仁存渡口没有一条像样的路，马鸿逵和四姨太刘慕侠坐在马车里，行进在崎岖不平的乡村小道上，高大健壮的洋马一路小跑，马夫只顾扬鞭赶路，遇到沟沟坎坎，洋马四蹄腾空，一跃而过，马车里面的马鸿逵和刘慕侠被颠得前仰后合，膀大腰圆的马鸿逵差点从马车里被甩了出来，马车稍事平稳后，马鸿逵怒气冲冲跳下马车，上前就给马夫两记耳光，直打得马夫眼冒金花，嘴角流血。

一个月后，马鸿逵视察回来，下令修好这条路。

修路的任务被摊派到仁存每家每户老百姓的头上，老百姓苦不堪言。他们披星戴月，没有挣到一个工钱，白白给马鸿逵修了一条从永宁到仁存渡口的简易路。

从此，马鸿逵每次来到仁存渡口乘船外出，都要通知永宁县衙，县衙再通知仁存百姓，在马鸿逵未到之前，让家家户户出人打扫路面卫生，洒水压尘，保证路面潮湿整洁，让马鸿逵的车舒心通过。

仁存渡口是避暑的好去处，每到夏暑深秋，马鸿逵都要带着他的母亲和四姨太刘慕侠到此避暑消遣。

马鸿逵为了取悦母亲，高薪聘请能工巧匠，为他母亲打造了一条能乘百人的游船，船舱装修豪华讲究，船上建有凉亭，设有戏台，还有休息间、厨房、卫生间。每年到农历八月十五，马鸿逵都要陪着母亲到仁存渡口游览黄河。马鸿逵和他的母亲都是秦腔戏迷，他们请来在旧银川最有名气的“觉民学社”的名角唱戏表演，母子俩嗑着瓜子，听着秦腔，品尝着“敬义泰”的月饼，吃着永宁自产的西瓜，在此地观月赏景，好不惬意。

山河湾

李桂英

山河湾，是银川解放街靠近鼓楼西北侧的一条老巷子。据老辈人讲，宁夏解放前这里居住着生活在社会最底层的“下九流”，大多是以出卖苦力为生的穷苦人，或者是有些手艺的鞋匠、皮匠、裁缝等，也有为生活所迫做皮肉生意的。宁夏解放前银川城的老百姓有句俗语：“米粮市抹斗的，山汉湾绕手的”，山河湾号称银川的“贫民窟”。

“米粮市”是银川解放街靠近鼓楼西北侧的第二条巷子，南北走向，北到文化街结束，现称民生巷。清末至民国年间是粮食市场，一些农民卖粮食时，顺便带点山杏、核桃等山货来卖，他们在与“米粮市”相通的山河湾后巷子摆摊，慢慢地也有人将山河湾后巷西叫“山货弯”。

据记载，山河湾原来没有巷名，是个坑坑洼洼、杂草丛生的大荒滩，外地拓荒人来银川城无处居住，他们就从原银川二中院内的文庙搬来砖、石头和在城边拉来的黄土，在山河湾搭建简易棚子栖息居住，你家搭一个我家搭一个，逐渐形成了逃荒要饭、打工者的聚集地，久而久之，银川人多少带有歧视的意味，把此处称为“山汉湾”，“山汉湾”由此形成。

“山汉湾”的西侧是“米粮市”，做买卖的和逛市场的人有几千人之多，是当时旧银川城最大的集贸市场。进城卖原粮的农民如当天卖不完粮，回不了家，就会夜宿在与“米粮市”毗邻的“山汉湾”。在“米粮市”卖粮的农民大都赶着牲口、架子车住在“山汉湾”，这就形成了许多车马大店，价格一般相对较低，所以进城农民多聚集于此，“山汉湾”也因此十分红火。人气旺了，自然也带动了其他行业的兴起。“山汉湾”居住的都是一些贫民，他们一年也换不了一双新鞋，穿的土布鞋常常是鞋帮、鞋底分家，脚丫子赤露在外，经常要修补鞋，由此“山汉湾”出现了十几家鞋匠铺，其中黄家鞋匠铺在银川城颇为有名，就连马鸿逵的军政人员也常来这里修补皮鞋。“山汉湾”也开始有卖各种小吃的饭馆，更多的是肩挑手提卖食品的小贩，价格也很便宜，生意兴旺。“山汉湾”还有许多暗娼，夜晚时分，常有光棍、懒汉寻花问柳，娼妓们手里拿着手绢绕手揽客领进自己的屋子。故旧时银川百姓传有“山汉湾绕手，往黑路上绕”一说。

旧时，“山汉湾”还有个黑虎庙。院子较宽阔，就搭了个戏台子，露天的剧场加板条椅子，“觉民学社”几乎每天都唱戏，唱的秦腔有《铡美案》及反映宁夏地方风情的《玉凤簪》《康熙访宁夏》等传统剧目。“山汉湾”的名气由《康熙访宁夏》的故事在府城银川越叫越大。别看山河湾的巷子不过3～5米宽，因为交通便利，连着鼓楼四周的众多街巷，山河湾曾经热闹一时，是人们常来常往之地。

1949年9月，银川解放后，政府有关部门为取消对“山汉湾”这一巷名的歧视，故将此地取谐音改名为“山河湾”，一直沿用至今。

山河湾，分前巷和后巷，构成一个横倒的“丫”字。前巷较直，直通西大街（解放西街），后巷东，拐了三道弯通“糠市”（鼓楼北街），后巷西，也拐了三道弯通“米粮市”（民生街）。巷内拐着7道弯，分着5道岔，似迷魂阵，是孩子们捉迷藏的好地方，可谓四通八达。

宁夏解放后，虽然人民当家做了主人，生活有了很大的变化，但山河湾仍然是处在闹市中的“贫困区”。除20世纪五六十年代商业、供销、粮食等单位在山河湾盖了些土木结构的职工宿舍，后巷西盖有一座二层楼的小学校（十五小学）、巷子东盖有一座三层青砖简易楼外，整个山河湾大多还是老房子。土房年久失修，家家3～4代同堂，同住2～3间小屋，土房连成了片，真可谓是“墙上能长草，房上能赛跑”。

笔者是1974年元月嫁到山河湾的，婆家1962年就住在山河湾，结婚时婆家将做伙房用的一间10平方米的土屋粉刷后给我们当新房，房子小得只有门没有窗。一张双人床，一个“一头沉”，两把木椅，一对摞起来的板箱，一个小铁炉，将小屋挤得满满当当，从此我们在盼房中生活，一住就是16年。

笔者家住在山河湾前巷16号的一个大杂院里，院里还分前院、后院和旁院，互有通道，住着十几户人家上百口人，热闹得似“七十二家房客”。院邻们从事的职业又如七十二行，干什么的都有。每天早上巷中厕所门前排队的人和晚上巷中水房门前排队担水的人，是当时山河湾的两大景观。最让人发愁的是下雨天，一下雨整个巷子稀泥能漫过脚面，不穿雨鞋就别想出去，自行车还得扛在肩上。外面下大雨，屋里下小雨，外面雨停，屋内滴答。雨过天晴，家家忙着抹墙上房泥，要是遇到连阴天那就更惨了。夏天屋内不通风，闷热得使人睡不着觉，笔者就挂上竹门帘开着门睡觉，好在那时小偷很少。晚上老鼠横行，睡觉听着老鼠在房上打架。冬天，因房子坐南向北，烟筒经常倒烟，为防煤烟中毒，一夜起来几次看火炉，让人提心吊胆。山河湾的土房带给我们的是忧愁和烦恼，随着两个孩子的出生、长大，10 平方米的小屋已经住不下了，我们只好让大儿子去随奶奶睡，盼房的心情也就更加迫切了。我梦想着有朝一日能搬出山河湾，能住上上下水方便的楼房，能有一个好的生活环境。

20 世纪 90 年代初，银川市进行危房改造，山河湾的居民兴奋了，祖祖辈辈期盼的住房有了希望。拆房的民工浩浩荡荡开进了山河湾，打桩机哐哐的响声和搅拌机的轰鸣声，给山河湾带来了生机。似乎是一瞬间，山河湾里一座座五颜六色的高楼拔地而起，给人以“梦中方醒来，世上已千年”的感觉。新修的巷道宽阔、平坦，呈丁字形前后贯通。高级小轿车出入山河湾，给山河湾添了新景。如今的山河湾已今非昔比，它由民生小区、裕隆小区等二十几栋楼群组成，昔日的居民们已满面春风地住进了宽敞、明亮、上下水便利的新楼，享受着“楼上楼下，电灯电话”的幸福晚年生活。现如今，我们早已结束了三代十口人同堂的历史，搬进了楼房，吃喝拉撒睡可以足不出户，破旧的家具统统“拜拜”了，家用电器样样齐全。近 20 年，笔者家的住房面积越来越大，生活条件越来越好，但我没有忘记山河湾的土房子，不忘过去的苦日子，感谢改革开放带给我们的好日子。

山河湾，在清末至民国年间覆盖了银川老城鼓楼西北的一大块面积，它南至解放西街北，东至鼓楼北街西，西至民生街东，北至文化街南，四周街面都有店铺和带有门楼的大院子，除街面的店铺和大院子的门牌以街命名外，圈在后面的、在巷子里出行的都称之为山河湾。随着历史的进程，山河湾四周临街的商铺和高门大院被逐步改造拆迁，盖起了商场、机关、餐厅、酒店等高楼，还盖起了工厂（红旗服装厂）等，圈在里面的山河湾面积逐年缩小。20 世纪 90 年代土房改造后，山河湾的格局是由南北走向的前巷、东西走向的后巷西“民生小区”、后巷中十五小学、后巷东“裕隆小区”组成。

山河湾，昔日的“贫民窟”，已成为今天人们理想的居住环境，它紧靠银川的市中心鼓楼，它是闹市中的静区，山河湾的房地产价值猛增。山河湾的裕隆小区被人们戏称为贵族楼。山河湾变成了黄金地段，变成了风水宝地。坐落在山河湾的十五小学已翻盖一新，红色的教学楼，昭示着山河湾走进了新的时代。

沧海桑田，在历史的长河中许多老地名消失了，但“山河湾”这个地名保留了下来，使后人能从中了解它曾经的沧桑和今日的变化。银川市区现代地名体系是不同时代地名的集成，不同时代形成的地名自然而然地渗透着那个时代的主题文化。

灵武磁窑堡的古瓷窑

刘宏安

神秘的西夏，在历史长河中像风一样崛起，又像风一样消失。千百年来，荒冢断垣般的遗陵和寥若晨星的遗迹，给西夏历史蒙上了神秘色彩。20 世纪 80 年代，在灵武磁窑堡瓦罐梁、古窑子等地，这些和古代烧制瓷器相关的古地名处，相继出土了一大批粗犷古朴的美瓷，这些承载古代匠人高超制瓷技艺的瓷碗杯瓶，在沉睡千年之后重见天日，依然折射出璀璨的光芒。

神秘古瓷初露端倪

1971 年 4 月，在灵武县崇兴镇台子村三队村民王某家院内，发现窑藏古瓷器皿 500 多件。后经自治区博物馆考古人员发掘，又清理出瓷器百余件。这批精美的白釉瓷器分为碗、碟、高足杯三种类型，瓷器内壁光滑，胎细壁薄，有的内壁和底心还绘有黑色圆点纹饰。考古人员研究认为，这些瓷器造型与中原地区出土的瓷器类型相似，但一些高足器皿，如高足碗、高足盘等，瓷面光润、胎薄高足、圈足露胎，有的外壁绘有鸟枝图案，器形独特，属西夏时期皇室和贵族使用的窑藏瓷器。

党项瓷窑今何在

经过半个多世纪的研究，中国陶瓷学者对宋、辽、金的制瓷业有了全面了解，但对地处祖国西北边陲党项族的制瓷业，因一直没有史料记载和瓷窑遗址考古发现而知之甚少。1980 年，在编写大型巨著《中国陶瓷史》中，西夏党项人制瓷历史成为一项空白。

1983 年，中国社会科学院考古研究所在内蒙古自治区额济纳旗的居延进行考古发掘时，从著名的黑城遗址收集到一些宋元时期的瓷片，这些瓷片特征既不同于南方瓷窑产品，也有别于北方瓷窑。考古人员通过对出土的两只茶叶末釉褐色梅花点纹大瓮分析认为，如此巨大的器物并非远途运输物品，推测在离居延不远的地方，肯定有瓷窑遗址的存在。

在《嘉庆灵州志迹》“地理山川”中有这样的记载：“磁窑山，在（灵）州东六十里，为陶冶之所，出石炭。成化九年，抚臣马文升议筑磁窑堡于此，以接灵州边界。”志书中记载的这座磁窑山，从何年代开始生产瓷器？如今这些瓷窑遗址又在何处？引起考古学者的关注。

1984 年 6 月，灵武县文物普查队从磁窑堡镇磁窑堡遗址南侧，发现在东西宽 500 米、南北长 1000 米的地表上，散布着大量古瓷碎片和窑具残片。在一条季节河沟的断崖上，可以看到厚达 4 米的瓷片堆积层和数座窑炉残迹。

1984 年 7 月，中国社会科学院考古研究所研究员马文宽先生率领考古队员，怀着破解西夏瓷窑千古之谜的渴望，来到塞上古城灵武。他们把发掘磁窑堡古瓷窑遗址，作为研究古瓷窑历史年代的突破口。

1984 年至 1986 年，考古队员在此经过 3 次系统发掘，共清理古代窑炉 3 座、大型瓷作坊 9 座，发掘面积约 700 平方米。发掘出土瓷器、瓷具、窑具等 3000 余件，其中包括大量刻有西夏文字、汉文西夏年款的瓷片和宋代钱币等。

流光溢彩灵武窑

灵武磁窑堡古瓷窑出土的瓷器种类繁杂、器型多样，从用途分，有生活用器、文房器具、娱乐用品、雕塑艺术品、建筑材料、宗教用具等；从釉色分，有白釉、青釉、黑釉、褐釉四大类及数量较少的紫釉；从装饰技法分，有剔刻花、刻花、点彩和镂空等。剔刻花深亮的釉色和浅素的胎色对比鲜明，图案平突，不加厚却产生浮雕效果。灵武窑瓷品既有河北磁州窑产品形与质的大众化及釉色强烈对比的纹饰风格，又兼陕西耀州窑卓绝超俗的剔花、刻花技艺，尤其喜欢用缠枝牡丹的传统选样。器型有碗、盘、盆、壶、瓶、罐、钵和釜等。其中碗可分为高圈足碗、折沿碗、六棱碗、曲腹碗和斜壁碗；盘有折沿盘和六棱盘；盆有素面盆和鱼纹盆；壶可分执壶和剔刻花扁壶；瓶有经瓶、花口瓶、玉壶春瓶、双耳瓶和葫芦瓶等；罐分无耳罐、单耳罐和双耳罐。

古瓷与党项民族生活习俗

磁窑堡古瓷在造型、装饰、用途上具有浓厚的民族特性。党项族历来以畜牧业为主，这在灵武窑瓷器中得到充分体现：扁壶是灵武窑瓷器中比较常见的器物，产量较大，壶两侧有两耳或四耳，以便穿绳提拿或携带，它由游牧民族盛水的皮囊演变而来。党项民族长期生活于马背，擅长骑射，耐寒暑饥渴。扁壶体态轻盈，形状非常适合在马背上吊挂携带；瓷钩、瓷铃是游牧民族常需的用具；牛头瓷埙是党项人喜爱的乐器；瓷骆驼、瓷马、瓷羊等动物雕塑品与游牧民族生活息息相关；精致的小瓷人头像，脸长鼻高、发式做秃头状，印证了党项族的秃发习俗。党项民族信仰佛教，家家户户都立神位、奉鬼神，从磁窑堡瓷窑出土的力士、擦擦、金刚杵、如意轮、莲花座、数珠等器物，都是佛教中的吉祥物或功德物。

磁窑堡建窑之谜

瓷器在党项人生活中占据着重要地位，这与其境内缺乏金属矿产有直接关系。只有少量铁矿，缺少铜矿和锡矿，因此日常生活所需的金属制品，不得不用瓷器来代替。西夏初期，所用瓷器主要依靠宋夏贸易换取，随着经济发展和手工技术的提高，西夏中后期逐步建起了自己的瓷器生产基地。煤是烧制瓷器的主要燃料，灵武磁窑堡地区地下蕴藏着丰富的煤炭资源，煤层较浅，有些沟崖之处甚至有露天煤层裸露出地面，便于开采；煤层之上的高岭石质泥岩，则是优质的制瓷陶土；窑址旁四季水流不断的河沟，又为窑场提供了丰富的水源。磁窑堡得天独厚的地理优势，具备了建立大型瓷窑的三个基本条件。

1002 年，党项首领李继迁攻占灵州城后，遂把都城从夏州迁于此处，改称西平府。公元 1023 年，李继迁之子李德明把都城由灵州迁往兴庆府（今银川市）。此后西平府、兴庆府被称为西夏“东西两京”。公元 1038 年，李元昊建立“大夏”，定都兴庆府。党项族疆域曾经“东尽黄河，西界玉门，南接萧关，北控大漠，地方万余里”。灵州距兴庆区不足 50 千米，曾是唐宋时期边塞政治、经济、文化、交通重地，设立大型瓷窑自在情理之中。

灵武磁窑堡古窑，是位于我国最西北的一处古瓷窑遗址，也是宁夏境内古代制瓷规模最大、延续时间最长、唯一经过正式考古发掘的瓷窑。考古人员研究证明，灵武窑制瓷技术十分发达，产品具有独特的地域特色。大量具有民族特色器物的出土，为研究西夏党项游牧民族的历史及物质、文化生活，提供了重要的实物资料。

2006 年 6 月，灵武磁窑堡古瓷窑遗址被国务院公布为第六批全国重点文物保护单位。

宁夏文庙

林万青

文庙（学宫）旧址位于今银川市兴庆区文化东街北侧的银川市第十五中学（原银川二中旧址）院内。

文庙旧址在明朝永乐年间（1420—1424 年）始建为卫学所（宁夏卫学府）所在地，明朝成化六年（1470 年）以后多次重修，到清朝增修，由大成殿（文庙）、讲堂、明伦堂、尊经阁、栅栏牌坊、名宦祠、府学教授署、宁夏县学官署、宁朔县学官署等建筑组成，在清朝乾隆三年（1738 年）毁于地震，乾隆四年（1739 年）重修，是一处集祭祀孔子和卫、府（明朝宁夏卫、清朝宁夏府）学教育、试院（考棚）于一体的庞大的教育建筑群。

清朝乾隆十八年（1753 年），宁夏知府赵本植于府城（今银川市）光华门兴办了银川书院。清朝同治十年（1871 年）新任宁夏知府李藻将书院移修于文庙西侧（即今银川十五中，原银川二中旧址），后改为银川试院（考棚）。清朝光绪三十二年（1906 年）在废除科举、举办新学运动的推动下，宁夏知府赵维熙和举人吴复安将坐落在现银川十五中（原银川二中旧址）院子里的文庙、银川书院改为宁夏府中学堂。民国二年（1913 年）又易名为朔方高等小学。民国八年（1919 年）学校又改名为甘肃省第五中学（当时宁夏府属甘肃省管辖）。同年与甘肃省第八师范学校合并，史称“五中八师”，为四年制普通中学。

民国十八年（1929 年），宁夏建省后，按照民国政府教育部属地管理的要求，原甘肃省“五中八师”划归民国宁夏省政府教育厅管辖，第五中学改名为宁夏省立第一中学。为了扩大教学规模，改善办学条件，宁夏省立第一中学由文庙、银川书院原址搬迁到文化街现区政协西侧，原甘肃省第八师范学校也搬迁到文化街现区政协位置，改名为宁夏省立第一师范学校，文庙、书院原址其余建筑不可考，唯文庙（大成殿）建筑留存至银川二中办学时期，在1984年因银川二中新建教学楼而被拆除。

1954年，宁夏省建制撤销、并入甘肃省，根据当时需要，原宁夏工农速成中学改建为甘肃省银川市初级中学，校址位于现十五中原银川二中（文庙、书院）旧址，1958年宁夏回族自治区成立，在银川市初级中学的基础上增设高中，更名为银川市第二中学，在文庙、书院原址办学至2005年搬出后学校原址仍由银川二中保管至2006年8月初移交。

文庙大殿（大成殿）建筑自建成后最后一次在1955年曾经修葺一新，用作银川市初级中学集会、文体活动的场所，后被银川二中用作图书馆使用，到1984年银川二中建新校舍时被拆除。

2006年8月，根据银川市人民政府关于《兴庆区中小学布局调整及学校建设等有关问题的会议纪要》精神，决定将银川二中原校区资产移交兴庆区人民政府，作为银川四中、十五中两校合并后的新校区。

按照银川市市长办公会会议要求：银川二中旧校区是银川市原文庙所在地，在对银川市第十五中学规划设计时，要采用中式建筑风格，体现出文化内涵。因此，银川十五中规划设计新校区时在校园东南原文庙大殿（大成殿）遗址最近处规划复建文庙大殿一座，并于2010年8月建成。这就是银川十五中文庙（学宫）由来的考证说明。

西干渠

张碧迁

在银川平原的最西端，贺兰山东麓，有一条傍山开凿的干渠，它南起青铜峡水泥厂，北至平罗县下庙乡暖泉村，东与唐徕渠、新开渠、二农场渠交错相邻，它就是贺兰山沿线农林经济、生态保护的生命线——西干渠。

西干渠开凿于 1959 年，1960 年通水至今已经运行了 61 个春秋，它不但孕育了贺兰山沿线的绿色长廊，更像一位忠诚的战士，将山洪尽收渠中，在风雨中守护着银川平原。

水利壮举造就“生命线”

西干渠是青铜峡黄河大坝建成后的产物，是河西灌区地理位置最高的一条新干渠。西干渠于 1959 年 10 月动工开凿，当年青铜峡水利枢纽施工围堰合龙，抬高了黄河水位，为开挖自流引灌的西干渠创造了先决条件。

西干渠管理处的退休职工王春和告诉笔者，当时修渠开凿动员了全灌区农村人民公社社员 5 万余人。当时建设西干渠的工程声势之大、建设速度之快，均属空前，开创了冬季大规模施工的先例，堪称宁夏水利史上一大成就。由于西干渠是在国民经济三年困难时期突击完成的，工程建设标准低，建筑物不配套，危险工段多，为今后的灌溉管理留下了许多困难和隐患。

在王春和的记忆中，西干渠是离城镇或居民点最远、海拔最高、安全系数最低的傍山干渠。当时管理段建在荒滩上，住的是土坯房，点的是煤油灯，出门就是沙包，前不着村，后不着店。

1960 年春，西干渠通水后，发现渠道有许多问题，后经二期扩整和两次整修，形成了今日的西干渠面貌。最终形成的西干渠由河西总干渠引水，沿贺兰山东麓洪积扇边缘北行，经青铜峡、永宁、银川、贺兰 4 县（市），至平罗县下庙乡暖泉村，尾水注入第二农场渠，全长 112. 7 千米。

建成后的西干渠，所归属的管理单位也多次发生变化。1966 年，西干渠由自治区移交至中国人民解放军生产建设兵团农业建设十三师，并设置了营级建制的水利灌溉管理处，负责干渠管理工作。1974 年，西干渠管理处划归宁夏农垦局。2004 年 9 月 19 日，经报请自治区人民政府批准，西干渠管理处正式划归水利厅管理。

灌溉防洪守护银川平原

无论是出于灌溉作用，还是防洪功能，自古以来，贺兰山沿线就有渠道。在西干渠西侧有一条古渠的遗迹，至今依然清晰可见，它就是昊王渠。

据《魏书·刁雍传》中记载，汉代“高渠”起自艾山峡口（今青铜峡黄河西峡口山），沿贺兰山山前洪积扇边缘北行，长 120 里。东汉王朝灭亡后，高渠被废弃。公元 444 年，刁雍主持重开，称艾山渠。后淤废。西夏初期，李元昊为巩固和发展新兴的王国，重视农业，兴修水利。他不仅修整秦渠、汉延渠、唐徕渠等水利设施，还在艾山渠的基础上，扩建了这条长达二三百里的“昊王渠”。昊王渠等渠道的修筑，使得首都兴庆府成为西夏国主要的粮食生产基地。

西干渠建成后，不仅承担着数十万亩农田的灌溉任务，而且肩负着保护沿线地区生产、建设的正常运行和人民生命财产安全的重任。由于西干渠地处青铜峡河西灌区前缘，随着灌区的不断扩大，大片荒漠变绿洲，植物覆盖率大幅度提高，土地沙化得到有效遏制。同时，它还有一个更重要的功能是泄洪功能。由于贺兰山地势险峻，植被稀少，每到降雨时间，随时都有暴发山洪的可能，这条傍山而挖的人工渠自然就承担起了泄洪的功能。

改变地貌哺育葡萄酒基地

自西干渠运行至 2021 年 60 多年来，有效地改善了贺兰山东麓的生态环境和生产条件，促进了灌区工农业生产发展，为当地国民经济和社会发展提供了重要的支撑和防洪保障，成为贺兰山沿线农林经济、生态保护的一条“生命线”。

作为守护银川平原的“生命线”，西干渠的贯通让贺兰山沿线的土地获得新生。60 年前，没有西干渠的时候，贺兰山东麓还是风吹沙石跑的景象，只有少数牧羊人的足迹。随着西干渠的建成，有了黄河引水的浇灌，才使荒原彻底改变了容颜。如今的贺兰山东麓，西干渠两侧已经是万亩葡萄园，成为享誉世界的葡萄酒绝佳产区之一。

在国内外葡萄酒行业，“贺兰山东麓”凭借自己得天独厚的地理优势，犹如一颗璀璨的明珠，获得了世人的瞩目，成为独特的光、热、水、土等高端葡萄酒的绝佳产区之一。从1984年宁夏第一家葡萄酒酿造企业——宁夏玉泉营葡萄酒厂正式成立至2021年，37年来，宁夏的葡萄酒产业从无到有，从小到大，从资源优势到产业优势，西干渠见证了宁夏葡萄酒走向世界的辉煌。2003年，贺兰山东麓获“葡萄酒国家地理标志产品”保护区认证。贺兰山东麓地区酿造的葡萄酒，近年来已获百余项国际、国内葡萄酒大奖，引起世界葡萄酒业界的广泛关注。

如今，贺兰山下的数十万亩葡萄园，即将演绎一个个被写进蓝图的创想，到2020年，宁夏葡萄酒的产能将达到40万吨，产值180亿元，葡萄及相关产业产值近千亿元。这些都离不开西干渠的哺育。

西夏高台寺

郑济洧

据《嘉靖宁夏新志·寺观》中描述:“高台寺，在城东十五里。夏废寺，台高三丈，西夏高台寺与明朝庆藩王关联。下有大湖千顷，山光水色，一望豁然。”1038年，李元昊建立西夏，定都兴庆府。党项人笃信佛教，李元昊更是通晓浮图学，1047年，在今掌政镇洼路村一带修建佛教寺庙高台寺。《宋史·夏国传》:元昊“于兴庆府东十五里役民夫建高台寺及诸浮图，俱高数十丈，贮中国所赐之《大藏经》，广延回鹘僧居之，演绎经文，易为蕃字。”西夏时的高台寺，实际上是一个庞大的皇家寺庙群，由多座独立的寺院组合而成，占地广阔，建筑雄浑，对西夏早期的佛教传播和民族文化交流起到了重要作用。高台寺面向黄河，河东即是起伏的山丘，周边又有清水湖等“大湖千顷”，湖光潋滟，山色空蒙，碧野朱桥，宝刹佛光，实在是西夏胜景。遥想当年，骏马香车，载着善男信女;华盖如云，罩住帝王后妃。高台寺内外，该是何等繁炽!从1205年开始，蒙古军队用了22年时间，经过6次大战，终于在1227年将西夏灭亡。这6次战争，被欧洲军事专家称作世界战争史的经典。蒙古大军遂对西夏都城中兴府屠城，西夏建筑皆被破坏、毁灭，高台寺也就成为一盘废墟。其地的城池，元代呼之为“下省”。高台寺的残砖断瓦，后来被附近村民用来铺路，人们叫作“瓦路”，久而久之，演变成“洼路”。15世纪末，明庆王朱㮵曾孙庆恭王朱寘鍪（tián dú）重修高台寺，但其规模远不及西夏时期。又过了40年，就是嘉靖十七年（1538年），在高台寺旁修筑镇河堡。作为一级行政机构，镇河堡一直存在到民国时期，当时的辖区包括今镇河村、洼路村、五渡桥村等村落。1992年，当地村民在洼路村原镇河堡玉皇阁旧址上，修建一座高台寺。村民讲，寺南300米处的高地，就是西夏高台寺的遗址。

横城的故事

于林发

在距离宁夏首府银川市东30余里的黄河东岸边，有一处美丽的风景名胜。在这里登高东眺，是浩瀚无垠的黄沙；隔河西望，是一望无际的绿色田野。浩浩荡荡的黄河水，从这里向北流去，沧桑的古长城自此向东南蜿蜒伸展……

这就是横城古渡。

宋夏时期——中西大通道的咽喉

这是一个真实的故事。

时间：距今1054年前，北宋乾德四年（966年），宋太祖赵匡胤建立大宋王朝的第七个年头。这一年，李继迁4岁。

地点：灵州古渡。

事件：一群行者打扮的僧人准备渡河。

背景：黄河北流，浩浩汤汤。河东，大漠绵绵，狼烟淡直；河西，芳草萋萋，落日浑圆。

人物：为首的僧人法名行勤，目光炯炯，身体健硕；他带领的156名和尚，看上去有点疲惫，却显露刚毅之气。

缘由：两个月前他们从北宋都城汴梁出发，过古都长安，经重镇庆阳，来到灵州地界，渡过黄河后，假道河西走廊赴西域，再前往印度取经。

自盛唐于公元907年结束后，中国进入了历时50多年的“五代”时期。斯时，由中原经兰州、河西走廊通往西域的丝绸之路主线兰州一带路段被吐蕃占阻，中西交通只得改走贺兰山内侧，涉腾格里沙漠边缘，斜插凉州西行。具体路线为：开封—长安—庆阳—灵州—凉州—于阗。也就是说，公元10世纪，灵州成了丝绸之路的重要据点。

从1002年李继迁攻克灵州，到1227年西夏灭亡，其间200多年，以兴庆府和灵州为中心的西夏地区，经济发展、交通便利，是宁夏历史上一个鼎盛时期。这200多年，西夏政权有效管理着兴庆府、灵州、河西走廊的广大地区，即控制着丝绸之路的核心地段，保证了这条大动脉的安全畅通。据李范文先生主编的《西夏通史》记载，当时，以兴庆府为中心，形成了两条交通大道：

1. 兴庆府东达宋都汴梁、西通河西走廊的驿道（唐末宋初的灵州西域道）。

兴庆府向东，在顺化渡过黄河，沿鄂尔多斯沙漠南缘至夏州，再循无定河谷及黄河西岸南下，最后抵达宋都开封府；兴庆府向西至西夏帝陵，再向南经石空、沙坡头，向西至凉州（武威），通向西域。

2. 由兴庆府通往辽都临潢府的驿道（直路）。

兴庆府东行过今掌政镇，在横城渡过黄河，折向东北穿过内蒙古鄂尔多斯沙漠至东胜。

这两条大道，都要在兴庆府东部渡河。李范文先生指出，“顺化渡”和“横城渡”为其津要。关于顺化渡，李先生说：“位于兴庆府东怀州境黄河岸，故又名怀州渡。此渡是兴庆府东大门，距府城（兴庆府）30里。”考其位置，当在今永宁县政权村东部一带，其对岸就是灵武的临河堡。可以说，五代至西夏时期，横城地区是大型官渡所在，它横亘丝绸之路心脏地带，锁扼黄河滚滚波涛，是交通枢纽，亦是军事要塞。

西夏的水陆码头

西夏政权与宋、辽（金）抗衡近200年，其军事的强大古今皆知。强大的军队也要有顺畅的交通相辅，才能产生强大的势能。西夏时期，不仅有直道通向中原、塞北和西域，也有大量干道联系各大战区。加上以灵州、盐州、夏州、凉州、甘州为中心的道路，西夏陆路交通像蛛网一样纵横交错，遍布山野。同时，西夏还占据着从河湟到胜州、府州约3000里长的黄河，可进行内河运输。

除了前面提到的顺化渡和横城渡，西夏中期著名的《天盛律令》卷十七载，西夏境内官渡多达24处。在民间，尚有大量的“私渡”。这些渡口，密密麻麻分布于千里黄河上下，与陆地上的大道相连，其运输能力倍增。

横城一带，是兴庆府的东大门，也是兴庆府与西平府（灵州）间的纽带，关系着西夏政权的安危。当时，灵州（西平府）驻军5万，兴庆府驻军7万，大量军队经这一带频繁调动。整个西夏时期，渡口两岸的军事活动和商务活动都十分繁忙。

《续资治通鉴长编》载，元祐六年八月癸丑兰州军方报告，“西界水贼数十人俘渡过河，射伤伏路人。”许多史料证明，西夏还抽调熟悉水性的士兵组建水军，配以舟船和“浑脱”等渡河设备，利用水路对敌方进行攻击。横城一带地处京畿，交通便利，河面宽阔，水势稳定，当是建立水军基地的最佳选地之一。这里培训的水兵，从水路和陆路走向战区，神不知鬼不觉中投入战斗，快速克敌制胜。

横城，是军城，是商埠；是码头，是造船厂，是水军基地！从李继迁攻占灵州那天开始，党项人就修筑了横城军镇。此后200多年，它矗立于黄河东岸，守护着京畿要塞；迎来一批批商贾，送走一船船牛羊；听惯了潮起潮落，看倦了血雨腥风……千年的历史，谁与评说。

西夏的水军基地

公元1091年，即北宋元祐六年，也就是西夏崇宗天祐民安二年八月，宋朝和西夏的军队在陇右熙河（今甘肃临洮）鏖战。

黎明前，兰州黄河北岸水域，数十个黑影游弋，悄然无声，游向宋军控制的南岸。这是一股西夏水兵，身手敏捷，目光犀利，个个手持西夏特有的弩机，身藏锋利的匕首，借助芦苇的掩护搜寻宋军伏兵。突然，“嘣”的一声，弩箭划过苇丛，灰白的滩路旁，一个宋兵发出“啊”的惨叫。“有西界水贼，有西界水贼！”宋军惊呼。与此同时，弩机“嘣嘣”作响，呐喊之声震天……

天亮了，宋军清查河滩，发现自己伤亡数十人，“西界水贼”留下九具尸体。

这是一个西夏水军偷袭宋军的战例。宋夏交战期间，西夏水军袭击宋军的事件时有发生。

在西夏政权与宋、辽（金）抗衡的近200年历史中，西夏借助境内黄河流经、湖泊众多的地利，抽调熟悉水性的士兵组建多支水军。这些水军，配以舟船和“浑脱”等渡河设备，携带匕首和弩机等便捷武器，常常利用水路对敌方进行攻击。横城一带地处京畿，交通便利，河面宽阔，水势稳定，当是建立水军基地的最佳选地之一。每年夏秋季节，水军在河滩的水寨集结，训练游泳、潜水、抱浑脱泅渡、水上搏斗、暗杀等作战科目。完成培训的水兵，根据战事的需要，从水路和陆路投向战区，神不知鬼不觉中进入战斗，快速克敌制胜，成为西夏取得战争胜利的重要手段。

西夏时期，不仅有直道通向中原、塞北和西域，也有大量干道联系各方战区。加上以灵州、盐州、夏州、凉州、甘州这些重要城镇为中心的道路，西夏陆路交通像蛛网一样纵横交错，遍布全境。同时，西夏还占据着从河湟到胜州、府州约3000里长的黄河，内河航运亦有相当规模。

渡口是陆地道路和水上航道的交汇点，在交通运输中起着十分重要的作用。西夏中期著名的《天盛律令》卷十七载，西夏境内官渡多达24处，其中就包括横城渡口。此外，在民间，尚有大量的“私渡”。这些渡口，密密麻麻分布于黄河两岸，与陆地上的道路相连，与千里黄河相通，形成一张巨大的交通网络。

横城一带，是兴庆府的东大门，也是兴庆府与西平府（灵州）间的纽带，关系着西夏政权的安危。当时，兴庆府驻军7万，灵州（西平府）驻军5万。津要之地的横城两岸，也有上千士兵把守，阵势着实可观。整个西夏时期多有战事，大量军队经这一带频繁调动，战略物资在这里储备配发，渡口两岸的军事活动和商务活动都十分繁忙。满载粮草的高车，并辕向西进发；驮运皮毛的骡马，结队向东而行；一串又一串的驼队，驮负着内地的茶叶丝绸，西域的珠宝药材；一艘接一艘的船筏，穿梭于东西两岸，往来于大河上下……

北魏太平真君七年（446年），刁雍在黄河上造船200艘运粮，开创了宁夏地区大规模水上运输先河，造船业一直延续到西夏时期，并且逐步发展。当时，在西夏控制的沿黄地带，有多处造船厂，横城就是其中之一。这里造的大船，可载重30吨。所造的羊皮筏，最多由600只浑脱并组，载重亦可达数十吨。《天盛律令》规定，对精心造船者奖，对粗制滥造者判刑。因之，西夏造船从数量到质量都前所未有。

明代杨一清奏请修复横城

明正德二年（1507年）四月初一，时令已是春末夏初，宁夏镇黄河东岸台地柳绦依依，百草萋萋。旧边墙旁从横城至清水营一带人潮涌动，车轮滚滚，夯声动地，号子震天。这一天，由三边总制杨一清奏请修筑的延绥石涝池至宁夏横城300里长城横城段开工，横城的改筑一并进行。然而，杨一清却没有出现在开工大典的彩楼前。此时，这位明中期位高权重的大吏，因眼疾已辞去三边总制的职务，踏上返回家乡江苏镇江的途中。

黄色的帅旗，和着威武的战鼓，在新造的长城上招展。帅旗之下，时任宁夏总兵的李祥一身戎装，目光刚毅，神态若定，指挥着数万筑城大军。将军眼前，杨一清在任时从甘肃靖远采伐的木料架起雄厚宽大的模板，军士车推肩扛将掺和红胶土、熟石灰的黄土注入模板之中；在上千军士狮吼般的夯歌中，若干巨大的石夯由军士高高拉起，重重放下，震得大地轰轰作响。长城脚下，大轮的牛车满载赭红的胶土，吱吱呀呀卷起一道红尘；黄河岸畔，健硕的骡马驮起灌满河水的浑脱，结队向长城迤逦而行……

按照杨一清的设想，修筑宁夏境内300多里的长城，改造横城等城堡及新建长城上近千座保护士兵冬季放哨的“暖房”，经数万筑路大军6个月的劳作，将赶在秋防前的八月底完工。然而，就在千军万马紧锣密鼓修建“横城大边”之时，正德皇帝突然改变原来“都准议行”的批示，一旨“修筑边墙且罢”命令，扼杀了杨一清一年多来费尽心机、苦心经营的修边工程。宁夏300多里的边墙，只修了横城河岸到清水营以西40多里的一段。幸运的是，现如今，紫红色的横城新城以其新颖、大气、雄浑的姿态，巍然屹立于黄河东岸新筑的长城脚下，无愧于“红城子”的美誉。由是，《嘉靖宁夏新志》记载，横城堡“东至红山堡二十里，西逾河至宁夏二十里，正德二年（1507年），总制、右督御史杨一清奏筑，周回一里许。置旗军300名、操守官一员、守堡官一员”。自此，横城由明朝前期长城边的一个小军营，嬗变为一座重要的军城。到了嘉靖三十年（1551年），灵州参将移驻横城，横城一度成为明代宁夏中路防务的核心。20年后，万历年间宁夏巡抚杨时宁将城堡甃以砖石，横城更是坚如磐石。

正德五年四月，因宁夏发生“安化王之乱”，杨一清再次出任三边总制，率领数万将士来宁夏平叛。当他的大军五月下旬行进在陕西华阴时，得到宁夏兵变已经平息的消息，杨一清继续西进宁夏善后。六月初，杨一清来到横城，4年前修筑的长城，犹如一条紫色巨龙，翘首黄河东岸，绵亘40余里，雄厚高大，气势磅礴。杨一清回想起4年前，他沿“河东墙”一路向西来到横城，那时的边墙年久失修，城矮沟浅，一派衰萎景象，难当防御大任。斯时，他百感交集，继而昂首挥臂，赞曰：“真紫塞耶!”

紫塞，是文人对秦长城的别称。至于长城为何是紫色的，自古以来众说纷纭，归结为“紫土筑墙”“紫花映城”及“血泪之花”等诸因。杨一清进士出身，一代儒将，遍察长城上下，发现横城红山一带土皆红色，筑成的“横城大边”经风吹日晒显示紫红色，是名副其实的“紫塞”。

清孔尚任《桃花扇·赚将》云：“一声叱退黄河浪，两手推开紫塞烟。”就是横城长城的真实写照。

安化之乱——史镛横城夺船息兵变

明正德五年（1510年）四月，安化王朱寘鐇发动兵变，史称“安化之乱”。

四月五日这天，安化王朱寘鐇以为新任镇守太监李增接风为名，宴请巡抚安惟学，总兵姜汉，少卿周东，镇守太监李增、邓广汉，副总兵杨英等，都指挥周昂、千户何锦、宁夏卫生员孙景文等作陪。安惟学、周东推辞未去，杨英有军情出兵，只有李增、邓广汉、姜汉前往。宴会中，周昂、何锦等杀李增、邓广汉、姜汉等人于座上，千户丁广等袭杀安惟学、周东于公署。随后，周昂等焚烧官府，释放囚犯，将黄河渡船尽撤于西岸，黄河以西基本控制在朱寘鐇手中。次日，朱寘鐇即位。十二日，封何锦为讨贼大将军，周昂、丁广为左右副将军，孙景文为军师。作檄文历数正德皇帝宠信宦官刘瑾罪状，打出“今举义兵，清除君侧”的旗号，欲出兵京城。于是，举国震惊。

灵州守备史镛，乃宣德年间宁夏总兵史钊之后，足智多谋，英勇善战。副总兵杨英兵溃，当日只身逃往灵州，向灵州守备史镛叙述兵乱经过，两人表示效忠朝廷，抗拒兵乱。杨英身为副总兵，可调动军队。史镛所辖灵州，以及兴武营、花马池等河东地区尚有近万名军士可供支配。初七日，灵州守备史镛向陕西总兵曹雄飞报宁夏镇城事变情况，杨英派密探与诈降的游击将军仇钺取得联系，相约适时合击乱军。坐镇固原的曹雄得报立即部署兵力，十三日，都指挥黄正率2400人进驻灵州横城等地，与灵州守军合力坚守河东横城至吴忠、峡口一线。

四月十四日夜晚，漫天烟云。史镛带领一支50人的精干队伍，趁着朦胧月色，自黄河东岸下河，浮向西岸，潜伏在水草丛中。待到下半夜，史镛进入水寨，熟睡中的乱军士兵未来得及作任何抵抗，就束手就擒。这些受裹挟跟随何锦的士兵，本不愿意参与变乱，坚决要求跟随史指挥平息兵变。于是，在史镛的指挥下，连同河西守军在内的百名军士，将停泊在西岸的 17 只渡船，尽数驶向东岸的横城码头，断绝了乱军东进的依靠。离开西岸时，史镛下令焚烧粮草，赤热的烟火映红了河水，一直燃烧到天明。

仇钺诈降后一直装病在家，却暗地招纳壮士结集。何锦前来探病，仇钺乘机对何锦说：官军就要到来，应派兵把守渡口，勿使渡河。何锦、丁广听信其言，于四月二十日带 4000 人防御大、小两坝，只留下周昂守城，宁夏城防务空虚。二十三日，安化王要出城祭祀社稷，而后挥军东进，但仇钺称病，不愿陪同。安化王命周昂探视仇钺，仇钺卧床呻吟，伏卒趁机槌杀周昂。仇钺一跃而起，迅速披挂，率壮士百余人，直奔安化王府，将安化王生擒，杀死孙景文等十余人。又假传安化王令，召何锦、丁广回城。途中，何锦部众得知安化王被捕，相继溃散。何锦、丁广逃向贺兰山，次日皆被捕获。

安化王从起事到覆灭，历时仅 20 天。平息这次兵乱，宁夏将士功不可没，史镛夺船名留青史。然而，这次事件影响之大，远远超越了宁夏地界，震动了朝野。最终，导致刘瑾被凌迟处死，成为明中期最重大的历史事件。

宁河台

明万历二年（1574 年）深秋时节，横城之南黄河津要高阜，一座墩台拔地而起，雄伟宏大，气势磅礴，蔚为壮观。远眺，似是一座巨大的烽堠，引领灵盐大地数百座墩台；近观，则是一楹巍峨的津亭，守望横城渡口水陆要塞。这就是宁河台。

高台向东而立，四周以近百丈长的砖石城墙，墙高两丈四尺，雉堞凸凹，城内营房鳞次，城门庄重浑厚。进得东门，毕见墩台。台高五丈五尺，顶天立地；分列四层，逐层收进，宛如塔楼。首层东部，南北各有阶梯通向墙端券门；中央高处，一块花岗岩石板镌刻“宁河台”三个魏体大字，饰以朱漆，亮丽醒目。拾砖阶而上，进入券门，到达二层，台地方砖铺就，周环青砖女墙。三层如是，只是略小一些。四层之上，一座三开间歇山卷棚顶大型长方敞亭位列中央，坐西面东，灰瓦丹柱，亭基高垫，四面石阶。中楹额枋之前悬挂“河朔一览”金字木匾，展现宁河台东拥朔漠、西连河带的中心地位；其两侧立柱张挂一副楹联：“海晏河清千代胜，风调雨顺万方安”，表达宁夏将士企盼天下安宁的愿景。方亭四周，布列数间厢房，那是守台士兵冬季御寒的“暖房”。

倚栏远眺，北有“横城大边”巍然屹立，东邻草原大漠白草无垠，南望灵州古城千年沧桑，西依宁夏平原塞上江南。宁夏镇城旌旗在望，贺兰山脉白云如棉。直面“大漠孤烟直，长河落日圆”的奇观，这里就是诗人王维发出千古绝唱的胜地。难怪明代翰林王家屏发出“伟哉，诚朔方一壮观矣!”之慨叹。于是，“宁河胜览”位列“灵州八景”之首，其入选词说：“黄河东渡筑台高五丈余，登眺则河山景色举在目中。”

说到宁河台，自然想到这座高台的缔造者罗凤翱。明世宗嘉靖四十年（1561 年），宁夏发生大地震，千里长城倾圮殆尽。从明隆庆四年（1570 年）开始，宁夏总兵牛秉忠主持修复宁夏横城等地边墙。三年后的万历元年（1573 年），山西蒲州人罗凤翱巡抚宁夏。甫一上任，罗巡抚即偕同总兵官率各卫防务大员逐地巡视，走遍宁夏山川。在宁东台地，满目尽是断垣残墩，只有横城附近长城得以修复。横城渡口，“渡者蚁集河湮，而无亭以守之。”罗凤翱遂产生筑台想法。经充分准备，次年秋初，筑台工程开工，只用了 50 天时间，高台告竣。借用中国民间“黄河百害，唯富一套”的古语，罗凤翱将高台命名为“宁河台”，展现黄河宁夏段的壮丽，感恩黄河对宁夏苍生的厚爱。“宁河”，宁夏之河，宁静甜美丰饶的母亲河。

宁河台筑成之日，罗凤翱东渡黄河登临其上。环顾四野，巡抚大人百感交集，遂作诗《宁河台成登眺》二首，其一曰：“津口新成百尺台，深秋登望戍烟开。兰山直亘北荒去，河水遥从西极来。漠漠白沙伏毳幕，茫茫绿野遍农垓。清平浑似中原地，干羽风光始见回。”

值得宁夏人骄傲的是，万历初年，长城东有山海关，西有嘉峪关，宁河台位于这两大名关之间的地理中心地带，成为明长城第三大奇观。当今号称“万里长城第一台”的榆林镇北台，修筑时间则较宁河台晚了 34 年。

玉泉营访古

李振文

一般情况下，地名都会有自己的源头。以银川市永宁县县境西部的玉泉营农场，以及闽宁镇开发过程中曾有过的玉泉营开发区，还有青铜峡邵岗镇玉泉村……这些地名为例，它们的源头均指向“玉泉营”这样一个富有古意的名称。那么玉泉营是什么？玉泉营在哪里？我们一起前往探访。

古城址只剩残垣

在今天与永宁县西部接壤的青铜峡邵岗镇境内，有一处名为东方红的村落。在这个村落的西侧不远处，坐落着一处古城遗址，一段残存的城墙上立着一方文物保护石碑，上刻——玉泉营古城堡遗址。关于玉泉营的故事，就从这里讲起。

古城遗址为土夯构筑，已相当破败，仅余北边和西边的断续残垣。北边一段最高处目测有 4 米多点，至于西边的一段，只剩远观像小“土丘”一样的分布。

残破的古城遗址内，住着一位姓张的老人，几间院落有像古城一样破旧潦倒的，也有后起较新的房舍，显然是不同时期陆续修建的。老人说他是 20 年前从陕北过来的，来时城墙就基本上是这样了。如今，像这户人家新起的房舍一样，村民在古城内也新修了一些较简单的建筑，如“玉皇殿”“娘娘殿”。

古城遗址东侧不远处，就是现在的东方红村，再往东还有个与古城名称相同的——玉泉村。在距公路较近的一户东方红村村民家，笔者遇到了一位姓党的老人，他是本地土生土长的村民，今年 77 岁。据他介绍，东方红村是中华人民共和国成立后才有的地名，早前这一带都叫玉泉营。老人说，在他小时候，这座城还比较完整，为方形，城墙有七八米高，上宽三四米，“可以

玉泉营古城堡遗址

跑马车”。

细察如今西边那段轮廓已不明显的城墙，它的脉络要一直跨过遗址一旁的叶北公路，向南于农田中延伸。也就是说，现在的叶北公路其实是东西向穿古城而过，可见，当年这城池也确实有着不小的规模。

从历史深处走来

一份青铜峡市的文学刊物《古峡文学》（2009 年第 4 期）对这座古城有着片段记录，可与现场所见及老人的回忆相互比对、印证一下：“（玉泉营）营城遗址尚存，南北长 337 米，东西长 500 米，残墙高 9 米，城有东门、南门，四角有墩。”

关于玉泉营，史料中是有记载的。明代以至之前，宁夏属边塞，是战事多发地带。明代军事建制中有每营 3000 多人的营哨制，这种建制一直延续到了清代。在玉泉营，险峻的贺兰山至此山势向西逐渐平缓，和南边不远的牛首山形成犄角之势，玉泉营正处于两山缺口处。正因其独特的地理位置，玉泉营成为古时的驻军要地，也是宁夏境内的主要战场之一。

从历史沿革来说，明弘治年间，玉泉营驻有官军，设官军仓场。万历十五年（1587 年）筑城，周回 3 里，址在唐徕渠西。设守备、游击。清乾隆年间，玉泉营所属关墩 101 座，并有营汛 17 处，内地塘汛 17 处，由玉泉营拨军瞭望。民国初年，清兵制取消，宁夏总镇改设护军使。民国十年（1921 年），又改镇守使。玉泉营便成为民居的堡寨。

延伸的玉泉营古城墙遗迹

流淌在传说里的“玉泉”

玉泉营的得名充满着传奇。成书于清代的《银川小志》中有一段记载，“在府南一百里，近贺兰山灵武口，有水涌出，流入玉泉池，玉泉营以此得名”。

走访今日古城，附近古昊王渠和唐徕渠自南向北流过，玉泉营地处两水之间，其遗址四周广布农田。据党姓老人回忆，自他记事起（20 世纪 40 年代），至宁夏解放后相当长一段时间里，城周围还都是荒山坡，干旱的砂石土质，没有庄稼地。“如今的田，都是 20 世纪 70 年代末后才开垦的。”

《银川小志》也记载了一段传说，宁夏的庆靖王朱栴有次在峡口（今青铜峡市峡口镇一带）临时驻扎，晚上做了一个梦，梦见来到一处名叫“娑罗模龙神祠”的地方，受到祠内神灵仙子的接待。第二天，他问当地人，被告知：距此向西 90 里，有娑罗模山。下有三泉，涌出池中，莹绿澄清，其深叵测。

据对此有过研究的作家王永军考证，这些有关玉泉及娑罗模山神祠的记载，虽属传说，但却给人们提供了认识古时此地地理风貌的佐证。即宁夏古时一直处于战争状态，自然环境恶劣，干旱少雨，于是人们大量修建敬奉水神龙王的祈雨寺庙。

张钟和、许怀然校注版《银川小志》中说，娑罗模山在今玉泉营农场境内。但经考证，娑罗模山应该是今天的大、小柳木高山，在今青铜峡市与永宁县接壤处，而传说中的玉泉则在柳木高山的南边。

据党姓老人回忆，古城城内及周边，并未听说过有泉。王永军也做过调查走访，泉水何在？除了史料及传说中的片段记载，现实中还未寻到。

奇妙的古今呼应

就玉泉营遗址今天所在的青铜峡邵岗镇来说，境内及附近古迹众多。西汉初年，汉武帝收复河套地区，在邵岗境内设置了灵武县。鲁人勇、吴忠礼、徐庄所著《宁夏历史地理考》以大量史料佐证，“灵武县，治（南）典农城，在今青铜峡市邵岗堡西”。

大柳木高北侧山脊上的古老石砌长城

位于今邵岗境内的大、小柳木高山，东距明长城约 4 千米，有明代所建大柳木高烽火墩；至于附近的干城子营，则是明代戍守长城官兵驻扎的一座兵营……此外，近年来在这一带频频发现的唐代墓葬、西夏墓群等，也一起印证着这片土地在历史上的丰富过往。

据党姓老人回忆，在他儿时，玉泉营古城内还保留着过去建的好多庙宇，玉皇庙、城隍庙、娘娘庙……规模有大有小，青砖砌盖，已经荒弃。史料也可印证，明清时，玉泉营上建有众多寺庙，香火旺盛。是当地人同蒙古人交易商贸的地方，繁华一时。

走在今日残破的玉泉营古城，脚下不时有散落的残砖断瓦，形制古朴，依稀可想当年风采。党姓老人回忆，20 世纪 60 年代，坚实的夯土城墙被陆续推倒、挖去，只留下如今遗迹。远去的历史，扑朔迷离的“玉泉”所在……古城留给人们的，除了可供瞻仰的遗迹、动人的故事与传说，就只剩下那些散落四周、来自时光深处的一个个古意地名了。

如今的宁夏玉泉营一带，因得天独厚的自然条件，已成为世界上少有的酿葡萄酒的最佳生长区之一。昔日的地名之源尚须进一步考寻，但葡萄、美酒的今日之景，却与这一古称遥相呼应，是巧合，或者也是缘分。

流经灵武境内的秦渠

王璞云

秦渠，顾名思义，就是秦朝开挖出来的一条渠道，一条流淌了几千年的渠系。多年来，秦渠一直萦绕在我的脑际，有时有一种莫名其妙的感觉，但不知从何说起。

（一）

20 世纪 60 年代，我们家被迁赶到秦渠边的一个村落。

一个月光明亮的晚上，我黯然地站在秦渠边，仰望天空，凝滞不动，独自怆然泪下，忽然发现顺水漂来一只箱子，情急之中捞上来便拿回家中。在此后的日子里白天劳其筋骨，晚上用书打发日子，未承想，这是引上我走上文史之路的开始。箱中除其他书籍外，还有一本《秦渠水法》，书出自清代，记述的是秦渠支毛渠、大小渠口、退水、渡槽、岁修管理等诸事。这本书使我对秦渠有了进一步的了解，说来听听也有必要。

秦渠的管理，大体是官督民办，也就是以渠养渠，每年的清挖和修补，称为岁修，冬季雇工，按亩摊派到户。一般六十亩一份工，出工三十日，口粮自备，不足六十亩，几家拼凑。除了出工外，还要交纳坝料，即胶泥、白灰、柴草等。一般秋天的渠道维修在白露停水后进行，这是冬灌前的准备工作，但常以春修为主。

秦渠的淌水制度，延续千百年，至今看来仍是十分科学严谨。古人采取“封”“俵”轮灌。立夏前开口，严封实闸，逼水到稍，就是将上、中段斗口一律封堵，不许放水，待下段淌完水后，上中段开始俵水。所谓俵水就是有节制、有秩序地开口放水。这些灌溉方法一直沿用至今，可见符合自然规律。更难能可贵的是制定了治渠和淌水须知：“勿曲防，塞支强干，保岸蚀滩，束水攻沙”等。这是前人的治水经验，历经千百年，经久不衰。前人治水也没有在哪里学过什么水利，但是他们知道“水能通粮”，他们的潜心实干，为人们留下了宝贵的治水经验。

（二）

远处不讲，只说灵州这个地方。史载公元526年，北魏将灵州城由河北迁到河南。东西魏为争夺灵州，于天平年间大战灵州。战争的目的是都想得到战略要地灵州。于是，战争反反复复，在长时间达不到目的的情况下，西魏竟放黄河水淹没了灵州古城。后西魏又于大统元年（535年）在原地复筑灵州城。抗日战争时期，蒋介石下令决断黄河花园口河堤；1949年5月，国民党将领马得贵为阻止解放军解放灵武决断秦渠，放水淹没吴忠、灵武大片道路和土地等。他们是历史的罪人，多少无辜的老百姓流离失所，陷于饥馑。

除因战争造成的水患之外，自然水害也曾让老百姓苦不堪言。自然水害虽为天灾水害，没有人为破坏的行为，但有人为治理不到位因素的存在。就拿黄河流域的灵州古城来说。

明洪武十七年（1384年），河水泛滥，其势凶猛，一夜间，一座唐肃宗灵武登基、光复李唐社稷的灵州古城，埋在了黄河古道下，踪影全无。在此后接下来不长的时间里，至宣德三年，前后几次修城，水退再修城，最后弃城于“东北五里筑之”即今灵武城。再后来到明代天启年间，黄河水又逼近灵州城，是河东兵备道张九德，排除干扰，力主保城，修筑了一条几十千米长的石堤，才保住了今日灵州城。张九德被人们敬奉为神，奉为灵州三贤之一。但几百年后的“文化大革命”时期，这座坚固、雄伟、壮观的城池却被人们刨砖取土，几近荡然，留给人们的是无尽的叹惜！黄河吞噬的其实是黄河流域中历史名城序列中的一颗闪亮星辰。自然水害给人们带来了无穷无尽的灾难痛苦，这是社会生产力低下，人民抵抗自然灾害能力有限，才造成的无法抗拒的局面，就是朝廷也很难应对。通过事例是想说明，历史上的人为水害远大于自然水害，究其原因是长久不断的朝代更迭、战争、军阀割据，分分合合破坏了水利，使渠道荒废，土地荒弃、人民逃离。当新的朝代接替旧政权后，又千方百计恢复水利，这种周而复始的人为水害，祸及深远。

（三）

秦渠作为古渠，几千年来，流去的不仅是岁月，它还给了人民“丰衣足食”。

关于它的修建年代，这是一个有争议的问题，也是一个值得研究的课题。对它的研究目前有两种说法。

持建于秦代说认为，秦始皇三十二年（前215年），曾派大将蒙恬率军30万击败匈奴，略取了河南（黄河以南）之地，移民朔方，名曰新秦，是垦殖之始。设置34县，移罪官、人民到这里开渠灌田，其目的是维持驻军和人民的生存。这在遥远的年代是一个非同寻常的举措，很是了不起的贡献。引水灌田，推动了农耕文化历史车轮的向前推进。汉代向秦代学习，仅宁夏就有规模不等的移民戍边十余次之多。郭沫若、范文澜在《中国通史》中叙述：“河套地处半干旱地带，降雨量小，蒸发量大，如果没有较为稳定的灌溉条件，农作物是难以生长。”秦皇变牧为垦的目的无非是要达到自给自足。由此说来，引黄河水开渠灌田，发展生产是必然之举。《中国水利史》认为，“秦始皇开秦渠是垦殖河套地之始，流传今不废者则有宁夏秦渠。”到汉武帝时才大规模进行开渠，史籍才大书特书，如果丢掉了蒙恬垦殖引渠灌溉这一段历史，去谈秦渠始建年代并非适宜。

但秦渠建于汉代说认为，司马迁生活的时候与秦仅隔百年。文献记载秦渠之名最早见于元大德七年（1303年），又列举文献和方志记载。所得结论，从位置上来讲，秦渠的前身可能是七级渠。列举《宋史》记载，元丰四年（1081年）“奉诏讨夏国，围攻灵州城十八日不能下，夏人决七级渠，遂于溃归”。又说，唐、宋、元、明、清的秦家渠和今日的秦家渠流经路线大致相同。西夏之后七级渠名消失，秦家渠名出现，二者似有沿革关系。

（四）

旧时的人们把一年一度水利工程的维修称为岁修，时至今日依然如此，秦渠也在不断岁修中逐步发展。有文字记载，秦渠的维修见于明代。以秦渠沿革说，当然是很晚的时候。张九德一个浙江慈溪人，异地为官，万历四十八年（1620年），他以按察副使河东兵备道兼摄灵州学政的身份来到宁夏，在宁夏治理黄河、修建灵州河堤、秦渠长堤、汉渠芦洞等一系列水利工程，发展河东水利灌溉，扩耕荒地百余顷，受到百姓称赞。老百姓万分感激他的功德，建祠升格为神。在城西一龙王庙中，一位端坐其中穿着明代服饰的官员，当下称他为水神，他就是张九德。这样的神，通情达理和蔼可亲，人们尊重他，自有道理。关于秦渠岁修的有文字记载的大致为：万历十八年（1590年），监察御史周弘跃巡视宁夏，奏请修建秦汉渠口。巡抚崔景荣督筑，水流始通。清康熙参将李山将秦渠渠口改建砌以石底。乾隆时河势变迁，渠口进水困难，于乾隆三十八年（1773年），另辟新口，始有秦渠上下二口，进水充沛。道光二十九年（1849年），拦水码头冲坏。光绪年河水又东皋，河塌日甚。光绪三十四年（1908年），灵州知州陈必淮以石筑堤，斜插河中，逼水复归古道。民国二十四年（1935年）八月，黄河大水，河水夺渠，河渠不分，省建设厅修竣，未误冬灌。

1953年后，逐年对秦渠进行裁弯顺直，延伸改道，翻修改建渠道建筑物，才使古老的秦渠焕发了青春，引水日增。

信义街与羊肉街口

唐志军

信义街

银川市兴庆区中山北街有一处家喻户晓的市场——信义市场，其名源于一条巷子——信义巷。银川解放前这条巷子叫信义街。因为民国时期马福祥、马鸿逵父子的府邸“将军第”就建在这条巷子里。“信义街”三个大字是由当时书画作品名扬海外，时任北洋政府国务卿的徐世昌书写。

1912 年，马鸿逵父亲马福祥被北洋政府总统袁世凯委以重任，先后出任宁夏镇总兵，后又改任宁夏镇护军使（相当于军区司令）。1921 年，马福祥又出任北洋政府绥远省都统（相当于省长）。马福祥出任宁夏镇总兵和护军使的 10 年中，在今中山北街信义市场，精心设计营造了一座象征权力的官邸——将军第。

“将军第”三个竖写大字由甘肃省都督张广建手书镶嵌在大门顶端。

同时，马福祥倡导回民教育，在主政宁夏镇的 10 年中，先后创办回族高级、初级小学 59 所。为取信宁夏，马福祥在原中山北街山东老饺子餐厅与马路对面九大洲酒店中间，修建一座高 5 ~ 6 米、宽 10 多米的大牌坊，牌坊用上好的木料雕刻绘画、精工细作，重檐叠牙、色彩斑斓，十分好看。牌坊两边的柱子用 8 块大石板装饰围砌，来往于南北的车马、行人都要从牌坊中间穿过，牌坊上方是蔚蓝色，四周用花边描绘。因马福祥经常来往于北洋政府，便请时任北洋政府国务卿的徐世昌书写“信义街”三个大字，寓意马氏家族为官取信于民，不做不仁不义之事。

1929 年 5 月 19 日，军阀马仲英攻占宁夏省城银川，抢财夺物，把省城银川最漂亮的一处建筑“将军第”，一把火烧成了废墟。

1933 年 3 月，马鸿逵主政宁夏后，看到父亲当年的官邸变成了断壁残垣，不禁伤心落泪。为了光宗耀祖，马鸿逵从全国各地请来能工巧匠对“将军第”进行规划设计，大兴土木，在原址上又新建了一座更加耀眼的“将军第”。

将军第是一座三进院落的砖木石条结构建筑，用石灰砌墙青砖铺地，出檐的平房错落有致，房与房之间有走廊连接，正房、厢房都是石条台阶，种有花木，砌有花池。

1942年，马鸿逵积极响应蒋介石提倡在新文化运动中的“信义”二字。把现在的解放东西大街取名为中正东西大街，铁匠街取名为利民街，米粮市取名为民生街，柴市街改名为和平街，柳树巷改名为复兴街，糠市街改名复兴北街。

1947年，马鸿逵的不断暴政使宁夏人民怨声载道，信义街与将军第名不副实，马鸿逵背弃父亲马福祥对信义街倡导信义的初衷，把信义街改名为马府街。这条街还有一个叫五亩宅的大院子，是民国宁夏省第三任省主席马鸿宾的大公馆。

1949年9月，银川解放后，宁夏省委在将军第办公，新成立后的宁夏军区接管了将军第、五亩宅等处房产，一些转业干部和随军家属也陆续被安置在信义街周围的民居居住，后来，这片地方逐渐成为部队家属大院。为突出银川街巷特色，有关部门把信义街改为八一巷，1956年，又改名为人民路。

1981年银川市人民政府本着援引史料准确、突出沿袭相传地名的原则，重新把银川的街、巷地名进行了梳理、恢复、定名。旧名信义街改为新名信义巷，恢复了原名。随着市场的开放，信义巷成了露天市场，一些个体户、农民在这里摆地摊做生意，工商部门便取巷名为信义市场。

羊肉街口

羊肉街口在银川市民中家喻户晓，人们顺嘴顺心地说起它，完全是因为它是旧时街名。

旧时羊肉街口位置在现兴庆区中山北街向北至现在的建材巷口（最早叫羊肉札口），750米长，街道两旁全部设有羊肉铺面，还有货棚肉架及各种生熟羊肉摊点。

从羊肉札口北至北门，是活羊栅栏，往往是一二十只一群，三四十只一群的大肥羊，等候顾客选购。每逢秋末冬初，活羊与宰杀后的肥羊肉，摆满柜台。羊肉札口秤杆林立，如遇集市庙会，来往行人熙熙攘攘，叫卖之声，此起彼伏。

农历十月初一以后，皮货上市，黑白小羊皮、二毛摔头、绵山板衣，挂满街旁，琳琅满目。

解放前的羊肉街口是银川城唯一贯通东西南北的主要交通十字路口，过去无论是南来北往的军政人员，还是商贩或者进城的农民都要经过羊肉街口。

旧时羊肉街口，下雨是泥路，晴天是土路，两边的民宅是土坯廊檐式的土房。几十户卖羊肉的商贩，在路边栽两个木杆子，上面用一个横杆固定，新鲜的羊肉用钩子挂在横杆上，旁边摆一个剁肉的木墩子，任由顾客挑选。

羊肉街口卖的羊肉，肉质细嫩，远近驰名，不少有头面的大人物也常光顾此地。那时银川城的老百姓都很穷，一年半载也吃不上一次肉，大都看的多，买的少。宁夏羊肉很便宜，两个铜板就能买一斤肉，合现在的两毛钱左右，就是这两个铜板老百姓还是买不起，只是到了逢年过节每家每户买上一二斤羊肉才能奢侈地品尝一下羊肉的香味。

羊肉街口旁一些回民饭馆及熟肉铺子，以清炖羊肉、清蒸羊肉、涮羊肉、全羊宴来招待行人客商。羊羔肉更是携带方便，切块买回，用盐末蒜泥蘸食，香醇可口，不腻不膻。有一家黑记饭馆生意特别红火，有烩羊肉、烩小吃、炒粉、滚粉、羊肉夹馍等。

关渠传说

张碧迁

关渠里的冬水，穿过涵洞，越过渡槽，蜿蜒奔流，在冰封之前，用最后的激情灌溉着贺兰县金贵镇。这是惠农渠上的一条普通支流，一直悄无声息地流淌着，数十年来，哺育着关渠村的数千户村民。关于它的“生辰八字”，笔者翻阅了《贺兰县志》及当地其他相关书籍，始终没能找到有关它的只言片语。

民谣里的故事

一个寒冷的冬日，笔者走进关渠村，走访了几位村里的老人，还是没能搜集到关渠的挖掘年代，但老一辈关渠人流传的一首歌谣让我们离关渠的历史更近了一步。

“浪荡桥，靠河边，老关渠，三道湾，渠东住着王彦洪，渠西住着步金山。步金山，进城转，东门拾个手榴弹，揣回家里拧开看，大人娃娃全炸遍。高玉华，提鱼串，贾尚礼，打鹅雁，金先生阿訇……”47 岁的贺兰金贵人王兴国，是一个地道的关渠村人，作为一个文学写作者，这些年，他一直搜寻着关于关渠的故事。这首歌谣正是他告诉我的。伴随着时代变迁，人事变化，这首有趣的民谣，像一坛陈年老酒，在当地人的内心深处发酵。

“当年，王彦洪、步金山两家依渠而居、隔渠相望，准确地说就住在渠的中下游第二道弯处一个叫二台的地方。记得小时候（20 世纪 70 年代）二台多种土豆、西瓜、白麻等经济作物，而这些作物喜干旱怕雨水，可见这里的地势原本是很高的。”王兴国说。

相传当年宁夏城（银川市）刚解放没几日，步金山老人便跑进城看红火。傍晚回家，在路过“东校场”时竟捡到一颗手榴弹。老人左看右看不知是何物件，心想，干脆拿回去给老伴当个捣盐锤子吧。没想到使用了一段时间后，其女儿因为好奇将后盖拧开，发生了爆炸，女儿当场被炸死，全家人都受了伤。

“王、步两家的后人，现今都分居于关渠村五社和十社。由于勤劳肯干，所以家境殷实，是全村数得上的富裕户。现在，有关前辈们的事儿他们都极少提及，或许是真的忘了。”王兴国说。

在村民的印象中，老关渠的走向是上游由西往东，中间由南向北，下游再向东北，其形状酷似个镰刀把子。

一位老人指着渠水告诉我，那时候的老关渠又宽又深，水流湍急，哪像现在，如同瘦弱的女人，单薄中透着憔悴，美艳中略带忧容。

宁夏解放前，这里造就了很多用船的、打鱼的、在河滩上狩猎的……当他们收工回家时，都无一例外地要经过下游的一座木桥。每到这里，人们早已饥肠辘辘、筋疲力尽，从家里远远望过去，一个个步履蹒跚，吊儿郎当，久而久之，这座桥也因此被叫作浪荡桥了。近些年，下游因黄河不断西移，著名的浪荡桥早已不复存在了。

歌谣里所提及的“金先生阿訇”，是关渠中上游的一位重量级人物。据老辈人回忆，其原本是个白面书生，晚清时还参加过乡试，但屡试不中。到宁夏解放初期，他已是声名显赫的大阿訇，其家族也人丁兴旺、树大根深。现在，上游第一道弯上的关渠村七八社有一小半人姓金，多为一脉相承。

关渠的由来

虽然找到一些老关渠的记忆，但关渠的开挖时间却依旧成谜。带着疑问，笔者相继走访了好几位老人，但他们中有的人原本就涉及不到那个年代，即便是真正年长寿深者也都已人老言拙，根本无法表述笔者所需的内容，至于整理、行文更是无从谈起。虽多次前往关渠村，我们依旧一无所获。

王兴国提议去看看今年已 92 岁高龄的马生禄。没想到这一次无意地闲聊，让我们收获不少。老人在解放时 32 岁，土改中入党，自有了关渠村，他便是村支书，直到 20 世纪 70 年代卸任。说起话来，老人依然思路清晰、滔滔不绝、自然流畅。

据老人介绍，这条渠开挖于 1939 年。因是民国政府组织实施，渠的名字原叫官渠。后又考虑到这条渠开挖之前原本是一条由南向北，且弯弯曲曲的土河埂，或许是用来抵御黄河泛滥的洪水，也或许是作为战争之用的防御工事，总之是取了“一夫当关”之意，遂改名作关渠。后来，随着黄河水位的逐渐下降，这道“关”便慢慢地被废弃了。

老人还讲述了关渠开挖的动人故事。

那时候，当地有个大财主，人称胡老爷。他拥有关西侧几乎所有的土地和草滩，这些地因被围于河埂之内，故称作胡家围子。发现这道弃“关”在水利上的价值后，胡家便倾注所有的财力、物力，修通了东西走向的上游部分，与土关相接形成了第一道弯，也就是现今关渠村八社境内的那一段。

在渠口的选择上，胡家更是费了很多心思。首先，要判定它将来淌水是否顺畅。经过一番考察后，渠口最终定位于金家龙坑——一处惠农渠经常决口的地方。

由于施工条件非常恶劣，垫土方不得不采用人海战术，黑压压的人群，背着背篼，乱纷纷地上演蚂蚁搬家。就这样，渠口工程的建设，历时一年多才得以完成。据说，胡老爷为这条渠付出了整个晚年时光和大部分家财。老关渠的开挖，使两侧增加了成倍的农田，也为通昌寨子外围的这片不毛之地带来了空前的繁荣和生机。

胡老爷去世后，人们为了寄托哀思，弘扬其千秋功德，就在渠的东南侧修了一座土庙，又称胡家庙。伴随着历史的风侵雨击，如今的胡家庙早就荡然无存，不过，关渠上游的关渠村现今依然被称作庙湾。

住进别墅的关渠人

在走访的过程中，早就听说关渠村的农民住上了小别墅，笔者决定一探究竟。在王兴国的带领下，笔者来到了村民所说的新关渠村。远远望去，一幢幢崭新的二层小别墅映入眼帘，一眼望不到头。

到了近前，门口“长河新村”几个大字在阳光下十分耀眼。原来“新关渠村”被命名为“长河新村”。进入新村，两户一幢的二层别墅整齐排列，干净的水泥地上，晾晒着今年刚收获的玉米。

走进农户马子亮家，他热情地带笔者参观了他的新居。一楼客厅、厨房，二楼三个卧室一个客厅，每层楼都设置了一个卫生间，共计 175. 44 平方米，小别墅为地热式采暖，室内装修简洁大方，热水器、液晶电视等家用电器一应俱全，屋子里的布置显得温馨舒适。马子亮感慨地说：“咱农民以前做梦也没想到能住上别墅啊！这居住条件和以前相比真是一个天上一个地下啊！”

2013 年，关渠村十社整村搬迁到长河新村。马子亮用原来的砖瓦房等置换了现在的二层小别墅。自从搬进新居，他们感到如今不仅居住条件发生了翻天覆地的变化，生活方式上也和城里人没什么太大的区别。在没有住进别墅前，马子亮还张罗着给在市区上班的儿子买房子，现在好了，房子也不用买了，省下来的钱还可以买辆小汽车，外出更加方便了。

贺兰县金贵镇政府办公室主任马咪娜介绍，根据县里的统一规划，长河新村新迁居民357户；小区里除了别墅，还有带有院落的平房。作为近郊村，这里生产的粮食、蔬菜成为城市生活供应的重要保障。

关渠村，曾经沿渠散聚的十几户人家，如今已变成了500多户；关渠，这条生生不息、流淌近百年的老渠仍在默默灌溉着上万亩良田。

清水营堡

张碧迁

500 多年前，在灵武市区东北约 42.5 千米处有一座总制三边的重要军事据点，辖域地界跨今陕西、甘肃、宁夏三省区，这就是清水营堡。随着军事位置的显著，这里不但是总制三边官员军事议事中心，而且逐渐形成一处繁华的牲畜交易市场。

经过数百年的变迁，如今，雄浑与热闹已经不再，就连因它而得名的村子，都慢慢地远离它。由于距离市区远，光顾这里的多是附近村子里的一些牧羊人。因为堡子里的故事和堡子的遗迹，偶尔也会吸引一些剧组前来拍戏。

寻清水营堡先寻清水营村

寻访清水营堡前，就有专家建议，清水营堡远离市区，前往堡子又没有明确的路标，最好先找到清水营村，因为清水营堡离该村子不到 2 千米。

听完专家的建议，笔者驱车沿着青宁高速公路在灵新煤矿匝道口下高速，驶上一条颠簸的砂石公路，向东继续行驶了大约 10 千米，就被一个 200 余户的村子挡住，此时，给笔者做向导的灵武诗人杨森君也到了。

正当笔者下车时，手机来了一条短信，打开一看，原来已经进入内蒙古自治区的地界。看到笔者有点迟疑，杨森君便指着对面的戈壁介绍，清水营村位于宁夏和内蒙古鄂托克前旗的交界处，是典型的半干旱沙漠地区。由于位置特殊，这里的固定电话在前几年都依赖于内蒙古自治区的通信设备。

清水营村民不愿沾带古堡的“声名”

和笔者此次前行的还有一些摄影师，看到摄影师的“长枪短炮”，我们刚进村子就有村民围了上来，还问我们是哪里的剧组，拍什么电影。原来，近几年，有不少剧组来清水营堡取景，村民以为我们也是。

“我们的村子确实是因清水营堡得名，这些《灵武市志》都有记载，但究竟是多少年了，谁也不知道，但我们的祖辈们已经在这里生活了几百年了。”得知我们是来寻访清水营堡时，村民赵金元说，虽然他们几辈人都在这里生活，也知道村子是因清水营堡而得名，但这里的人几乎都对这座老堡子不领情，甚至有些讨厌。

究其原因，还是祖辈们流传至今的一段往事，原来在清代马化龙起义中曾有无数的屯城兵将死于城内。如今虽已过去几百年，但村里的人还是在修建房屋时，尽量远离清水堡。

破败中仍可见埋藏于此的辉煌与霸气

“我每隔一段时间，都会来这里走上一趟，站在堡子里，听着这里‘马嘶声’，看着堡子里的青砖碎瓦，就像看到了500年前的这里。”杨森君坦言，这个看似荒芜的堡子给了他很多创作灵感。

在清水营村，顺着堡子的方向望去，依然可以通过留存的轮廓看到清水营堡的建制和修建规模。走近清水营堡，环顾清水营周围，映入眼中的是满地瓦片，破败的城墙，在冬日的阳光中，无一不诉说着曾经埋藏于此的辉煌与霸气。

放眼望去，裸露的土筑墙体，保存完好，整个营堡为方形，长有300米左右。四角有方形角台，角台实体凸出城墙墙体，比墙体宽而厚实，角台之上城楼已不复存在，但城楼基础残踪尚存。东城墙有大门，面东而开，城门外套以瓮城，瓮城墙体高大、纵深，其南墙下有门洞面南外开，以古色青砖拱砌，瓮城墙体上尚有城楼建筑痕迹。

曾是总制三边的军事据点

清水营城内已一片废墟，地面遍布砖瓦、瓷片。一起来堡子的一位赵姓村民告诉笔者，在20世纪60年代，清水营堡原城墙内外两侧均砖石，因而显得气势雄伟壮观。后因人为因素，现砖石皆被拆除。

在探访清水营前，史志专家吴忠礼就向笔者讲述了清水营堡的始末。原来，清水营堡是万里长城二百关之一，这万里长城二百关中，有两个清水营堡，都修建于明代。位于陕西省府谷县的清水营堡，和灵武清水营堡一样，都是黄土夯筑，但是府谷县的清水营堡多保存较好，而灵武清水营堡，仅存夯土城墙了。

城堡北侧邻靠明长城，东北依清水河而建得名，是明长城内侧沿线的军事防御设施之一，在长城沿线众多的屯兵城堡中，清水营城是一座较大的屯兵城堡。据《嘉靖宁夏新志》记载：“清水营西逾河至宁夏七十里，南至灵州七十里，东至兴武营六十里，北临沙漠。”到嘉靖十一年（1532 年），总制尚书王琼奏驻灵州参将，增设官员。后又设兵部议事处，总制三边（延绥、甘肃、宁夏）官员在此议事。至此清水营城成为明代总制三边的重要军事据点，辖领烽堠达 14 座，辖域地界跨今陕西、甘肃、宁夏三省区。

商品云集造就商贸重镇

站在古城上，向东北方向看去，有一条几乎干涸的河流，这条河就是清水河。虽然河流已经干涸，但从宽阔的河床、苍老的古树，仍然可以看出，这里曾经也是水流丰沛。

在交通不便的明代，河流也为清水营堡带来一条新的使命，那就是商贸。

明代清水营堡，不但是总制三边官员军事议事中心，而且逐渐形成一处较大的牲畜交易市场。因清水营是明长城中的一所重要城堡，设有南北通道和暗门（一种供出入的拱券小门），堠墩设置齐全，是明时宁夏境内东西来往的必经之处。所以，隆庆五年（1571 年），明朝在清水营开设“马市”。官府和来此商屯的商人及本地居民着意绿化，绿荫交织，商贸来往频繁，不少盐商也持就近纳粮入仓换取的盐引，前来参与交易。清水营也就成为明代中期西北地区最北面十分重要的商贸场所。

清水营堡开设马市后，明政府对茶市、马市的交易控制逐步放松了，允许一定数量的犁、钵、锅等铁器入市交易；开市时间也由原来每月一次改为每月数次或连续开市十多天。万历元年（1573 年）后，还允许民间每月开设一次“月市”，每年开一次“牛羊小市”，清水营更成了宁夏、陕西、甘肃和长城以外蒙古族的商品集散地。朝廷有时也专门拨出银两给宁夏，以购买马匹，其中有许多就是在清水营马市成交的。随着茶、马市向着民族间的自由贸易市场转变，各民族参与交易的人越来越多，贸易规模不断扩大，促进了清水营及灵州地区多种经营的发展。清水营马市一直持续至明末。

盗金钵恶僧滚金钟

保元璋

滚钟口位于银川西，是贺兰山沟口之一。这里风景宜人，气温凉爽，是一个绝好的避暑胜地，因此，历朝历代的达官贵人都要在这里修建避暑山庄。

滚钟口原名叫小西口，现在又叫小口子，后来为啥更名为滚钟口呢？这里面有一个让人捧腹的故事。

明太祖朱元璋坐了天下后，为了巩固江山，加强边境防务，就特派第十六子庆王爷朱栴来宁夏驻守。朱栴来宁夏以后，通过几年的努力平息了边患，百姓们也基本上能安居乐业。

俗话说，动乱思安宁，安宁思欢娱。朱栴到小西口后感到小西口确实是一个避暑休养的好地方，就拨下巨款派人在距小西口不远的地方建了一所庄院，里面亭台楼阁、花草树木、清泉流淌，尽显王府气派。一切建成，朱栴突然想到一切都是父皇洪武帝所赐。而父皇当初只是寺庙里的一个小和尚，后来能够发迹平定天下，开创大明基业实乃是天神佛祖所赐，于是就在小西口又建了一座寺院。寺院建成后，朱栴又念父皇当初化缘用的只是一个缺了半边的瓦钵，又打造了一个紫金钵供奉在寺庙的地宫里，一来纪念父皇那段吃苦受罪的和尚生涯，二来当作镇寺之宝。朱栴从老家凤阳请来了一个叫慧智的高僧，让其主持寺务。

朱栴在地宫里供奉的紫金钵为何称作是镇寺之宝呢？原来这紫金钵也不一般，它口宽八寸，底宽六寸，高五寸，厚六分，尽显皇家气派，说它价值连城也不为过。正因这样，给朱栴看家护院的全是一顶一的武士。那慧智长老的武功修为更不在话下，就连寺里的小和尚也都有几下子。

天下没有不透风的墙，小西口寺院地宫里藏有紫金钵的事越传越远。这一天从外面来了一个和尚，这和尚叫厄渡，是大明朝边境外的瓦剌人，生得高大威猛、体胖腰圆、肥头大耳，挺着弥勒佛的肚子，手持粗大的禅杖，见到了慧智长老后要求挂单常住、诵经修行。慧智长老一生阅人无数，一见厄渡就知他不是真心挂单，就说："大师如果是诵经修行，讲经论道就先住下，挂单的事再说吧！"厄渡听慧智长老让他住下，也就不再提挂单的事了，从此以后，朝钟起床，暮钟诵经，留在了寺里。

话说这个厄渡和尚，原本是瓦剌小昭庙喇嘛，听到小西口寺庙地宫里供奉有镇寺之宝便起了盗心。为了得到慧智长老的信任，每天除了诵经拜佛还上山采药，下山背粮，劈柴生火，打扫寺院，好不勤快。寺院里的人们对他渐渐地少了几分戒备，而厄渡和尚见大伙对他不生分了，也开始在寺院里、佛堂里，这里看看，那里摸摸，寻找地宫。转眼间厄渡和尚在小西口寺庙里待了一年有余，还是没有找到地宫的入口，他有点忍不住了，就想从慧智长老那里打探口风。

一天晚上，他进到慧智长老的禅房，先是谈经论道，后又闲话连篇，慢慢地扯到了朱栴王爷在地宫里供奉紫金钵的事上。慧智长老一听到紫金钵的事立刻警觉起来，说："厄渡呀，镇寺之宝紫金钵那只是个传说，你我佛门之人四大皆空，不该问的别问，不该打听的别打听。心中有佛，佛就是镇寺之宝。回去歇着吧！"厄渡一看慧智长老守口如瓶就回房了。慧智长老待厄渡走后就叫来亲信弟子圆通，让他盯着厄渡的一举一动。

当夜，厄渡翻来覆去不能入睡，想着地宫入口的位置。忽然他有所悟，会不会在弥勒佛祖的莲花座下？于是他等到夜深人静时，悄悄进入正殿，在弥勒佛祖的莲花座下摸来摸去，寻找进入地宫的机关。忽然，他感觉有个地方硌手，便用力一推，就听见脚下有一块石板缓缓移动的声音，心中一喜，用力再一按，脚下出现了一个三尺见方的入口，入口下是用石头砌成的台阶。他听了听四周没啥动静就沿着台阶下去。地宫里一片黑暗，他打着火镰照了照，只见这地宫有两间房大小，周围全是石壁，正中有一高台，高台上铺着米黄锦缎，锦缎上果然摆放着一个熠熠生辉的紫金钵。厄渡顾不上细看，忙从怀中取出个包袱把紫金钵包好挎在背上离开地宫。谁知他刚出地宫，就听见佛殿门外有人大喊："抓盗宝贼，抓盗宝贼呀！"厄渡一听不敢在大殿停留，忙冲出去，谁知一出佛殿，门外寺里的大小和尚、朱栴山庄的护卫武士已经列好阵势，等着捉拿他。

原来，圆通和尚自慧智长老吩咐后，一直暗中盯着厄渡，见他深夜进了佛殿就暗中跟上，待他一进地宫，立即叫人通知寺中大众和庄园的武士，要把厄渡人赃并获。此时的厄渡一看没了退路，只好凭着武功蛮力以死相拼，夺路逃跑。慧智长老此时正站在圈外高声喊道："圆通，你带圆明、圆亮、圆刚、圆强四人赶快下山沟口，其余众人紧紧围住厄渡，不要让他逃脱。"转而又对厄渡说道："厄渡，厄渡，你乃佛门弟子，本应心无杂念，四大皆空，谁知你心不存善盗我寺中之宝，我劝你留下宝物洗心革面，一心修行，如若不然，本寺将你抓获交于十六王爷，到那时你就身首异处，成为孤魂野鬼！"厄渡回话说："我从异地而来，历经一年有余，目的就在于你这镇寺之宝紫金钵，今已到手岂有交还之理。你今天放我走倒还罢了，如若不放定与尔等拼个你死我活。"慧智长老叹了口气说："看来你这孽障今日必有一劫。"然后朗声说道："我寺众僧、王府将士，紫金钵除了是我寺镇寺之宝，也是当今洪武帝的象征，绝不能让这孽障将宝物盗走，必要时可开杀戒！"众人听长老说完人人杀心陡生，个个挥刀舞棍向厄渡扑来。厄渡虽武功高强，但因夜间出门时没带禅杖，只能赤手空拳迎战，无奈两手难敌四拳，左冲右突还是冲不出去，不由大喊一声独向一名武士扑去。武士一看厄渡拼命，往后紧躲，闪出一个缺口，厄渡乘机冲出圈子。众人随后紧紧追杀，厄渡慌不择道就向钟楼奔去。上了钟楼一看大钟突然有了主意。

他用力把大钟摘下来想把自己罩在里面，等众人寻他不见转到别处时他再出来寻机下山。谁知他刚把钟摘下来还在用力挺举时脚下一松，连人带钟一起滚下钟楼。那钟顶被石墙一挡便立了起来，将厄渡扣在了钟里。那边众人听到了响动一齐赶来，寻厄渡不见，知道是被扣在了钟里。慧智长老隔钟说道："厄渡，你现在交出寺宝，还为时不晚。"怎奈厄渡从钟楼上滚下来连碰带撞扣在钟里已不能语。长老命弟子敲钟，连敲数下还不见回应，就又命众弟子掀开大钟。谁知把大钟掀开一看，厄渡已是七窍流血，浑身肿紫，气断命绝了。

当日，厄渡被埋在后山。慧智长老带众弟子将紫金钵重新供奉在地宫中并封死入口。为警示后人，慧智长老将小西口改为滚钟口。

银川历史地名来源考察

林万青

银川作为宁夏省城被正式定名设市成为银川市，是在1944年4月。

银川市的设立，是1944年4月由当时的宁夏省政府决定，呈报国民政府批准，经过三年的筹备，于1947年4月正式批准设立的。

银川市是一座历史悠久的塞上古城，建城历史可以追溯到两千多年前的西汉成帝阳朔年间（公元前24年前后）的北典农城，是发展中的区域中心城市，在民间传说中又称凤凰城。那么，银川作为地名是怎么来的？简述如下：

在历史长河中，距今三万年前旧石器时代的灵武横城水洞沟遗址和银川西北郊的镇北堡、贺兰暖泉等处的新石器文化遗址是银川地区最早的居民点。夏、商、周、春秋、战国时期，这里是熏育（荤粥）北羌、匈奴等民族的游牧地区，秦始皇统一中国后，秦将蒙恬北逐匈奴，收复包括今宁夏在内的大片土地，把吴忠平原及其周边“肥饶之地七百里”命名为“新秦中”（以与“秦中”即陕西关中相区别），同时沿河（黄河）筑44县城，富平县即其中之一。银川地区为北地郡富平县（秦始皇三十三年，即公元前214年设立，县治所在今吴忠市西南金积附近）所属地区。汉承秦制，此地仍为北地郡，汉初中原多战事，无暇顾及北部边地，匈奴部族于是“入北地居河南”。今银川为匈奴所居。汉武帝元朔二年（前127年），汉朝名将卫青大败匈奴，攻占久为匈奴盘踞的河南地（今宁夏、内蒙古、陕西北部的黄河河套地区），修筑朔方城（今内蒙古自治区杭锦旗西北）设置朔方郡，管辖包含今银川地区在内的河套地区，汉武帝元封五年（前106年）设朔方刺史部，宁夏境内复为北地郡，所以宁夏银川地区是汉朔方郡（朔方刺史部、北地郡）的属地。

西汉成帝阳朔年间（前24年前后），北地郡主持屯田植谷的上河典农都尉冯参，在今银川东郊建起一座管理屯田事业的北典农城，汉族人俗称吕城，附近的黄河渡口叫吕渡，而北羌、匈奴、鲜卑等民族则称此城为饮汗城，这是银川建城的最早记载。两汉及以后相当长时期，银川地区属北地郡廉县（汉武帝元狩四年，即公元前119年前后设，存在300多年，治所“城”在今贺兰县与平罗县交界处的暖泉一带）所辖地区。后为匈奴、羌、鲜卑游牧区。南北朝五胡十六国时大夏国（407—431年）国王赫连勃勃在这里建成“丽子园”、海宝塔（又称黑宝塔、赫宝塔、赫连塔，今银川北塔），为游乐和屯兵及从事礼佛宗教活动的要地。北魏太延二年（436年）设薄骨律镇（今灵武、吴忠），今银川为薄骨律镇所辖，后北魏于公元526年在原饮汗城置怀远县，属灵州。北周（574年）置怀远县、怀远郡。这是银川城设立郡县的最早记载。

唐高宗仪凤二年（677年）怀远县遭黄河水淹，城废。第二年（678年）“在故城西更筑新城”（今银川市兴庆区）。唐宋时为灵州（今灵武、吴忠）怀远镇。唐朝在灵州（今灵武、吴忠）有朔方军，开元九年（721年）朔方行军大总管改为朔方节度使，仍驻节灵州，河西银川为其属地无疑。

北宋真宗天禧四年（1020年），党项族首领李德明将其都城由灵州（今灵武市、吴忠区）迁至怀远镇（今银川市兴庆区），大起宫室，修建都城，更名为兴州，后李德明之子李元昊升兴州为兴庆府。宋宝元元年（1038年），李元昊在兴庆府筑坛受册，即皇帝位，建大夏国（自称“大白高国”，史称西夏），兴庆府（银川）为其首府，元朝灭亡西夏后，设置中兴路，后于至元二十五年（1288年）改为宁夏府路。这是宁夏（西夏故地安宁之意）这一地名的最早来源和正式使用之始。

明朝设宁夏卫，系北方九边重镇之一，清朝为宁夏府城、宁夏县治所。民国初年改府为道，以“宁夏道”与首县——“宁夏县”名相同，且古为朔方，遂改为朔方道。民国二年（1913年），朔方道再改回宁夏道，银川仍为宁夏道的治所首府。民国十七年（1928年）成立宁夏省，仍为宁夏省会，时称宁夏省城。同时的宁夏县、宁朔县，在民国后期其治所官署也同在宁夏省城，即今银川市区内。到1944年4月，宁夏省城筹备设市时，始定名为银川市，沿用至今。

由此看来，迟至民国三十三年（1944年）止，将银川作为正式的地名、城名称呼宁夏省城为“银川”是没有官方文献、历史文献明确记载的。那么，银川这个地名在1944年4月筹建宁夏省城设建制市时为什么又被采用为省城首府市的地名？对此疑问，笔者认为有几个方面的原因值得探讨。

从自然地理特征看：一是银川这个地方自秦汉以来就是河套灌区，从古到今素有“塞北（上）江南”之美誉，沿黄河两岸，渠道纵横，水田众多，一片江南水乡风光，再加上湖泊遍布，湿地连片，黄河以西、贺兰山以东的平川地区，号称“七十二连湖”，今有“湖在城中，城在湖中”之说，湖泊、湿地、水田，再加上黄河，在日月光辉映照之下，远山近水之间，白色银光映辉，延绵平川大地，古人因此美景写照，将此地称之为银川，很是贴切！

二是银川平原东靠黄河，西靠贺兰山，洪水漫流，若排水不畅，形成的湖泊、湿地在干旱气候条件下，风沙狂吹，水汽蒸发，湖泊、湿地很快挥发留下大片的盐碱滩地，导致银川地区土质碱性重、盐碱地众多，致使平川大地多呈白色。银者，白色。平原也叫平川，由此地貌特征而称之为银川也就可以理解、不足为奇且顺理成章。

其实，水乡泽国风光与盐碱滩地众多、风沙大、蒸发快、干旱都是银川河套川区（贺兰山以东、黄河以西）的自然地理特征。当大地呈现为水乡泽国风光时，平川大地为银白色，而当洪水漫流消失，干旱降临，风吹日晒，湖泊、湿地干涸时又变成大片的盐碱滩地，也呈现为银白色。到了冬季，在大雪覆盖下，湖泊湿地结冰封冻，到处银装素裹，待无雪时，大地又露出大片大片盐碱地，而湖泊、湿地结冰依旧，到处仍是一片白茫茫。在贺兰山东、黄河以西的农村原住民中，流传着对此地景色的生动谚语：“夏天水汪汪，冬天白茫茫。”毛泽东在1935年10月到1936年2月率领红军长征从六盘山到陕北路过宁夏大地时，在那首著名的《沁园春·雪》中曾写道：“北国风光，千里冰封，万里雪飘。望长城内外，惟余莽莽；大河上下，顿时滔滔。山舞银蛇，原驰蜡象，欲与天公试比高……”就是对此自然现象最生动形象的描述。

总之，在宁夏河套地区，一年四季，白天、晚上，银白色是大地的主色调，因此，人们将此地称之为银川是有充足理由的。

从历史地理的角度来看，有“银川地名东来”说。持此说法的人认为，今天的银川与隋唐西夏之银州本为同源。银州，故城在今陕西米脂县西北，本为十六国时苻氏所建前秦之骢马城。骢马是一种毛色青白相间的名贵骏马，因苻坚是氐族首领，而氐族语又呼骢马为“乞银”，故而放牧“乞银”的地方就叫“乞银”川谷。唐天宝初年改为银川郡，这是银川之名出现之始。唐乾元时复为银州，五代时为西夏所有，宋朝与西夏对峙时在今陕西米脂县曾有银川寨、银川城的地名出现过。随着西夏国统治中心及党项民族的西迁，银川地名也就由其从陕北带到了宁夏河套地区，即今天的银川地区。

银州、银川郡都是西夏国的发祥地，也是西夏皇帝的出生地，银州还是李继迁初建西夏政权的所在地，西夏国也自称为“大白高国”。银者，白色也，这也从一个方面证明了银川地名是西夏党项民族从其发祥地陕北带到宁夏，又因为恰好河套宁夏川东靠黄河西靠贺兰山的这一地区自然风貌、地理特征又与银川这一名词大相吻合，人们自然也就把从故地带来的银川之名用来称呼这块新占土地（宁夏河套平原贺兰山以东大片地区）。所以，银川地名是由西夏国先民从其发祥地陕北带到宁夏河套地区这一说法也是可以成立的。

但是，如前所述，以上几种说法观点从文字史料考证的意义上来论证是没有历史文献、官方权威史料来予以确认的。那么，有文字记录的银川这一地名专指宁夏行省（元）、宁夏卫（明）、宁夏府县（清）。宁夏道、省、县（民国）是从什么时候开始的?

从现有文字记录来看，历史上，在明朝以前，查不到有对这一地区被称为银川的文字记载，只是到明朝后期、坐镇指挥西北四大军镇（固原、延绥、甘州、宁夏）开府固原的陕西三边总督刘敏宽在由固原赴花马池（今盐池县）执行秋防阅边任务时，在长城关（明朝花马池城东门外长城关门）上西眺贺兰山下宁夏镇防区时即兴作诗一首，其中两句讲到“须凭驼岭临河套，遥带银川挹贺兰”，诗句写道了河套，首次将银川与贺兰（山）连带“挹”（牵引、拉）在一起，所描写的长城（驼岭）、河套（黄河）就如同两条带子，不仅遥带着“银川”，而且还“挹”着“贺兰”。由此诗句可证，诗中的“银川”应该是指宁夏贺兰山以东及南，盐池（花马池）长城以西及北的河套平原，或宁夏镇城。这里的“银川”也就兼具地区（宁夏河套平原）、城市（宁夏镇城）双重地名意义的代名词而无疑了。但这也说明，从现有史料看，直至明朝后期，仍然没有以“银川”来确指宁夏镇城，当时的宁夏镇城也没有叫作银川城，银川一词还是一个民间士绅、官员、诗人口耳相传，诗文唱和中对这一地区的指代名称。

清朝取代明朝以后，“银川”一词渐渐在宁夏大地上广为使用，从整个宁夏河套地区（贺兰山东，盐池西北、石嘴山以南、中卫东北）收缩至河西地区（黄河以西、贺兰山以东）而后又具体到宁夏府城这一地点上。

在历史文献中，首次以“银川”代称宁夏河西地区的是见于康熙四十七年（1708 年）宁夏水利同知王全臣的《重修汉渠暗洞落成》的诗中提到“唐徕西绕兰山麓，汉延绵亘唐之东”“……曾闻河源来自天，一曲伏流路几千，或是天公聊小试，暂移鳅穴到银川。”在王全臣之后，较早使用“银川”来指宁夏河西地区的是通智，他是清朝兵部侍郎，雍正四年（1726 年）奉旨到宁夏主持修凿惠农、昌润二渠。雍正七年（1729 年）渠成，他亲自撰写了《惠农渠碑记》，碑文一开头就写道：“黄河发源于昆仑，历积石、经银川、由石嘴而北……”

到乾隆十八年（1753 年），宁夏知府赵本植在府城（今银川市）光华门兴办了一所书院就命名为“银川书院”［清朝同治十年（1871 年）新任宁夏知府李藻将书院移修于文庙西侧（即今银川十五中，原银川二中旧址）］，这是“银川”一词作为地名特指宁夏府城的最早文献记载。

在乾隆二十一年（1756 年），宁夏知府赵本植的家庭塾师汪绎辰将自己撰修的清代第一部宁夏府方志命名为《银川小志》。“银川”一词的指代范围趋于具体、明确，已初具地名意义，并逐渐成为宁夏府城的代称。

乾隆三十三年（1768 年）时任宁夏知府的顾光旭在《银川书院诗》中写道：“天临狄塞河声落，城绕虚堂树色侵，为对银川思锡麓，欲从西夏续东林。”这说明“银川”一词作为宁夏府城的代称是为官方（知府）所继续认可的。又如乾隆年间的宁夏举人王宋云诗云：“银川自昔以武竞，开国以来称绝盛，豹韬虎符各起家，烟阁云台多著姓。”由此诗可见，“银川”已确实成为宁夏府城的另一名称了。

乾隆二十四年（1759 年），宁夏中卫县《龙神庙碑记》亦记曰：“中邑夹河而治，决引灌溉，据银川之上游。”这就明确将银川作为一个地名而称谓。

在乾隆二十五年修成的《中卫县志》里的“边防考”中，更是明确指称：“中卫实银川门户。”由此可以明确肯定地讲，此时“银川”一词已与中卫一词一样，成为地名而专指宁夏府城。同时期中卫武庠生员周守域所作的《胜金关怀古》中写道：“云茫茫，峰兀兀，雄关崛起嵂崒，北有沙漠之纵横，南有长河之滂浡，银川到此启管键，禁山带水不可越。”又如平罗县大武口贺兰山东麓寿福寺（俗称北武当山寺）在晚清的《武当山建立狮子碑记》中，就有“宁郡之北路，平邑西北乾方武当山者，乃山林古刹，西夏名蓝，映兰皋之来龙，结银川之胜果”。还有同时期孙良贵的咏中卫八景诗《官桥新水》中写道：“鸣沙启宇逼西戎，浩浩车书万里同。水近银川堪鼓楫，桥如京洛好乘骢。”这些诗文中的银川，也是以地名而指宁夏府城的。

到了民国年间，宁夏府城中更有书店“银川书院”以及叫作“银川大舞台”的戏院存在着，民间提到银川一词，也明确知道是指宁夏道、宁夏省、宁夏县城的所在地名。

由此看来，银川被当作地名使用专指宁夏省城，在明朝以后，民国三十三年（1944 年）前，虽无官方、史书、正式文献明确记载，但在当地士绅、官员、诗人的诗文记述中，是早已将银川作为宁夏省城的代称。

所以，到 1944 年，当时宁夏省城筹备设建制市定名时，“银川”就从可以称呼命名宁夏省城这座城市的诸多地名名称，如朔方、兴庆、兴州、中兴、怀远等名称中胜出，并最终上报当时的中华民国中央政府获批，于 1947 年 4 月正式命名设立银川市。至此，银川作为宁夏省城地名就正式确立，沿用至今，这就是银川作为地名的来历以及与银川书院的渊源关系。唯一存在疑问的是在 1944 年，是谁以什么理由让当时的宁夏省政府作出决定从众多可以命名宁夏省城的地名称呼中唯独挑出“银川”这个名称来命名上报获批，成为宁夏省城建制市市名的，这有待考证。

宁夏桥

张碧迁

在中国古代建筑中，桥梁是一个重要的组成部分。几千年来，勤劳智慧的中国人修建了数以万计奇巧壮丽的桥梁，这些桥梁横跨在山水之间，便利了交通，装点了河山，成为中国古代文明的标志之一。银川的古桥虽不及赵州桥、河阳桥、西安灞桥有名，但同样有着历史的见证。在银川，小到木拱桥，大到石梁桥，还有三边形桥、五边形桥、七边形桥，以及半圆形、马蹄形、椭圆形石拱桥和先进拱圈结构的准悬链线拱桥，都随处可见。在古渠纵横、湖泊遍布的塞上江南，它们已经融入了现代人的城市生活。

沧桑巨变望远桥

在银川通往永宁县的109国道上有一座跨唐徕渠支渠大新渠的老桥，这座历经风雨沧桑的老桥见证了宁夏的百年历史，它的名字叫——望远桥。

原全国政协委员、宁夏回族自治区政协主席项宗西在他的《水调歌头·送友之沪》中写道："酒应今日醉，月是故乡明。送君望远桥畔，云淡晓星沉。此去浦江激浪，洗却烟尘塞北，风雨任平生。海阔碧空净，万里壮行程。长河落，渔帆起，雁南征。无边秋色，应是浩志胜离情。更遣生花妙笔，写尽风云百载，银汉自天倾。北国知音在，何时会群英?"望远桥位于银川南门外，是过去银川人出南门，送故人亲友离开辞别的所经之处，项主席"送友之沪"词中，"送君望远桥畔，云淡晓星沉……"当有此意。

出入要道变现代化桥梁

银川解放前，望远桥曾是出入银川的南大门和唯一要道，距省城银川7千米的望远桥，成了防务重地。为了强化对宁夏的统治，守好省城银川的南大门，民国宁夏省主席马鸿逵派驻一个营的兵力把守望远桥，还命令保甲国民兵轮流站岗，盘查过往行人，防止共产党人通过。为此，当地老百姓编了广为流传的顺口溜：“国民兵半吊子，长枪不拿拿矛子，大路不走站桥子，来得迟了挨条子。”

1949 年 9 月，银川即将解放，马鸿逵逃到台湾。马鸿宾、马全良、卢忠良等民国宁夏省政府主要军政人员来到望远桥，亲自迎接由杨得志、李志宁、曾思玉等率领的中国人民解放军进驻省城银川，实现了银川的和平解放。马鸿宾在望远桥举行了简短的欢迎仪式，并与杨得志等合影留念，成就了一段历史佳话。

20 世纪 90 年代，望远桥 109 国道两旁，饭馆、餐厅林立，每到饭口，路过的司机和行人便在此歇息就餐。具有经商意识的望远桥人，利用马路经济，掘到了市场经济的第一桶金。

今日，解放前的那个窄小木桥已改变风貌，如今成为八车道的现代化桥梁。曾经是望远人住地或者农地的桥四周，如今桥东建有美丽的居住区，桥西是望远现代金属物流园。望远桥的南北东西现已建设成了大型望远工业园区，园区内纵横整齐的 8 车道，形成了一张便捷的交通网络。已经建成并投入生产的大小工厂有数十家。过去的兵家小镇如今却成了永宁县的经济重镇，完成了华丽的转身，有力地推动着永宁县乃至银川市的发展。

宁夏八景之一的观桥柳色

关于大观桥的得名，在《宣德宁夏志》中有一些记载。大观桥最初称之为官桥，在中国古代，官桥承担着重要的任务，它是当地官府迎送朝使、官员的地方。当时的大官桥地理位置尤为重要，是宁夏城（今银川市兴庆区）往南而去的交通要道第一站。明太祖朱元璋的第十六子朱栴在 1391 年 4 月 13 日被册封为庆王，封地宁夏。因当时宁夏粮饷不足，便借住在位于今宁夏同心县韦州镇的韦州城。1401 年，朱栴奉命迁王府于今银川市。那是一个初夏的上午，朱栴跨过这座桥走进了现在的银川城。当时，桥南桥北，可谓绿柳成荫，麦穗正在拔节，一渠清波缓缓流淌。眼前的景色顿时使他诗兴大发，写下了那首著名的《官桥柳色》：“桥北桥南千百树，绿烟金穗映清流。青闺娟眼窥人过，翠染柔丝带雨稠。没幸章台成别恨，有情灞岸管离愁。塞垣多少思归客，留着长条赠远游。”

后来，“官桥柳色”成了朱栴删修的宁夏八景之一。官桥之景成了朱栴、后来的巡边大臣以及骚人墨客们笔下的宠儿。尤其是明代诗人王逊笔下的官桥之柳，“色可黄金比，丝非绿茧缫”，更是让人读到那桥边柳色与柳丝的韵味。

百年后的今天，官桥的作用并没有减弱，它的身份从古时的官桥变为109国道上的一座大桥，柳絮飘飞的季节，成行绿柳使这里依然有着《官桥柳色》中迷人的美景。

闻名遐迩的大观桥桃子

过去，每年夏天银川人的果盘里都不会少了大观桥的桃子。在银川人的眼里，它不仅是一种水果，更是一种夏天的期盼，一种家乡果品的象征。

大观桥，位于永宁县杨和堡以北的汉延渠上，在桥边生活了几十年的农民贾正军看来，这座记载着厚重历史的桥已经被修复过多次，最近的一次修复是2011年。修复一新的大观桥，默默承受着109国道上穿行的车流与人流。然而，问及这座桥的始建年代，桥附近的农民们没人能说得清楚。深具沧桑感的大观桥，就这样也披上了一件神秘外衣……

和文人墨客眼中的官桥不同，当地老百姓眼中的官桥之物并不是柳色，而是桥周围的那一株株桃树结的桃子。桃花盛开的季节，桃农和城里的市民们就开始了一场对桃子的期待。吃大观桥的桃子，已经成了不少银川人每年夏天的期盼。如今，大观桥的桃子，和南梁农场的枸杞、张亮的香瓜、金山的西瓜等一起构成了银川土特产宝库。

大观桥种桃的历史最迟可以追溯到明朝，不难想象，入住银川城的庆王朱㮵，享受到来自大观桥附近的桃子时，开始了一场怎样美妙的味觉之旅；不难想象，当地及周围的民众吃这些桃子时，该是一种怎样的满足。如今，大观桥的桃子产区主要分布在汉延渠流经的永宁县杨和镇的观桥村、胜利乡许旺村和望远镇东位村等地。在永宁县胜利乡许旺村，村民们讲述起大观桥的桃子时，既有民间传说，也有真实历史记载，不少上年纪的人认为大观桥的桃子最值得记忆的，是20世纪50年代。那个年代，每到8月，白里透着粉红色的大观桥桃挂上枝头，村民们就忙着采摘新鲜的大观桥桃拉到银川去卖，颇受银川人欢迎。

2006年，可谓是大观桥桃发展最鼎盛的时期，这一年，永宁举办了首届大观桥桃评优会（俗称“观桥桃会”）。2007年，大观桥桃的商标注册了下来，这使大观桥的桃子有了一张新的市场通行证。

“生病”的观桥桃

然而，一场灾难让大观桥桃的快速发展遭遇到刹车之痛！

大观桥桃树的需寒量在500小时至1000小时，2007年底至2008年初，受低温天气、大雪等因素的影响让大观桥的桃树所承受的需寒量远远超过了1500小时。6000亩地的桃树全部遭受天灾，桃农们蒙受了巨大的损失，他们得将这些病树挖掉，重新栽植，桃树的生长周期至少要3年的时间。这也让不少桃农放弃了栽植桃树，转而做起了设施园艺。

近两年，随着征地拆迁和土地流转，大观桥桃树的种植亩数更是一路下降，仅在福银高速胜利村段的东侧还有一些农户在种植。

黄河岸畔追寻掌政桥

每逢节假日，位于银川市区东南10千米处，被誉为“宁夏生态湿地旅游产业第一镇”的掌政镇都会迎来各地的游客。当外地游人慕名而来询问掌政镇怎么走时，总会有好客的村民告诉游人：“过了前面不远处的掌政桥就到了。”殊不知，游客们到了掌政镇也没有看见掌政桥。

古桥边的抗日故事

初秋的桥边，几位满头银发的老者在树荫下悠闲地谈论着往事，他们显得很健谈。眼前的桥跨汉延渠而建，几经修建，旧貌换新颜，早已不是昔日的木桥，却丝毫不会影响他们对这座已经更名的桥的深厚感情，它依然是他们心中的掌政桥。

在83岁高龄的陈宝贵记忆中，掌政桥最近一次修建是2010年，修建后便更名为汉延渠桥，但生活在这里的居民仍然习惯称它为掌政桥。据老人们介绍，相传掌政桥建于清光绪年间，由于掌政桥只是一座小桥，史料上没有留下这座桥的过多记忆。在陈宝贵的记忆中，他小时候的掌政桥是一座摇摇晃晃的木桥，走在上面，就像荡秋千一样，桥边自然就成了他们孩提时的乐园。

让陈宝贵记忆最深刻的是抗日战争时期发生在掌政桥边的一次枪战。那时的陈宝贵还只是个孩子，只是觉得害怕，等长大后才知道了枪战的缘由。

1937 年，中共中央决定成立中共宁夏工委，抽调中央党校少数民族工作干部班班主任李仰南为中共宁夏工委书记，发展抗日民族统一战线力量，逼迫马鸿逵抗日。李仰南当时经定边到达宁夏省城，以小商人的身份先在省城东郊掌政桥边一个开小商店的山西同乡家中落脚，开始为发动宁夏广大人民群众积极抗日进行地下宣传。

1938 年秋季起，国民党不断制造反共摩擦，李仰南等人被曾经混入三边的马鸿逵部特务马子成发现，在一次搜查中，双方在掌政桥发生了激烈的交火，当天晚上警察挨家挨户搜寻中共宁夏地下党员，后来听警察局当差的说，那晚的枪战死了好几个国民党士兵，为了寻找中共宁夏地下党员，国民党曾多次出动军警搜查掌政桥附近的民居，但都一无所获，彼时，李仰南等同志已成功撤离掌政桥。

马鸿逵的草料场

这样的故事还有很多。朱文华老人告诉笔者，掌政桥附近还曾是马鸿逵统治宁夏时的重要草料场。他的讲述也让老桥有了经久的生命力……

朱文华回忆，民国时期，他在军粮总局筹办科粮秣股工作，中校科长姓郑，那时的筹办科分为：粮秣股、炭场、河运股和草场。他当时所在的粮秣股是主管仓库、存储粮食的，少校股长叫崔膺甲。

朱文华在军粮总局筹办科粮秣股工作时，马鸿逵为宁夏省政府主席，多年来一直经营部队的马鸿逵深知粮食的重要性，十分重视粮、炭、草工作。因此从其他县城征收的粮草除给当地驻军留一些外，剩余根据马鸿逵指示，都会被集中在省城军粮总局保管。由于草料场占地面积大，且易发生火灾等原因，选择一个合适的草料场也至关重要，经过多次选择，马鸿逵最终将草场设在掌政桥附近。建成的草料场面积特别大，草料场里储存着大量的饲草，以供骑兵团、辎重兵团和各军事机关的马匹食用，负责看管草场的上尉主任叫王觅，是浙江温州人。

朱文华还清楚地记得，当时运输粮草的主要交通工具就是船舶，河运股作为军粮总局筹办科一个专管黄河运输的重要部门，由一个叫何文举的少尉主管。从中卫向省城运军粮、军料、军草多数由他们押运。解放后，草场被国家征收，朱文华本人因工作调动，离开了掌政桥畔的草料场。

穿过古桥的黄河小镇

因为有古桥萦绕身边，城市才更有底气，文化的传承也更流畅清晰。

穿过古桥，就是亮丽的掌政镇。“进城穿林、出城见林、城在林中、楼在绿中、人在景中”是掌政镇的真实写照。作为自治区、银川市重点建设的沿黄特色小城镇之一，掌政镇以优美的姿态完成了现代化小城镇的“华丽转型”。

如果只能选取一个画面、一行诗句来描述今天的掌政镇，那无疑是“塞上江南黄河小镇”，很难想象没有桥的黄河小镇会是什么模样。古桥边的人文历史、建筑、居民等是我们溯源而上、探寻文化根脉的通道，它也是这座小镇独特的文化符号。

无论是眼前的繁华，还是过去的沧桑，这座已更名的古桥见证着小镇的一切。从岁月的风尘里走来，古桥就这样浸透着乡民的眷恋、弥漫着老时光的况味，吸引着人们的目光。

宁夏境内的黄河大桥

随着银川滨河黄河大桥大型临时结构全部拆除完成，提前具备大桥通车运行条件。至此，在宁夏境内，在建或者已经退役的黄河大桥已经有 17 座。从第一座黄河铁桥，再到银川在建的三座黄河大桥，除了建筑特色、修建年代的差异外，它们还有着一个共同的特点，那就是拉动经济、连接外界。我们一起来探访宁夏境内的这些黄河大桥。

青铜峡黄河铁桥——宁夏境内第一座黄河桥梁

竣工于 1959 年 7 月的宁夏境内第一座黄河桥梁——青铜峡黄河铁桥，近年来桥墩沉陷下移，桥面出现不同程度的裂缝，钢架结构腐蚀严重，已不适合车辆通行。尽管如此，每年来这里和它合影的游客不下几万人。来这里的人，不仅因为它是一座年代久远的铁桥，更因为它是一个时代的记忆符号。

半个世纪以前，宁夏人想要渡黄河，要靠羊皮筏子。因此，在宁夏境内，大大小小的渡口有十余个。之后，随着黄河大桥的出现，这些渡口和筏子渐渐地消失在人们的视野中。

显然，即使有再多的羊皮筏子，也解决不了工程运输问题。1958 年 8 月，兰州铁路局桥梁队季连根队长、张荣堂工程师带领70多名技工来到青铜峡，他们这次的任务就是修建宁夏境内的第一座黄河大桥。

参与大桥建设的原青铜峡工程局职工李子华回忆，大桥于1958年11月动工修建，当时条件异常艰苦，可以说是要啥没啥。别说机械工具，就连重150吨、跨度为48米的大型钢梁，都是靠着木墩来支撑。安装铁桥钢梁需要3.5万个铆钉，需要上千个铆焊工具，而桥梁队当时只有不足50个。就是在这样的状况下，建设者硬是凭着冲天干劲用7个多月时间把桥架了起来并顺利竣工。

在李子华老人看来，尽管这座大桥已经弃用，但它与这座城已融为一体。

叶盛黄河公路大桥——宁夏第一座黄河公路桥

2016年4月，灵武市和青铜峡市境内的新叶盛黄河公路大桥建设正酣。2017年建成后，新叶盛黄河公路大桥将成为宁夏首座波形钢腹板预应砼连续箱梁桥、首座变截面双主筋大直径深桩基大桥、首座体外预应力连续梁桥，同时也是西北地区最大的一座波形钢腹板桥。在这座桥的上游1.1千米处，还有一座叶盛黄河公路大桥，只是大家现在在它前面加了一个“老”字。

老叶盛黄河公路大桥建于20世纪70年代，是宁夏第一座黄河公路桥，也是黄河宁夏境内唯一一座双曲拱桥。当年，它的建成改变了宁夏几千年来南北交通被黄河阻隔、有渡无桥的历史。近年来，随着交通流量快速增长，尤其是重型车辆猛增，已服役40多年的老叶盛黄河公路大桥存在桥面损坏、栏杆外倾、主拱拱座混凝土竖向开裂等问题，经过维修后该桥也仅限小车通行。

1969年9月，老叶盛黄河公路大桥开工建设。仅用了14个月的时间，1970年12月26日，大桥即告竣工。老叶盛黄河公路大桥的诞生，也标志着宁夏可以依靠自己的力量建成黄河大桥。

“在银川、太原、西安的市场上，有一种高品质的大米，来自叶盛。叶盛的大米在明清时期就已经很有名气，但由于交通限制，这里的大米很难走出去，有了这座公路大桥，这里的大米一车车输送到了国外。”靠叶盛大米发家的杨辉告诉笔者，老叶盛黄河公路大桥的建成，打通了宁夏的南北通道。银川通往太原的国道307、连通北京和拉萨的国道109、北京通往西安的101国道和通往固原的101省道，都在这里交会，叶盛的大米，也沿着这条线，被输送到全国各地的餐桌上。

2007年，交通部科研所对老叶盛黄河公路大桥做过鉴定，得出的结论是："质量很好，维修后可以使用。"也有人认为桥面太窄，主张拆掉它，重建一座新桥。

但更多人对这座桥充满了感情，毕竟，这是宁夏第一座黄河公路大桥，它见证了黄河宁夏段上桥梁从无到有的历史，为宁夏日后实现黄河深水造桥提供了宝贵的经验。那么，如何解决老叶盛黄河公路大桥运输力不够的问题，基于此，新的叶盛黄河公路大桥应运开建。

吴忠黄河公路特大桥——宁夏境内公路大桥中最长桥梁

吴忠人去首府银川只需要半个小时，不少在吴忠上班的银川人，大都会在下班后回到市区居住。为市民带来这种便利，吴忠黄河公路特大桥功不可没。

吴忠黄河公路特大桥总工程师金世勇介绍，吴忠黄河公路特大桥是黄河金岸建设的标志性工程。桥长1819.36米，刷新了宁夏境内黄河公路大桥长度的纪录；桥路面宽21米，设计双向4车道，并在两侧分设3米多宽的非机动车道，在11座黄河大桥中桥面最宽。大桥于2008年10月15日开工，历经两年多的建设，目前已具备通车试运行条件。因该桥是汶川大地震之后宁夏开工建设的第一座桥，鉴于宁夏也处在地震带上，建设方采用深孔桩技术，将桩基的最大深度由五六十米加大到80米，并设计抗震支座，使桥梁可抗8级地震。

吴忠黄河公路特大桥是宁夏已建成的黄河公路大桥中桥梁最长，单孔跨径最大的公路桥。在金世勇看来，要保证单孔跨径，就要保证混凝土的质量，这座大桥主梁连续箱梁采用C55高性能混凝土，这是在宁夏地区第一次采用如此高性能的混凝土。他清楚地记得，试验室主任邵伟当时一天做了30多组90多块抗压强度试验。

同年启动同年完工的三座黄河大桥

"听说滨河黄河大桥要开通了，我也准备买一辆车，这样我上下班每天至少会节省两个小时。"家住北京东路在水一方小区的王艺成在宁东基地的一家企业上班，和很多同事一样，为了坐通勤车，他每天6点就得出门。滨河黄河大桥开通之后，开车用不了半个小时，他就可以到宁东。

沿着银川城区的北京路一直东行，在北京东路与友爱街交叉口东 300 米处，就是滨河黄河大桥。4 月 28 日，它将正式通车，这也让生活在银川、上班在滨河新区、宁东基地的市民充满了期望。

滨河黄河大桥主桥为三塔四跨钢混叠合自锚式悬索桥，264 组吊索是大桥主缆系统的连接构件，通过对吊索进行张拉，将桥梁荷载由临时支架转移到主缆与主梁自身。如果站在远处的北京路上，这座大桥更像是一座美丽的天堑。这座大桥开通后，在给市民带来方便的同时，将连通银川市区、滨河新区、宁东基地、内蒙古上海庙工业园区，形成产业聚集优势。

滨河黄河大桥开工于 2013 年年底，和它一起开工的兵沟黄河大桥、永宁黄河大桥也将于年底完工。

“兵沟黄河大桥不但将三个‘能源金三角’紧密连接起来，为宁东、鄂尔多斯与榆林地区打通一条快速通道，而且还是连接银川主城区和宁东基地以及滨河新区的一项重要工程。”市交通局一位负责人告诉笔者，该工程完工后，市民要去宁东或内蒙古，少走 100 千米的路。作为银川市的南大门，永宁在银川市的发展过程中，起着举足轻重的作用。而永宁黄河公路大桥设计于永宁和灵武之间，该项目的建设不但属于银川市综合交通规划中的银川市第二条绕城通道的一部分，而且让跨越黄河又多了一条通道。

如今这三座大桥也到了收官的时间。届时，宁夏境内的黄河公路大桥将达 17 座，平均约 20 千米就有一座大桥，成为黄河、长江流经省区架桥密度最大的省区。

建行宫跪伏拜寺口

保元璋

在贺兰山中段贺兰县金山乡境内有一山口叫拜寺口，拜寺口外耸立着两座造型奇特、美观的佛塔，人称拜寺口双塔。拜寺口沟内，沟谷宽阔，清泉细流，路随峰转，树随山出。松杉柏杨，青翠苍郁，画眉珍鸡，叽叽鸣翠。轻风阵阵似龙吟，细雨蒙蒙润岩壁，真乃是避暑休闲之妙境，修仙得道之胜地。沟内原建有佛寺殿堂。不远处有六座小方塔。20世纪90年代初被毁。在小方塔下发掘出活字印刷的佛经和印版，一下将我国的活字印刷术推前了300多年。早先这里并不叫拜寺口，后来叫了拜寺口，为什么呢？民间流传着一个“建行宫跪伏拜寺口”的故事。

话说党项族人李元昊建立西夏国后，定都兴庆，拓宽城市，重建街道，修建城门，又在城西建造了承天寺塔。后来又打败了契丹和宋朝，自觉自己功成名就，盖世无双，就沉迷酒色。

有一天，李元昊带文武近臣到贺兰山一带打猎。看到一个地方景色非常秀美，就对身边大臣们说：“朕要在此山里建行宫，以供本王、后妃及文武大臣们围猎歇息，避暑休闲，静养延年。”众大臣们齐声称是。

李元昊回到兴庆府，立即命战将野利遇乞带人进山，探路寻址，就近建窑烧砖瓦，一应石材就近凿取。

野利遇乞到了那里，就在山口外建窑烧制砖瓦。结果建一次塌一次，连建四次塌四次。野利遇乞觉得十分奇怪，赶回兴庆府将这事报告了李元昊。李元昊不信这邪，带上文武近臣赶往建窑处，一看果真如此，有些气恼，就骑着马要进山口，谁知刚到山口处，忽然山口两下石裂山崩，堵死了进山之道，惊得李元昊紧紧勒住了马，后退百丈有余才停了足。他问身边汉臣张元是咋回事。张元答道：“久闻贺兰山乃神山圣地，如果就这样进山修建行宫，恐怕不应天意。我主应速回兴庆，香汤沐浴，佛寺进香，再来此处拜山建寺，方得上答天庭，下应地府，再修行宫即可成事。”

张元其人字雷复，华州人，青年时倜傥，有侠士之风。有一年，漫游到葛长县境，河中有大蛟长数丈，常到桥下饮水，百姓惊恐，路断行人。张元艺高胆大，等候在桥下，大蛟出来饮水，他搬大石掷下，正中大蛟要害，大蛟遂死，血流数里。

一次客店饮酒，一个横行乡里的家伙藐视张元，说：“彼何人斯?”张元大怒道：“皮里骨头肉人斯!”应声以铁鞭将其击死。他常吹铁笛，夜游山林，绿林盗寇闻声避之不及，从此地方安宁，百姓感激。

他满腹经纶，但久试不第，又遭县令鞭笞受辱，他满腹抱负，却无以自伸，深感怀才不遇。他到边关投军报国，宋边帅觉得他狂妄自负，冷面相待。他愤然西行，辗转来到兴庆府，李元昊见他气度不凡，知其不是池中之物，便以礼相待，日尊宠用事，以谋主。后来，李元昊提拔他当了国相，凡有征战机密均予参与。后出谋划策使李元昊连胜宋军，震惊大宋朝野。宋仁宗深恨人才外流，悔之顿足。当下，李元昊就依了张元所言回了兴庆。第二日又带文武近臣香汤沐浴，到承天寺塔进香拜佛，并斋戒三日。

数日后，李元昊又带众文武近臣到了那里，他按张元所言，对着那山口拜了三拜，又跪在地上磕了三个头。没等他立起身来，忽听“轰”的一声，山口两侧碎石乱飞，瞬间天昏地暗，日月无光。李元昊一行人忙跪伏在地上，口称“神灵保佑!”一盏茶工夫，天开云散，风清气爽。再看山口，平坦开阔，离山口不远处，一座寺院庄严坐落在那里，甚是壮观。李元昊带着文武近臣进了寺院，参拜了菩萨并许了愿。此后，烧制砖瓦的窑建起来再没倒塌过。

再后来，人们都把这个山口叫作拜寺口。明嘉靖年间曾有安塞王朱秩炅描述拜寺口山色风情诗句：“风前临眺豁吟眸，万马腾骧势转悠。戈甲气销山色在，绮罗人去辇痕留。文殊有殿存遗址，拜寺无僧话旧游。紫塞正怜同罨画，可堪回首暮云愁。”另有罗凤翱《寻边望拜寺口》诗一首：

午夏翻旌盖，阅关到水西。
沙城连塞草，龙刹映晴霓。
亘地层峦嶂，参天乔木齐。
从来形胜具，胡马望中迷。

平伏桥智斗

陈佳豪

银川市金凤区有个平伏桥村，村名源于平湖桥。平湖，位于宁夏七十二连湖的中心位置，所以平伏桥乾隆年间被称为平湖桥，后因宁夏本土口音问题，慢慢讹变为现如今的名字“平伏桥”。而平伏桥之所以有名，则是与“平伏桥的和尚——发愣”这句歇后语相关。

一日，一名江湖术士来到了平伏桥村，摆下摊位嘴里念念有词：“一二三，二二三，仙师命我下了山。走走游游造福祉，斩妖除魔救人间。先变个葫芦变仙树，后变个石头变银钱，再变个泥土变仙药，又变个珍珠倒卷帘……”村里的百姓见了术士的“神通”纷纷信以为真，都急忙上了供奉求术士为自己改命治病，其中就有村里出了名的泼妇于翠花。

于翠花早早就守了寡，与儿子麦糕相依为命，独自拉扯着儿子长大，自己却也落下了一身病。近段时间一到深夜她就会头痛欲裂，正巧赶上术士吹嘘自己法力无边，可包治百病、皮肉再生，据谣传曾经有个瘸子遇到了这位术士，术士为他施了法术开了药，没过几天连腿都长了出来，泼妇于翠花听闻后欣喜若狂，她认定此事假不了，于是连忙上了供，希望能得到灵丹妙药。可是不巧术士骗人用的药丸已经卖完，又怕露怯出了乱子，于是术士骗于翠花必须要用寺庙里的香灰为药，但是一定要切记，必须是虔诚的寺庙，否则就会反受其害。

于翠花听信了术士的谗言，思来想去决定去附近的佛泉寺求香灰，来到佛泉寺，正巧赶上佛泉寺即将闭门，于翠花急忙向寺里的小和尚一禅说明了来意，一禅满口答应正准备带于翠花取香灰之时，被住持法棱大师拦住，法棱大师告诉于翠花术士的话必然是在招摇撞骗，不可听信，香灰做药更是无稽之谈，于翠花不信撒起了泼，引来了众人围观，法棱大师见状命令正常闭门，不予理会众人的议论。

寺门一关，犹如一道屏障，无论门外多么喧闹，寺里都是一片宁静，外面是大世界，寺里是小世界。一禅也坚信师父不会害人，于是对于翠花口中的术士产生了好奇，决定找时间一定要去戳穿术士。

深夜，于翠花疼痛难忍，想起法棱的无情更是生气，儿子麦糕见母亲被病痛折磨心里也是十分焦急，于是二人商议夜晚盗取香灰。麦糕正是壮年，垫步凌腰翻进了佛泉寺，可能是因为做贼心虚，正在取香灰之时不慎打翻了供品，吵醒了众僧人，慌乱之下麦糕抓起了几把香灰就跑，等僧人赶来时，麦糕早已逃脱。法棱大师望着香炉里少去了的香灰，微微皱眉暗想不妙。

麦糕偷来了香灰，先是拿水和了和，又找来了笼屉，将香灰放在火上蒸，做好便拿给母亲，虽然味道不好，但于翠花还是吃了个精光。第二日一早，于翠花肚子疼得要命，上茅房却怎么也拉不出来，麦糕急忙背着母亲前去找术士求救，术士哪儿会救人，但看到因于翠花的叫喊引来的围观村民，此时逃跑显然不行，于是他假装神定自若地观瞧，还说着云里雾里的妖言，此时路过的小和尚一禅看到了这一番情形，高声打断了术士的妖言："大家别听他的！法棱师父说香灰吃到肚子里不可能消化，定是这江湖骗子骗了大家！"此话一出围观众人议论纷纷，术士见情况不妙连忙诬陷道："法棱才是妖言惑众，一定是佛泉寺不够虔诚，才导致了适得其反！"于翠花一听，又想起了术士先前嘱咐的话，气得破口大骂法棱，这下算是坐实了佛泉寺不虔诚这件事，"我说法棱怎么死活不给我香灰，原来是自己心里有鬼！"舆论一边倒地骂向佛泉寺，一禅虽尽力解释，但是于事无补。于翠花向术士索要解救之法，术士言道："必须以平湖之水作为药引，以人肉作为药，再加上我布阵作法才可以解救。"此话一出于翠花二人犹如五雷轰顶，人肉做药，那不就是要吃人肉吗？于翠花一下子瘫倒在了儿子麦糕的怀中，一禅见状也连忙跑回了佛泉寺向师父法棱禀告，法棱静坐沉思片刻后，便让一禅通知众弟子，今日入夜后，所有僧人在平伏桥村口打坐修行，言罢便依旧静坐诵经。

次日清晨，苏醒的于翠花望着熟睡的儿子麦糕，心里五味杂陈，儿子麦糕孝顺，已经答应术士割自己的肉作法救母，为此还给了术士家里仅有的钱财，时辰已到，麦糕挑来了平湖水，又将刀磨得吹丝即断，剩下的便是等术士前来割肉作法了。

可是时至中午，术士却迟迟不来，母子二人等得焦急，就在此时屋外传来了吵吵嚷嚷的声音，原来是法棱大师协同佛泉寺的众僧人带着术士来到了于翠花家，乡亲们将于翠花家围了个水泄不通，都等着看热闹。而法棱大师侧依旧气定神闲地带着术士来到院子中言道：“贫僧昨日夜里带着寺里众僧在外打坐修行，正巧碰到了出村去取法器的仙人术士，又想起贫僧曾污蔑过仙人，实在羞愧，所以特命佛泉寺众僧护送仙人前来作法。”术士听完脸都绿了，术士哪儿是出村拿法器呀，本来是想拿完钱财就跑，可是谁料想刚一出村子就碰到了法棱一行人，无奈又让法棱给抓了回来，没办法，只能硬着头皮装神弄鬼了。术士假模假样地开始布置法台法阵，嘴里还振振有词地念着咒语：“天灵灵地灵灵，祖师爷快显灵，一请天地动，二请鬼神精，三请茅老道，四请孙伯灵……”只见术士身上当真冒出了青烟，术士左摇右摆地摆着架势，又抽出符咒贴在了麦糕磨好的刀上，随后便让麦糕割自己的肉做药，麦糕虽已经决定割肉，但心里还是恐慌。他深深吸了几口气，提刀便要割，就在此时法棱拦住了麦糕，正在众人不解之时，法棱言道：“听闻仙人法力无边，可包治百病、皮肉再生，麦糕乃是凡人之躯，少掉一块肉必然难以痊愈，既然仙人有如此法力，何不自己割掉一块肉来救于翠花？仙人割肉既能自愈又能救人，可算是功德无量了，若仙人嫌供奉太少，佛泉寺愿出钱请先生作法。”此话一出术士先是一愣，后暗叫不好，小和尚一禅也是恰到好处地起哄，围观众人也觉得法棱言之有理，都纷纷恳求术士，尤其是于翠花，撒泼耍赖可是她的强项，这下术士可算是进退两难了，法棱将刀递给了术士，术士颤颤巍巍地接过刀，看着众人，无意间又扫到了法棱大师严厉的眼神，一个激灵吓得尿了裤子，术士大哭了起来，高声道出了自己招摇撞骗的事实，麦糕气得脸通红，上去就给了术士几个耳光，随后又被气愤的围观众人抓着去见了官。众人散去，于翠花与麦糕也无颜面对法棱大师，法棱大师取出银两嘱咐麦糕定要带着母亲去找正规的郎中才是，麦糕本想答谢，法棱大师却丢下一句“但行善事，莫问前程”，随后便带着众僧离去了。

路上一禅问师父，为何于翠花和村民们会如此容易上当受骗，法棱答道：“因为真药苦口假药甜，妖会在祸时乱神闲。”一禅又问怎样才能不被蛊惑，法棱答道：“事实莫把巧来取，公道便自会在人心间。”

数百年后，人们心中敬仰的大师——平伏桥的和尚法棱因为“法棱”与“发愣”发音相近，所以便成为著名的民间歇后语“平伏桥的和尚——发愣”。

儿时的北塔奶子湖

李桂珍

50 多年前，在银川北塔湖的西南边，有一个七八十亩水面的小湖，叫奶子湖。后来它永远地消失了……

听老辈人说，奶子湖是有来历的。

相传，此地出过一个大官，他从小父母去世，对门的农妇用奶水把他养大。为报答农妇的养育之恩，就将这个湖购来送给她，人们称此湖名为奶子湖。

奶子湖还有一个美丽的传说，因为湖水清澈，波光粼粼，从空中看，就像一块翡翠宝石，天上的仙女就喜欢上了，每到月圆的时候，就从天上飞下来到湖里洗澡、嬉戏，这时，湖水变得像牛奶一样洁白、滑溜。有人信誓旦旦地说亲眼看见仙女飞下来，还听到仙女银铃般的笑声。

每听到这里，童年的好奇心就被鼓荡起来，想亲眼看一看。

记得儿时一个八月十五的傍晚，在湖边玩了一天的小伙伴都回家了，笔者和伙伴小梅悄悄留下来，躲在草丛中，等仙女出现。蚊子像轰炸机一样在我们耳边嗡嗡，脸上身上被咬了无数个包，也没有动摇我们看仙女的决心。一会儿，天完全黑下来了，湖面上升起一层轻柔的薄雾，金黄色的明月把湖水照得发出奶白色的光，周围静极了，只听到我们的心跳声。

仙女该出现了，我们紧张地瞪大了双眼。

又过了好一会儿，仙女还是没有出现，我俩困得眼皮直打架，就拔了根芦苇，折了两个小棍，支在上下眼皮之间，勉强支撑着。渐渐地眼前一切都模糊了，我俩都睡着了。

不知过了多长时间，我俩被一阵呼唤声惊醒，急忙往家跑去，抬头一看，都后半夜了，北斗星的勺把子都歪了。

奶子湖是鸟的天堂，我儿时的乐园。

湖水有一米深，清澈见底，常见一尺多长的鱼儿游来游去。湖面长满了芦苇、蒲草、圆棒柴等。圆棒柴开的花很好吃，我们一边捋着花往嘴里填，一边唱着民谣："圆棒柴，开黄花，打老牛，接亲家，亲家亲家你坐下，我给你做碗面疙瘩。"芦苇丛里藏着各种鸟儿，有鱼叼叼、鹌鹑等，鹌鹑我们又叫它张哥，下的蛋全是麻点，我们就唱着"张哥蛋，麻点点，老王养个斜眼眼"，惹小伙伴王小生气。

最让人开心的还是下湖游泳。

早晨八九点钟的太阳把湖面晒得热热的，我们就一个猛子扎到湖里游泳。湖面上的水是热的，可下面的水还没晒透，冰冰的，玩了一会儿，浑身就起了鸡皮疙瘩。我们一个个铁青着脸，乌紫着嘴，打着摆子，迅速地爬上岸，呈大字状，躺在晒烫的沙滩上。啊，一股暖流渗遍全身，那种冻僵后生命复苏的感觉至今还留在记忆深处。

太阳照到头顶时，湖水就全热了，我们又到湖里抓鱼。湖底是黄胶泥，老牛吃草时踏下了牛蹄坑，鱼怕热就藏在坑里。有一次，我在牛蹄坑里抓到一条半尺长的鲫鱼，兴奋地大喊大叫。但王小说，鱼太脏了，我就在水里洗了一下，这下坏了，鱼在水里劲特别大，一下子就从我手里逃走了。

满腔的兴奋化为泡影，我懊丧极了。但是，小孩就是小孩，一会儿就被一股香味吸引。原来，晌午了，小伙伴们肚子饿了，就从自家的田里摘来玉米、豆夹，把抓到的鱼用黄泥裹了，再拔些野蒿草盖在上面，然后点火，一股浓烟冲天而起，一会儿灰堆里就发出了噼里啪啦的响声，一阵浓浓的特有的粮食的香味夹杂着鱼香味扑鼻而来。我们抓起玉米一顿猛啃，然后在灰堆里扒拉着找豆子吃，鱼是最后慢慢享用的。

肚子填饱了，小伙伴们相互一看，全都成了大花脸，于是你戳我一下，我捣你一下，一个猛子又扎进了湖里。

下午我在湖边教小伙伴背唐诗。当时，村里很穷，好多孩子上不起学，我是他们中间唯一的五年级学生。小伙伴们横七竖八地趴在湖边，嘴里跟我背"锄禾日当午，汗滴禾下土"，眼睛却瞅着水蜘蛛迅速地从湖面爬过，如履平地，惊讶它为什么掉不下去。只有王小很认真，眯缝着小斜眼咧着大嘴，念一个字一点头吸一下鼻涕，跟鸡叨米似的，发出的声音又尖又响，像猫尾巴夹到门缝里。

奶子湖最美的时候是黄昏。

远处，巍峨的贺兰山已模糊成一道美丽的曲线，太阳就要落山了，但它似乎很不甘心，正踮着脚尖，拼命地将最后一抹亮色洒向天空，强烈的光柱直冲云霄，染红了整个天际，给天上的云、远处的塔、近处的树镶上了一道耀眼的金边。整个奶子湖笼罩在神圣、静谧的红光之中。

有一天傍晚，红霞满天，发生了一件奇怪的事，不知从何处飞来了几百只红蜻蜓，铺天盖地落满了奶子湖的芦苇上，落日的余晖洒在红蜻蜓薄薄的透明双翼上，双翼微微地抖动，就像有千万条金线在跳跃，壮观极了。

我们都看呆了。

大约半个小时后，天慢慢地黑了，蜻蜓好像在谁的号令下，一下子飞得无影无踪。我猜想，一定是蜻蜓王国发生了烦心事，准备召开大会商议呢。

奶子湖给我带来了许多欢乐，也给村民带来许多实惠。

它湿润空气，涵养水分，保持生态平衡；它给牲畜提供草料，也给村民提供取之不竭的生产生活资料……可是，它后来竟然消失了。

20 世纪 80 年代初，我回去看奶子湖时，只剩下了一湾水，远远看去，就像一个硕大的问号。90 年代，我又回去看湖，它只剩下一汪水，就像一滴泪，我很难过。

最后一次回去，奶子湖彻底消失了。在奶子湖的位置上，趴着一个熬沥青的厂。粗大的烟囱常常冒着黑色或黄色的浓烟，把湛蓝的天空弄得脏兮兮的，空气中弥漫着一股刺鼻的臭味。

看着这一切，回想起童年时的奶子湖，我难过极了。奶子湖啊奶子湖，我只有在梦中才能回到你的怀抱了。

回城的路上，我的心里始终盘旋着一句话：爱护环境吧，否则，地球上的最后一滴水，将是人类自己的眼泪。

凤凰街的花甲岁月

于林发

银川市凤凰街是1952年在城墙之外兴建的4条“环城路”之一，时称作“西环城路”，长度仅1.5千米。后来，南环城路向南平移（今长城路），西环城路延长至2.2千米。1984年，在原西门城楼基址建成“民族团结碑”，碑顶不锈钢的凤凰雕塑若栖若翔，银川人称其为“凤凰碑”。

1986年，西环城路因“凤凰碑”更名为凤凰街。如今的凤凰街，南起永宁县望远镇双庆路，北至贺兰山路，全长13千米，是银川南北大通道。不久，还将跨过唐徕渠，向北延伸至大连路。

故城废墟上的街道

银川古城诞生两千年来，经历了盛唐怀远城西迁的雄略，自豪于西夏都城兴庆府的辉煌，见证了明朝九边重镇宁夏镇城的磐固，在乾隆三年（1739年）大地震的万众惨号中轰然坍圮。乾隆五年（1741年），朝廷帑银314529两重建宁夏府城（包括城池、道路、水道、府衙、营房、学校、庙宇等）。乾隆六年（1742年）六月竣工。城池形制如前，只是城墙内收20丈。大震过后，哀鸿遍野，百业凋敝，能把城垣筑成已属难得。至于坍塌的墙体、砖石等被再次利用，土方则无力移走。护城河，也还是前朝的，没有重新开凿。于是，在新建的城墙与护城河之间，留下一片颓墉残堞，任岁月流逝而衰减。200年后，就是在故城的废墟之上，银川市修筑起4条环城路，分别是东环城路、南环城路、西环城路和北环城路。后来，这4条马路演变成清和街、南薰街、凤凰街和北京东路。古老的护城河，遁变成排水沟，被挤撮在环城路外，蜷缩起曾经丰腴的躯体，流淌着城市和农村排出的浊水，永远惋失了“池阔十丈，水四时不竭，产鱼鲜菰蒲”的景象。再后来，凤凰街西侧的“排水沟”，被封堵在厚厚的盖板下，成为城市下水道，盖板上则是行人如织。

孙马大战的主战场

1929年元旦，宁夏建省，省会称“宁夏省城”。1947年4月18日，银川市正式成立，从此，这座古城有了自己华美的志名，再也不是影附于“宁夏镇”“宁夏府”“宁夏省”之“镇城”“府城”“省城”等移名。1933年，马鸿逵主政宁夏。在其立足未稳之时，“东陵大盗”孙殿英被“国民政府”任命为“青海西区屯垦督办”，率领3个师，号称8万之众西进，剑锋直指宁夏。宁夏的马鸿逵、马鸿宾，青海的马步芳、马步青为了共同的利益，联合调动5万兵马抗拒孙殿英，史称“四马拒孙”。1934年1月26日晚（当年2月14日是春节），四九之末，天寒地冻，月光暗淡。孙军从平罗一带南下，隐蔽在唐徕渠中扑向宁夏城。27日拂晓，孙军对城北、城西发动猛攻。大炮连续轰炸后，孙军在西城墙外架设云梯，攀爬城墙。马鸿逵亲临城头指挥，马军奋力迎战，孙军溃退。2月5日拂晓，孙殿英亲自指挥所部二次攻击宁夏城，其强度远超前次。孙军200余人组成的突击队，在炮火的掩护下拼死攀陟，试图一举夺城。这些敢死队士兵刚一爬上城头，就被早有准备的守军大刀队砍杀，尸体跌落在城墙下。孙军锐气大挫，无力组织进攻。孙马双方近10万大军在宁夏城下鏖战50余日，乃是自“蒙夏战争”后800年银川城经历的最大战争，最后以孙军撤退而告终。孙殿英这个“东陵大盗”，从此走上穷途末路。宁夏城虽然未被攻克，但市郊的北塔及古老的城墙遭到严重破坏，市内建筑物和居民生命财产蒙受了巨大损失。几十年后，提起孙殿英，宁夏人还是咬牙切齿。

路上时闻酒瓮香

1953年初，银川几家白酒作坊联合起来，组建银川酒厂。从此，“银川白酒”诞生。银川酒厂坐落于西门东北侧，南边是解放街，西边则是西城墙。农民生产的高粱、稻谷车拉驴驮运进酒厂，经过粉碎、配料、蒸煮、加曲拌醅、发酵、蒸馏等一系列工艺过程，醇香诱人的美酒便酿造出来了。人们常说，酒香不怕巷子深。浓浓的香气，蹿过厂房，飘过高墙，弥漫了银川西部半个城。正如明代张岱《陶庵梦忆》所言：“玉液珠胶，雪腴霜腻。吹气胜兰，沁人肺腑。”20世纪六七十年代的西环城路旁，酒厂大堆的酒糟堆放在那里，农民付一块钱就拉走一大车，回去喂牲口。车夫坐在车排上，哼着小曲，眯着眼睛，吸纳着车厢里散发的酽香。从新城那个方向来的行人，一过西门桥，就被酒香陶醉了。宋朝诗人郑刚中走进村镇“人情喜见兵戈息，路上时闻酒瓮香”的景象，也是这时银川人真实的写照。这酒香，从20世纪50年代，一直飘到90年代，银川人足足享受了40年。20世纪90年代，在银川酒厂原址，盖起了一座高楼——昊都酒店，依然浮泛着酒的香气。那时，酒厂已拥有员工500多人、固定资产700多万元，被国家统计局评为1992年全国白酒企业最佳经济效益百强之一。后来，酒厂改制搬迁，人们也久违了熟悉的酒香。老人们徘徊在西门附近，追忆酒厂门市部前，打2两烧酒与工友畅饮闲聊的时光，怅然若失。

人杰地灵镇河堡

于林发

唐高宗仪凤二年（677 年），怀远县城遭黄河泛损，只留下一座“镇河塔”，孤零零地矗立于黄河西岸，守望着塞上江南。860 年后的嘉靖十七年（1538 年），都御史吴铠委派都指挥吕仲良在此筑起一座城堡，称作“镇河堡”，派操守管理。清代和民国时期，镇河堡的建制一直存在。1938 年，宁夏省政府曾规划以宁夏县（今贺兰县）北部和宁朔县（今青铜峡市）南部之地置“镇河县”，以境内镇河堡为名。但这一计划未能实现，两年后设置永宁县至今。

西夏皇家寺院高台寺

《嘉靖宁夏新志·寺观》中描述：“高台寺，在城东十五里。夏废寺，台高三丈。下有大湖千顷，山光水色，一望豁然。”

公元 1038 年，李元昊建立西夏，定都兴庆府。党项人笃信佛教，李元昊更是通晓浮图学，1047 年，在今掌政镇洼路村一带修建佛教寺庙高台寺。《宋史·夏国传》记载：元昊“于兴庆府东十五里役民夫建高台寺及诸浮图，俱高数十丈，贮中国所赐之《大藏经》，广延回鹘僧居之，演绎经文，易为蕃字。”西夏时的高台寺，实际上是一个庞大的寺庙群，由多座独立的寺院组合而成，占地广阔，建筑恢宏，对西夏早期的佛教传播和民族文化交流起到了重要作用。

高台寺面对黄河，河东即是起伏的山丘，周边又有清水湖等“大湖千顷”，湖光潋滟，山色空蒙，碧野朱桥，宝刹佛光，实在是西夏胜景。遥想当年，骏马香车，载着善男信女；华盖如云，罩住帝王后妃。高台寺内外，该是何等繁炽。

从 1205 年开始，蒙古军队用了 22 年时间，经过 6 次大战，终于在 1227

年将西夏灭亡。这6次战争，被欧洲军事专家称作世界战争史的经典。蒙古大军遂对西夏都城中兴府屠城，西夏建筑皆被破坏、毁灭，高台寺也就成为一片废墟。其地的城池，元代呼之为“下省”。高台寺的残砖断瓦，后来被附近村民用来铺路，人们叫作“瓦路”，久而久之，演变成“洼路”。15世纪末，明庆王朱栴曾孙庆恭王朱寘鐇重修高台寺，但其规模远不及西夏时期。又过了40年，就是明嘉靖十七年（1538年），在高台寺旁修筑镇河堡。作为一级行政机构，镇河堡一直存在到民国时期，当时的辖区包括今镇河村、洼路村、五渡桥村等村落。1992年，当地村民在洼路村原镇河堡玉皇阁旧址上，修建一座高台寺。据村民介绍，寺南300米处的高地就是西夏高台寺的遗址。

清初隐士杨毓芳

《乾隆宁夏府志·卷十六·隐逸》中有一段故事，讲述的是镇河堡隐士杨毓芳的奇人逸事。

“杨毓芳，字子实，宁夏县廪生。居镇河堡，性至孝，务实修，屏迹田园，志希濂洛，淡然声华之扬。三十五岁父母相继亡，庐墓五载余。学臣周按试本郡士人，以孝行、博学共举优生，将贡成均，毓芳谢曰：‘身为人子，不能扬名显亲，不可谓孝；身当盛世，犹且食贫居贱，不可谓才。不孝不才，何优之有？’力辞不就。终身隐居教授，穷而益乐，老而益健，寿八十一终，所著诗、古文甚富，待刻。”

古时科举考试，成绩名列一等的秀才称为廪生，廪生可获官府廪米津贴。明初府学四十人，州学三十人，县学二十人，每人月给廪米六斗。清代经岁、科两试一等前列者，方能取得廪名义，每年发廪饩银四两。这杨毓芳，世居镇河堡，清初考取廪生，可谓人中佼佼者。可他一生淡泊名利，隐居田园，躬耕尽孝，坚辞谢绝学臣推举，继续教书育人，健康快乐，耄耋而终。官府感念杨毓芳德高望重，决定将其诗文刻板刊印。杨毓芳的故事，从此在宁夏大地上流传。

现今镇河堡一带，有杨家庄、杨家寨好几处，这其中或有隐士杨毓芳的故居。

宁夏名人俞德渊祖居

俞德渊，宁夏人，清中期名士，银川以北人称“俞翰林”。

史书记载，俞德渊，字原培，号陶泉，又号默斋，清宁夏府平罗县人。清乾隆四十三年（1778 年）生于平罗县正闸堡（今头闸镇正闸村），嘉庆十二年（1807 年）中举人，嘉庆二十二年（1817 年）中进士，入选翰林庶吉士教馆。历任江苏荆溪知县、长州知县，苏州府督粮同知、水利同知，苏州、常州、江宁府知府，江南盐巡道，两淮盐运使司兼护盐漕察院，官至三品，是两江总督陶澍和两淮巡抚林则徐的政治幕僚之一。

俞德渊祖籍安徽无为州（今无为县），其祖上于明代迁到宁夏卫，居住在镇河堡，遂入籍宁夏。俞氏家族在镇河堡居住了约 200 年时间，至乾隆四十年（1775 年）前后，俞德渊的父亲俞世隆，在距宁夏府城百里外的平罗经商，为方便照顾其年迈的继母，将家从镇河堡迁移到平罗县东乡正闸堡（今头闸镇正闸村）。嘉庆十五年（1810 年）十月三十日，俞德渊的父亲俞世隆还是在宁夏县镇河堡其长女家中不幸病故的。所以，镇河堡是俞德渊及其家人永远的故乡。

清道光十五年（1835 年），身为两淮盐运使的俞德渊在扬州任上病逝，享年 57 岁。时任江苏巡抚的林则徐亲手撰写墓志铭和挽联，挽道：“拯溺旧同心，才德兼资，如此循良曾有几；筹鹾今尽瘁，设施未意，毕生怀抱向谁开。”高度评价俞德渊德才兼备，政绩卓著。俞德渊写给家乡生童的“立志大植，品正察理”，今天还是许多有志之士的座右铭。

查汉托护的消失

郑济洧

清康熙时期，这里是万顷郁野，蒙古部族在此放牧牲畜，称之为“查汉托护”，那真是一派“天苍苍，野茫茫，风吹草低见牛羊”的景象。

雍正时期，朝廷在此地主持大规模开发。从此，“查汉托护”这个少数民族风格的地名，伴随这片瑰丽的牧场，消失了……

黄河河道的变化

国人常言，“三十年河东，三十年河西”，说的是河流经常改道。宁夏平原乃黄河泥沙冲积而成，土层深厚松软，植被薄弱根浅，黄河河道更是频繁变移。

秦汉时期，黄河出青铜峡后分为东西两条支河，西河是主流，东河是岔河。中间形成长约200里、宽约20里的“在河之洲”，人称灵洲。

南北朝时，河势向东，东岔河变为主航道，西河变为岔河。原西河故道，嬗变成当时宁夏平原最大的湖泊——千金陂。

唐朝初年，黄河河道逐渐向西漂移，终于在仪凤二年（677年），冲毁怀远县城，迫其西移15里重建。

从明初到清初，贺兰山地缓慢抬升，逼迫黄河河道东移。史载，明洪武十六年（1383年），灵州“故城为河水崩陷，于城北七里筑”新城。宣德三年（1428年），灵州“城湮没河水，又去旧城东北五里筑城”。45年间，灵州城因黄河改道迁建两次。

银川以北地区，黄河改道更是猛烈。西夏时期修建的省嵬城，原在河东，到明万历时已神奇地飞到河西，着实令人瞠目。明万历时，平罗城到河岸的距离为15里，至清乾隆年间增至30里。也就是说，黄河河床一个半世纪内向东移位15里。

清初的“查汉托护”

明清黄河河道不断东移，在新河道以西，老灌区以东，自今永宁县至石咀子间形成长约200里、宽30里左右的一大片河滩荒地，面积1000多平方千米。连绵的水塘，芦苇、蒲草茂密，慈姑箭叶多姿；平博的滩涂，遍是钻蓝的马兰花，嫩黄的毛茛花；起伏的沙丘，红柳丛丛，沙蒿郁郁。百鸟翔集，鱼虾肥美。

明代中期，宁夏平原耕地面积近200万亩，而人口却不足10万，人均耕地20余亩。明朝的军屯制度，也促进了农业生产。《明太宗实录》云：“天下屯田积谷，宁夏最多”“所积仓粮亦足宁夏军马三年之用”。足见，当时无须大量开垦荒地。

清初，朝廷推行“满蒙一家”的政策，蒙古民族社会地位提高，与汉族之间，不再互相敌对，而是和睦相处。世代居住在黄河以东的牧民，看中了河西的广袤草地，称之为“查汉托护”，意为“圣洁的河湾”，视为优良牧场。他们不断越过黄河，在这里放牧牛羊马驼，大有长期占据之势。而此时，宁夏平原农业人口疾速膨胀，耕地显得日益紧张，也开始在“查汉托护”等地垦荒。于是，农耕者与放牧者之间，经常发生冲突，使地方官感到棘手。清康熙五十二年（1713年），时任宁夏总兵的镶黄旗人范时捷上奏康熙皇帝，提出宁蒙以黄河为界的建议。康熙皇帝很快照准了范时捷所奏，下令蒙古部族全部撤出查汉托护。

清廷这一历史性的决定，划定了宁蒙边界，巩固了农民与牧民间的和谐相处，奠定了开发“查汉托护”的基础。

天然牧场变万顷良田

清雍正二年（1724年），川陕总督年羹尧奉旨巡视宁夏，上奏雍正皇帝：“宁夏东北五十里插汉拖辉地方，南北延袤百有余里，东西广四五十里或二三十里不等”“旷野而平，其土肥润……易于引水”“若修河、造渠坝及放水之闸”，可以“垦田六十余万亩”。

雍正四年，朝廷批准“特颁帑银十六万两”修凿惠农渠。同年六月，清政府决定侍郎通智、单畴书主持查汉托护的开发移民事宜。此次开发的主旨，通智在《钦定昌润渠碑》中写道：“开大渠以资灌溉，筑长堤以障狂澜，易畜牧为桑麻”。开发工程于雍正四年（1726 年）七月开工，雍正七年五月竣工，历时 3 年。开凿干渠 2 条，钦定为“惠农渠”“昌润渠”，其中惠农渠长 200 余里，百姓称惠农渠为“皇渠”，以感皇恩；干渠堤植柳 10 万余株，形成生态景观；两渠流域预计开发耕地约 60 万亩；筑护河堤 1 道，长 300 余里；新建县城 2 座，定名“新渠”和“宝丰”。并“设通判以司水利，建学校以育人材，置营弁以备防汛”。开发过程中，朝廷又拨银 15 万两，用于移民安置。“由是亿兆欢呼，争先趋附，辟田园，葺庐舍，犁云遍野，麦浪盈畴”。

通智没有被雍正所杀

查汉托护开发，规模巨大，影响深远，其中充满着诸多可歌可泣的人物和事件。

单畴书，山东高密人，康熙三十六年（1697 年）进士。提督查汉托护渠工程中，“苦心经营，寒暑不休，四载不辍”，殚精竭虑，雍正七年（1729 年）六月因劳瘁卒于公所，年仅 50 余岁。雍正闻讯，叹曰：“单畴书谨慎老成，忠于王事，朕方欲重用，奈何死哉!”

通智，满洲正黄旗人，马佳氏。完成查汉托护开发后，通智等又请命于雍正九年（1731 年）浚治唐徕渠、汉延渠等干渠，为宁夏水利事业作出丰功伟绩。完成大规模兴修水利之后，雍正十年，通智奉旨离开了宁夏，继续任兵部右侍郎。雍正十一年，通智被任命为正红旗蒙古副都统，仍兼兵部侍郎，负责绥远建设。雍正十三年，通智晋升兵部尚书。次年，也就是乾隆元年，乾隆皇帝命通智“总管办理归化城新城（绥远城，今呼和浩特）事务”。但是，几个月后，乾隆皇帝解除了通智的兵部尚书职务。乾隆四年，绥远城竣工，已卸任兵部尚书的通智还撰写《敕建绥远城碑》碑文。

许多宁夏历史文稿和纪录片中，都讲述通智被雍正皇帝斩于正闸桥的故事，纯属子虚乌有。宁夏官民纪念通智，将新建的堡桥多以“通”字冠名，如“通宁堡”“通朔堡”“通贵堡”“通昶堡”“通惠桥”“通润桥”等，这都是通智离开宁夏以后的事情。后来，通智被封为四渠（大清、唐徕、汉延、惠农四渠）总龙王，每年春季开闸放水之时，先祭奠总龙王，而后祭奠各渠龙王，这却是真实的事情。

老银川的“东校场”

唐志军

老银川人都知道许多年前旧银川的东门永康巷（今银河小区位置）有一个东校场。过去，这里是湖泊碱滩，很少有人家居住。

1929 年 7 月，国民革命军第 10 军军长吉鸿昌，就任民国宁夏省第二任省主席后，他率领的军队没有一个正式练兵的场所。一日，吉鸿昌视察旧银川的城防工作，看中了位于东门一马平川的大滩地。于是，下令所辖官兵和动员周围的百姓填湖平地，经过一个多月的艰苦劳动，终于平整出 2 平方千米的空旷操场，取名为“东校场”。

从此以后，东校场成了部队练兵、射击、摔跤、拼刺刀的场所。

后来马鸿逵还在这里杀逃兵、埋活人。久而久之，旧银川的老百姓一听说东校场顿感毛骨悚然。

赵振邦老人从小就在今东门永康巷东校场附近居住。他回忆说，他小时候在东校场经常看到马鸿逵的士兵在这里操枪舞刀，无论是春夏秋冬，士兵们都要听从马鸿逵的命令，“夏练三伏，冬练三九”。

有一年夏天，赵振邦和小伙伴们在东校场附近玩耍，他好奇地看着那些当兵的，他们都是 20 岁左右的小伙子，满脸稚气，头顶烈日、汗流浃背，排着整齐的队伍，迈着沉甸甸的步伐，背着几公斤重的步枪，高喊“一、二、一”，进行着艰苦的训练，训练一批走掉一批。在训练士兵时，当官的手拿皮鞭，跟在后面看谁动作不规范、声音不洪亮，拉出来就是一顿皮鞭猛抽。有一个士兵走着走着突然晕倒在地，当官的上去不由分说，抡起皮鞭，劈头盖脸，打得士兵抱头蜷身，满地打滚。在场的士兵被吓得魂不附体、目瞪口呆，没有一个敢上前劝阻。

那时候马鸿逵抓兵抓得很厉害，不少壮年小伙为了躲兵役，自残砍掉右手食指，抓兵的来了，一看右手食指不能抠枪栓，因而也就躲过了当兵的劫难。马鸿逵为了威慑逃兵，命令军警督察处，只要抓到逃兵，一律施以重刑，如两腿压杠子、鼻子倒灌辣椒水，对逃跑两次以上者，不是挑断脚筋，就是活埋，非常恐怖。空旷的东校场时常发出阵阵惨叫，野草荒地里又平添几座野鬼孤坟。

民国十八年（1929 年），民国宁夏省主席吉鸿昌，为维护社会稳定，凝聚民心，增强宁夏回、汉民族和部队团结，8 月在省城银川东校场，举行了“全省军民联欢游艺和武术比赛运动会”。参加联欢和比赛的有全省 10 个县、省级机关、军队、宁夏中学、宁夏师范代表队，还有从全省各县挑选出的 130 名武术选手。国民革命军第 10 军官兵表演了军事体育和文艺节目。在开幕大会上，民国宁夏省主席吉鸿昌，发表了鼓舞人心的讲话，他号召宁夏民众热爱国家，锻炼身体，甩掉“东亚病夫”的耻辱，改变当今社会弱肉强食的侵略局面。他的讲话受到银川 1 万多民众的热烈欢迎。

1933 年 5 月，“民国宁夏省春季联合运动会”，在省城银川东校场举行。这次运动会，通过比赛选拔宁夏优秀选手，参加民国政府在南京举行的“全国第五届运动会”。全省各县学校 1000 多名选手参加比赛，宁夏中学、宁夏师范学生吴锡九、丁跃南、强鸣凤、邵光烈分别在男子 100 米、200 米、400 米、400 米跨栏比赛中成绩优秀，被选拔为民国宁夏省参加“全国第五届运动会”的选手。

1944 年 8 月 18 日，民国宁夏省举行了秋季联合运动会。10 月 16 日上午运动会在银川东校场开幕，民国宁夏省主席、大会会长马鸿逵为大会剪彩，并致开幕辞，民国政府教育部督学黄熙庚宣读了陈立夫部长的训词，并在大会上讲演。参加运动会比赛有省级机关、团体职员、军队、警察和各级职员、中等学校学生、小学学生，共 37 个代表队，选手 909 名，分高级甲组、高级乙组、中级男子组、中级女子组、初级男子组、初级女子组。这次运动会历时 7 天。

1949 年 9 月，宁夏银川解放后，宁夏省委、省政府在东校场举行了 3 万多人参加的声势浩大的庆祝大会。

1950 年 11 月 19 日，宁夏省人民法院在银川市的东校场上召开万人公审大会，对罪大恶极的匪首郭拴子等进行审判。

根据郭拴子等土匪对人民犯下的滔天罪行，宁夏省人民法院宣布将郭拴子、张绪绪、张恒玉、吴国昌、徐四5名首犯判处死刑，执行枪决。

如今，经过几十年的沧桑经历，东校场的原貌已不复存在，代之的是一栋栋高楼大厦，但它的故事仍在民间流传。

消失的“羊毛扎扎”

李桂珍

羊毛扎扎是个地名，位置就在从北门城楼沿中山北街向南到银河巷的十字路口，是北门附近居民到羊肉街口和南门的必经之路。据笔者爷爷介绍，他小的时候，银川卖马扎的就集中在这个路口。当时，有一种马扎是用羊毛薄毡片固定在马扎面上，轻便适用，保暖性好，是家家必备用品。时间长了，老百姓就习惯地称这个路口叫羊毛扎扎。老银川人以商品买卖称呼街巷的居多，如米粮市、草巷子、铁匠街……

20 世纪 50 年代末，笔者住在中山北街 129 号奶奶家，在银川六小上学，羊毛扎扎是每天必经之地。记得十字路口的显著位置有两个国营商店，路东的商店卖副食，路西的是百货店。从百货店向西拐进银河巷，路北是宁夏党校。党校的斜对面是个大煤场。从副食店向东拐进银河巷，是一个国营菜铺子，也卖酱油、醋。再往东，就是东教场和新建的银河仪表厂了。东教场那时经常开展销会，花花绿绿的商品很吸引人，还表演魔术“人头花”。银川六小的后门连着东教场，放学后，我们经常从后门的缝子钻出去逛展销会。后来房修四社平整了一块地，专门放电影，我吃完晚饭就抱着半块砖去占座位，在这里看了《地道战》《地雷战》《宝葫芦的秘密》……许多电影的台词都倒背如流，一些电影插曲都会唱，特别是《地道战》中钟大伯发现鬼子进村了，跑回去报信被鬼子发现了，我就紧张得心都快跳出嗓子眼了，嘴里一个劲地喊快跑快跑。后来，电影反复看，一演到这个情节，全场人都和着电影的音乐板胡节奏唱“老钟快跑，鬼子撵来了”。这成了 20 世纪五六十年代银川人的经典记忆。

羊毛扎扎是个十字路口，也是商品集散地。农村人经常把菜拿来卖。那时，没有城管，就地摆摊，卖啥的都有。每天早上九十点钟，各种叫卖吆喝声四起，“豆瓣糖，呱呱糖”，以李家糖坊做得最好。“苦苦菜，哎……”尾音渺渺。最吸引小孩的是卖黑果子的，“黑果子，一毛一缸子”，我口袋的钢镚就变成了黑果子。那儿还是晒太阳、闲聊的好地方。几个白胡子老头，搬一个羊毛扎扎，往百货店台阶下一坐，晒着太阳，聊天，打发日子。

羊毛扎扎有个小人书摊，每天下午放学早，我就蹲在小人书摊前看书，一分钱一本，看了《水浒传》《三国演义》《西游记》等。从小人书中知道了豹子头林冲、花和尚鲁智深等。最佩服的人是鲁智深，因为他武艺高强，没人敢欺负他。最喜欢的人是孙悟空，因为他有七十二变。自己受欺负时，常幻想自己也是孙悟空，拔一根毫毛，就能变出千军万马，把对方打得落荒而逃。在这里培养了我爱阅读的好习惯。

羊毛扎扎的夜晚也很热闹，巷口有两盏路灯，卤鸡的香味一阵阵地在巷口飘荡，让人忍不住咽口水。小男孩撅着尻子在路灯下弹珠子、拍三角，有时还玩摔跤，两个人互相把对方的腰抱住，然后一齐使劲，看谁先把谁扳倒，这叫“花花搂腰，一扳三跤”决定输赢。女孩就在路灯下跳皮筋。有时百货店屋檐下挂的小喇叭还教歌，我们好多歌都是跟小喇叭学会的。晚上 9 点路灯就灭了，周围一片漆黑，只有卖卤鸡的油灯，在黑暗中发出昏黄摇晃的灯光，守候着夜归的人。

银川是个名副其实的移民城市，羊毛扎扎巷口也不例外，虽以老银川人为多，但在巷口听到不同口音最多的是上海人，他们带来了不一样的生活方式。所谓口歌“阿拉上海人，来到宁夏城，锅锅碗碗都不带，带个尿尿盆”。就是那时传开的。我童年时有个玩伴叫海英，是上海人。孩子们在家说上海话，跟我们玩时说普通话。上海人吃鱼，银川湖滩多，鱼多也好抓，银川人跟着上海人学会了吃鱼。1964 年，羊毛扎扎巷口还搬来一个浙江郭木匠，专门打大立柜，二扇开门，中间嵌一块花玻璃，很时尚。年轻人追求时尚，结婚时，立柜就成三大件之一。后来，小叔和表弟早早辍学，跟这个郭木匠学打大立柜。

羊毛扎扎巷口还出过一个真正的英雄。他叫施海民，是我的好朋友海英的亲哥哥。那是 1966 年，银川二中有个校办工厂，专门生产油漆，在银川小有名气，施海民就是厂里的工人，当时 19 岁。有一天傍晚，油漆厂突发大火，滚滚浓烟冲天而起，施海民等工人为了抢救国家财产，被大火严重烧伤。火被扑灭后，他疼痛难忍，就滚进了厂边的一条排水沟。后来被烧的四人中，施海民因伤口严重感染，不幸牺牲。消息传来，全家悲恸欲绝。报纸作了报道，号召全市人民学习施海民的英雄事迹。当时，海英是银川二中初一的学生，为了继承哥哥的遗志，提出到油漆厂去，完成哥哥未竟的事业。学校很赞扬海英的这种行动，专门召开了大会，海英身穿黄军装，戴着军帽，慷慨激昂地念了决心书，全场掌声雷动。16 岁的她成了当时我们最羡慕的工人阶级的一员。

1993 年银川市旧城改造，羊毛扎扎原来的老住户的旧房被拆，多数住户搬到了南门外友爱小区，我就再也没有回去过。

2018 年 5 月 4 日星期天，我坐公交车来到久别多年的中山北街，走到羊毛扎扎路口，路口还是那个路口，但变化是翻天覆地的。路口原百货店位置是一个大商场，顺银河巷向西走，是兴庆区文化街街道办事处非常气派的办公楼，再往西是三医院的十几层高楼，看病就方便多了。银河巷向东，两侧全是商铺，原来的东校场变成了现在的银河家园。穿过羊毛扎扎路口向南走，路东就是我的母校。现在的六小高大气派，门口的七个大字在太阳下闪闪发光。恍惚中，我好像看见一群小学生冒着大雨，从校门冲出来，两只脚在泥水中边跑边喊："大头大头，下雨不愁，你有雨伞，我有大头。"摇摇头，定定神，阳光依然灿烂。星期天校门锁着，我没能进去看看。我一路走，一路张望，看见老头就上前询问，可知道羊毛扎扎？没想到七个人有 6 个是外地人，有陕西、甘肃、湖北、河北的，等等，就一个说银川话的还是从南门刚搬过来的。

60 年沧桑巨变，羊毛扎扎在银川市的飞速发展中长高了，变靓了。50 多年前我怀着青春的梦想，从这里出发，如今归来已是满头飞雪。羊毛扎扎，虽然现在已没人能呼喊你的名字，但你是豆瓣糖、呱呱糖吆喝中的一缕香甜，是小人书中弥漫着的一束芬芳，是东校场露天电影的一支乐曲，是北门城墙上的一道晚霞，永远留在我的记忆深处。国泰民安，岁月静好。别了，羊毛扎扎，愿你的明天更美好。

灵武镇河塔的前世今生

刘宏安

在灵武市区东南2千米处耸立着一座古塔，名叫镇河塔，俗称东塔，它与银川西塔遥遥相望，距今已有270年的历史。站在塔顶极目远眺，长河落日、金沙绿原，长城古堡的塞外美景尽收眼底。

镇河塔的建筑

塔是佛寺庙宇的重要标志，自古就有“十寺九塔”之说。镇河塔寺院宽广，两侧建有天王殿，塔东依次为观音殿和大雄宝殿。镇河塔为8角13层空心厚壁楼阁式建筑，塔身通高43.6米，塔底直径13.5米。塔门面西，塔室内底部有一口浸水井，水井上方有木梯可盘旋而上，越往上层，腹径越小。塔内壁涂白灰，一至二层之间绘有人物、花卉、飞鸟等图案，第三层有清雍正三年（1725年）刻制的佛经金刚咒文、募捐者姓名及其施舍钱两数目。塔身逐级收缩，每层有7层悬砖与3层棱角牙砖出檐，各层转角处木铎龙头上悬挂有铜铸、铁铸风铃。在塔顶八面砖雕琉璃莲花座上，托有绿色琉璃宝葫芦形顶。塔外壁为米黄色，显得玲珑、古朴、壮观。塔内留有望窗7处，即南3个、北2个、东1个、西1个，室内受光均匀，体现出古代匠人对光学的巧妙运用。

八卦罗汉殿围绕塔身而建，内塑十八罗汉，形态各异，罗汉簇拥着睡佛，神态安详。殿堂周围墙壁上绘有以佛经故事为内容的彩色壁画，画中人物形象逼真。

两个半世纪以来，镇河塔经历了几个朝代的动乱和自然灾害破坏，依然披星戴月，巍然屹立于绿野平畴之中，体现出古代匠人的高超建筑技艺。每年农历四月初八、七月十五举办传统庙会。

三建镇河塔

灵州城自古以来屡遭黄河水患，从明洪武十七年（1384 年）至景泰三年（1452 年）的 68 年间，灵州城便因水患而三移其址。据康熙年间《重建镇河塔碑记》记载：灵州城犹如漂泊在河中的一艘船，塔之修建，如同在河边埋下一根系船的木桩，只要把船系在这根木桩上，城就再也不会被洪水冲走。虽然这是古人对社会安定的美好向往，却也印证了两千多年来，灵州城频遭水患的血泪历史。

镇河塔始建于清康熙七年（1668 年），康熙三十七年（1698 年）塔、寺同时竣工。康熙四十八年（1709 年）灵州发生地震，塔身被震裂。康熙五十七年（1718 年）再次发生特大地震，镇河塔连同寺庙塌为一片废墟。康熙五十八年（1719 年）原地重建，因连年自然灾害，粮食歉收，财力艰难，三年间塔身仅建起三层便中道而止。经过 10 年筹备，雍正七年（1729 年）三次开工再建，直至乾隆四年（1739 年），历时 20 年，终于建成今日镇河塔。光绪二十二年（1896 年），地方绅士许相等人提出“无下殿不足壮观”，建议修下殿。经多方募化，两年后又在上殿对面依次建成中殿、下殿。1935 年后，又在塔身周围分别建起一座八卦亭。当时寺院占地 30 亩，围墙高两丈，墙外有一丈多宽的护寺河，河两岸种植树木。1963 年，镇河塔被自治区人民政府公布为第一批古建筑“重点文物保护单位”。“文化大革命”期间，镇河塔寺院及围墙全部被拆除，寺院内外树木全部被砍光，护寺河也被填平。

泥瓦师登高补古塔

1962 年秋，在一场暴风雨中，镇河塔顶琉璃瓦被雷击毁。为防止以后再遭雷击，县政府决定出资修补塔顶并安装避雷针。县文化馆负责人经多方打听，找到了艺高胆大，在灵武建筑行业小有名气的泥瓦师余建英。

余建英是山东烟台人，少年时逢抗日战争，日本侵略军在扫荡中把他家族 50 多人杀害。为躲避战乱，他只身一人逃往宁夏，学得一手高超的泥瓦手艺。余建英说话声音洪亮，他虽然身材高大，但行动却很敏捷，干活十分麻利，一把瓦刀在他手里运用自如。

到 40 多米高的塔顶干活，不仅需要过人的胆量，更需要高超的技巧。余建英和结拜弟兄何义经过多次商议，拿出补塔方案。在一个秋高气爽的晌午，余建英和几个助手携带着工具来到塔下。那天，从灵武城内赶来观看补塔的人群黑压压一大片，人们都为余建英捏了一把汗。

余建英从镇河塔内沿木梯爬到顶层，将两根椽子从南边窗口伸了出去，北边两头则牢牢绑在塔内木梯上，把一块宽木板铺在椽子上，用铁钉钉死后，在板上竖起一架木梯。他从梯子爬上去，塔顶是一个直径一米多长的圆形璃瓦建筑。余建英在琉璃瓦边的花栏杆上搭起工作台，站在工作台上正好够着被雷击的地方。他将被雷击碎的砖瓦清除干净后，把和好的水泥一点点提上来灌入破洞。破洞补好后，余建英把避雷针用铁丝牢牢地绑在被雷击后残留的一截木桩上。此后40多年来，镇河塔巍然屹立，安然无恙。

余建英在塔顶维修时，从塔顶宝葫芦形东侧琉璃砖空隙发现一只用铜钉相连的木盆，盆内置放与镇河塔形状相似的一座铜塔及一尊铜佛像。在铜佛腹中发现元代藏文经卷31卷，经卷现存于自治区博物馆，铜塔和铜佛像几经辗转后，至今下落不明。

再修镇河塔

2002年以来，由于镇河塔周围农田逐年灌溉，地下水位上升，造成塔基浸水。在塔顶琉璃瓦裂缝处，鸟粪中的野枸杞种子在雨后生根发芽。几年时间枸杞树竟长至3米多高，树根将琉璃砖撑出一道一米长的裂缝。如不及时进行维修，塔顶琉璃瓦将有塌落的危险。

2006年10月，山西省文物技术中心技术人员现场监测后，设计出维修方案，由灵武市人民政府出资，在文物部门的监督下对镇河塔实施了维修。

维修人员用钢管从八卦殿屋顶搭起40多米高的脚手架，将塔顶裂缝处野枸杞树进行了铲除，对塔体残缺、破损的百余只铁铸风铃进行了更换。维修人员在清理塔顶散落的琉璃砖时，发现砖平面写有“乾隆四年六月造”字样。在塔顶琉璃砖夹缝中，堆积的鸟粪厚达一尺多，在鸟粪中发现清代鎏金铜香炉一件、木雕佛塔一件、玉片数件，数十颗米粒大小的珍珠已风化残毁。维修工程结束后，文物工作者妥善将这批文物进行存放。维修工作严格按照“修旧如旧”的原则，在维修过程中注意保存原来的建筑形制、建筑结构、建筑材料和工艺技术。

镇河塔的传说

古时候，黄河两岸经常发生水灾，大片的良田和村庄被淹没，人们的日子过得很艰难。有一年春天，在灵州发生了一件怪事：从城边西湖中间的一口泉眼里“咕嘟、咕嘟”往外冒像墨汁一样的黑水，黑乎乎的泥水一直涌到灵州城下，老百姓都着了慌，大人小孩哭喊成一团。有好几百名壮汉去堵那个泉眼，可是什么办法都想了，就是堵不住。许多老百姓都忙着收拾铺盖准备去逃难。

就在这个时候，从须弥山那边走来两姐妹，她们到贺兰山武当庙赶庙会，正好路过此地。姐姐个儿瘦高走得快，妹妹稍矮走得慢。姐姐每走一段路就要停下来等妹妹。这天，姐姐走到了兴州（今银川），妹妹才到灵州（今灵武）。妹妹看到城内一片混乱，就向人们打听是咋回事，人们把事情的原委告诉了她。可话还没说完，天上突然下起了瓢泼大雨。西湖的水还没堵住，黄河又决了口。混浊的黄河水冲塌了灵州城墙西南拐子，眼看就漫上了火神庙和南鼓楼。突然间，妹妹被一个浪头卷入水中，人们看见妹妹刚才站立的地方，喷出几十米高的水柱，水柱落下后，现出一座高塔，顷刻间就把黄河水镇下去了。黄河水又折向西流去，一直快淹到兴州了。姐姐在兴州听说妹妹被水淹没的消息后，十分伤感，她发誓要与妹妹朝夕相望，一同镇守黄河。刹那间，她也跳入黄河，变成一座高塔。

从此，姐妹俩日夜相望，默默无言。因为妹妹塔在黄河以东，人们称为东塔，又叫镇河塔；姐姐塔在黄河以西，人们称为西塔，又叫承天寺塔。

说来也怪，自从姐妹俩变成了镇河塔和承天寺塔后，宁夏一带黄河两岸再也没有发生过水灾。人们就在这两座塔的周围修建寺庙，烧香拜佛，祈求世态永远平安。

银川步行街原名柳树巷

于林发

银川步行街位于银川市兴庆区，即鼓楼南街，北起鼓楼，南至银川商城北门。又叫鼓楼南街，因位于鼓楼南而得名。

鼓楼南街原名柳树巷，因每年夏至可见满巷柳树叶影，成为老银川奇观之一，因而得名。柳树巷实为一条有着几百年历史的商业街，北起鼓楼，南至新华街，其南端旧名青果市，北端旧名糠市街，1947 年分别更名复兴街、进德街，1959 年合并更名为复兴街，1970 年更名向阳街，1981 年因钟鼓楼坐落该街段而更名为鼓楼街。

20 世纪 30—40 年代的柳树巷，街道宽七八米，人行道有两米宽，街面为黄胶泥压路。柳树巷有小型私营商业几十家，多为饮食服务业店铺和一些流动的小商小贩，从业人员一千多人。经营百货、布匹、文具等，生意十分兴隆。银川解放后称“复兴南街”，“复兴桥”曾经是银川第一条过街天桥。“文化大革命”期间又改名为“向阳南街”，以“向阳”冠名的副食商店、日杂商店、理发店应运而生。柳树巷不仅有刻字社、文具店、服装店、小吃店等商业网点，还有当时银川唯一的洗浴中心——银川浴池，南头有“黄鹤楼”餐厅，北头有“大红门”商店，都是银川家喻户晓的好去处。1998 年将鼓楼南街改造建设成银川市第一条商业步行街后，现在是银川市最为繁华的商业街区，是银川店铺云集的热闹街道。这里汇集了王府井百货商店、宁夏华联商厦、兴隆商厦、新华购物中心、银川商城等十多家大型商场，既有宁夏各地具有浓郁地方特色的商品，也有国内外许多知名品牌的商品，可满足不同层次消费者的需要，成了名副其实的商业一条街。

匈奴医名成贺兰口

保元璋

贺兰口位于贺兰县金山乡。这里山谷幽深、怪石嶙峋，一湾湾的潺潺流水、一座座的悬崖峭壁、一片片的苍松翠柏、一簇簇的奇花异草，使这里的景色美不胜收。在山间沟畔的石头上，还刻有许许多多类似人面的画像、各种动物及西夏文字，景色十分宜人。那么贺兰口有啥来历呢？民间流传着这样一个故事。

三国后期，曹魏政归司马氏，接下来三国归晋，四方来朝，北方匈奴十九个部落也皆归附，晋朝皇帝将他们安置在雍州、朔方一带，其中贺赖部就在贺兰山一带游牧。

话说贺赖部有一参将叫乌斯昭木，在贺赖部落很有势力。乌斯昭木有个儿子乌斯嘎噜，性情暴躁，平素好惹是生非。有一次和贺赖部落的另一个头目争夺一个姑娘，两人说好以摔跤定输赢，谁赢谁就得到那个姑娘。结果乌斯嘎噜被对方狠狠摔在地上，谁知地上正好有一石头，就把他的胯骨跌断了，手下人把乌斯嘎噜送回了家，乌斯昭木赶快派人把贺赖部的医奴毛布乌苏找来给儿子医治。毛布乌苏不敢怠慢，进了参将家大帐，接骨、扎针、施药、包扎忙个不停。百天以后，乌斯嘎噜腿好了，不疼了，但留下了残疾，走起路来一瘸一拐。乌斯昭木一看儿子的样子非常生气，硬说是毛布乌苏有意将儿子的腿治残，就命人把毛布乌苏打了个半死，扔出三十里外的贺兰山下。

贺兰山下不远处有一个驿站叫贺兰驿，是匈奴人为传递公文信件而设的站口，专门接待传递公文信件的来往信使。贺兰驿设一小头目管理。小头目叫阿泽布。当天阿泽布出了驿站拉着遛马，发现有一人半死不活地躺在草地上，认出是医奴毛布乌苏，忙叫来老婆和女儿一起把他抬回驿站进行救治。毛布乌苏受的是皮外伤，不几日就好了。阿泽布就给他安排了一个小帐篷，每日由老婆和女儿照料他吃喝。毛布乌苏非常感动，总是帮他们家干家务。

有一天，参将乌斯昭木带着几个家奴打猎经过贺兰驿，发现毛布乌苏在驿站门口烧水，他走上前去一问，才知道是阿泽布收留了他，于是就把阿泽布狠狠训斥一番，并让他马上把毛布乌苏赶走。阿泽布深知乌斯昭木势力大，惹不起，就把毛布乌苏悄悄地安排在贺兰驿不远的一个山口，每隔几日，给他送点吃的用的。

毛布乌苏在山口住下后，每日都从山口进去采药、采蘑菇，有时还能捡到山鸡蛋。有一次还幸运地打死了一只黄羊，日子反倒过得轻松自在。

一天夜里，阿泽布忽然闯进他的帐篷，说是自己的独生女儿阿蓉长了一身毒刺，人也昏迷不醒。老婆贺赖仁美哭得像个泪人儿，请他赶紧去医治。毛布乌苏一听，忙带上药箱跟着阿泽布就走。到了阿泽布家一看阿蓉的症状，知是中毒所致。忙给开了一剂药让煎好服下，然后又让贺赖仁美烧了一锅开水，把一捧树叶放进锅里熬好，让贺赖仁美给女儿擦身。折腾到天大亮时，阿蓉终于醒了。阿泽布和老婆贺赖仁美高兴得眼泪都流下来了，并连声道谢。毛布乌苏说："该说谢谢的人是我，没有你们一家，我这条命早没了。"接着又说道："这儿有两包草药，煎好继续给阿蓉服下，锅里的药水烧热后继续给阿蓉擦患处。但要想除根，还得另行用药，我这就回去找药。"说完背起药箱就往山口走。

毛布乌苏所说的另行用药的药就是麝香。麝香来源于雄性的香獐子，雄性香獐子生有獠牙，不好对付。他一个医奴哪有这种药材。为了报答阿泽布一家的恩情，他必须设法打到一只香獐子，获得珍贵的麝香。他经常从山口进去采药，多次遇见香獐子在一个山泉前喝水，而且从不更换地方，喝水的时间都是清早太阳没出来之前。当晚，他带着编好的网绳在泉水口布好，自己找了个地方蹲守。天大亮后，那只雄性香獐果然按时前来喝水，并且没有一点儿警觉。刚到泉水口就踩到机关被网绳网住。毛布乌苏上前先打昏香獐子，然后连獐带网一起背回山口。杀了香獐，取出獐囊焙干，顾不上休息就去了阿泽布家，让阿泽布的老婆贺赖仁美收拾出一个干净帐篷，让阿蓉赤身躺下，然后点着艾草和麝香熏了一天一夜。他自己也守在阿泽布家里。一天一夜后，阿泽布的女儿阿蓉果然毒刺全除，而且皮肤比以前更加光洁，阿泽布夫妻俩高兴得不知对毛布乌苏说什么好。

毛布乌苏治好阿蓉的怪病后，名气在贺兰山一带人人皆知，好多人都到山口找他治病。有一天参将乌斯昭木来到了山口他的小帐篷前，没有了以前的那种盛气凌人。一进帐篷就给毛布乌苏深深鞠了一躬，说：“毛布乌苏神医，请原谅我当初的粗暴和无礼。当初那事我找了好几位草原上的医者请教，他们都说你把我儿子治得能走路，没瘫在床上就已经很了不起了，是我错怪了你。”毛布乌苏也深鞠一躬，说：“不知者不为过，我从没怪过您。参将大人今天不会是专门上门来道歉的，有啥事请直言。”“我有一小女得了一种怪病，跟阿泽布的女儿得的是同一种病，今天来恳请毛布乌苏神医给医治，望神医莫记前仇。”毛布乌苏道：“参将大人言之差矣，为医者本分乃悬壶济世、治病救人，如若记仇，便失去医德，妄立人世。我这就跟你去给你女儿治病。”

毛布乌苏很快治好了参将乌斯昭木女儿的怪病，乌斯昭木一家高兴万分，又是给毛布乌苏金银，又是给牛羊，毛布乌苏都谢过了，只提出一个要求：“参将大人如给赏赐，请赏我两匹快马，万一有急症病人，我就能及时赶到医治，救人性命。”乌斯昭木欣然答应。后来，因好多人找毛布乌苏看病不知其住在何处，匈奴贺赖部参将乌斯昭木就把毛布乌苏住的那个山口以贺兰驿站命名，命名为贺兰口。据说那里曾经立有一块刻着“贺兰口”的大石。

消失的李家庄

李桂英

20世纪50年代末，在银川城区地图上，城墙外的西北角，标有一个“李家庄”的地名。它的周围被一片良田和碧绿的芦苇湖水环绕，李家庄就坐落在湖边。

李家庄，银川解放前就有的小村庄，村子以李姓为主，还有不多的张姓和丁姓，全村不足20户人家，不到百口人。村庄离西北城墙拐角大约500多米，城墙内就是西马营（今中山公园）。村子里有一个小庙，坐西向东，供奉着观音菩萨。庙后不远处有一口水井，水清澈甘甜，井边有一棵大柳树，夏日是村民乘凉的好去处。村民大都住在庙左庙右不远处的土坯房里。村前村后各有一条水渠，灌溉着这片土地。这是笔者祖祖辈辈生活的地方，也是生我养我的地方。小时候站在家门口，往上看一轮明月挂在空中，往南看西马营的“三层楼”（文昌阁）灯光闪烁，往北看远处的海宝塔传来阵阵风铃声。看眼前，芦苇荡漾、稻谷飘香、蛙鸣蝶飞，一派田园风光。

解放后李家庄经历了互助组、合作化，再到人民公社，隶属银川郊区红花公社北塔大队第五生产队。乡亲们勤劳、朴实、善良，在计划经济的体制下，种植各种蔬菜，是银川市主要的蔬菜供应基地。社员每天清晨踏着露水采摘各种蔬菜，然后由生产队的大马车迎着朝阳，为城里的商店送去新鲜的蔬菜。除了种菜外，生产队还种植一些小麦和水稻，以解决社员的口粮。村庄周围有两个大小不等的芦苇湖，村东一个小，村北一个大。湖水也就1米多深，牛可以下水在湖边吃草。湖面上鸟儿飞，水中鱼儿游，耍水、抓鱼、捡鸟蛋、滑冰，是那个年代孩子们的天然乐园。每年冬季湖面结冰，队上就组织社员们去打芦柴，编芦苇草帘，以备队上农用。20世纪60年代初，村里的小庙变成了生产队的库房，“文化大革命”中小庙被拆除，只留下了一口大钟，后来还不知了去向。“文化大革命”中，社员在生产队长的带领下，吃苦耐劳，靠背篼、铁锹平田整地，开垦荒滩，围湖造田，大战“北沙滩”，修建“大寨田”。

1981年，北塔五队实行联产承包时，全村在册人口已达267人。社员除种够口粮外，大多还是种菜。改革开放后，种的蔬菜不用交公了，而是自产自销，拿到农贸市场出售。分田到户后，原来连成片的“大寨田”，被分割成了无数大小不等的责任田。农民们为拓宽自己家的田，劈田埂、毁小路，把田间小路劈成了羊肠小道，路被拦腰斩成数截。秋收时，稻子要靠人背肩扛送到一里外的打麦场。原来淌水的涵洞不见了，路两边的树也被砍光了，芦苇湖变成了养鱼池。

进入90年代，村民修筑现在的上海路，公路从村中东西贯通，将村庄和农田从中间隔开，分成了南北两块，庄点和部分菜田在路南，大部分水田在路北。修路时水渠被毁了，农田因无水而撂荒，农民每年只能领取一点青苗补偿费。村北仅剩下的一处芦苇湖也陆续被填平，在湖的位置上趴着一个熬沥青的厂，粗大的烟囱冒着黄黑色的浓烟，空气中弥漫着一股刺鼻的臭味。

2002年底，李家庄被整体拆迁，全村446口人被集体农转非。村民们在2003年元旦前后，陆续搬迁到现在的凤凰北街与上海路路口东南角的北宝苑，户口隶属兴庆区解放西街派出所，行政由丽景街道办事处管辖。村民们从此过上了楼上楼下电灯电话的日子，李家庄的父老乡亲由农民变成了市民，完成了质的蜕变。勤劳了一辈子的他们，时常怀念种田的岁月，感叹社会的变化，时代的变迁。随后，李家庄在上海路路南的宅基地和农田全部被房地产开发商推平，陆续盖起了现在的高档小区——怡好苑和福星苑。

2009年，李家庄现居住的北宝苑上海路路北撂荒的农田，由房地产开发商陆续开发建成了如今更高档的小区——中瀛御景。

从此李家庄消失了，它淹没在城市的高楼大厦之中。

1990年7月，家人在薅稻子，海宝塔清晰可见

河山带砺宁夏川之宁蒙古道

郑文著

1893年2月，朔风凛冽、蔓草荒烟的银川平原黄河东岸，沿绵延而沧桑的长城走来一位目光刚毅、步伐坚定的西方年轻人。

他没有普尔热瓦尔斯基彪悍的哥萨科卫队乃至摧枯拉朽的兰开斯特双筒步枪，亦没有利特戴尔穿越宁夏时横看成岭的驼队以及一路跟随的印度厨师。他只是艰辛地行走于苍凉而壮美的中国西部并专注于沙漠的变迁、河流的走势以及黄土高原广袤而独特的自然地貌。

这位年轻人，就是日后撰写《山脉与大陆的起源》等一系列鸿篇巨制的中央亚细亚地质研究奠基人、俄国科学院院士奥勃鲁契夫。

奥勃鲁契夫

奥勃鲁契夫抵达黄河东岸前的最后一站是两座荒废的城池。此间，就是明清两代长城沿线的重要军事存在——清水营。

清水涟涟，五百年流飞人散，
故城悠悠，捻指间世事荣枯。

奥勃鲁契夫所见之清水营，已非当年盛况，至清末，此处军事不存而商贸不复，清水营也由盛极一时而近荒芜。

9年前，奥勃鲁契夫的师友、俄国著名探险家波塔宁亦曾于此遥望贺兰山。与波塔宁不同的是奥勃鲁契夫没有向南过罗山至靖远，而是继续西行直奔已是目所能及的阶段性考察地——贺兰山，并计划穿越贺兰山经宁蒙古道前往为俄国探险者所青睐的定远营。

纵观俄国中亚探险普尔热瓦尔斯基、别夫佐夫以及波塔宁三大体系的行程，若将他们所经路线绘于同一地图，则恍然大悟，他们分工明确、和而不同，他们的线路时而重叠，就如同奥勃鲁契夫与波塔宁相隔9年而于此遥望贺兰山，却又会分道扬镳，以便能够访问更多的未知领域。所以他们的行程，会互补亦会唯一，只是，绝不存在任何一次探寻是可以被忽视的。俄国百年之前这种对未知领域探索的格局与缜密即使时至今日依然令人叹为观止。

由冰层上渡过即将化冻的黄河，奥勃鲁契夫庆幸若晚到一天则可能因涌现的流凌而耽搁行程。此时成群的鸟儿自不远处的天空掠过，春天的气息越发清晰了。

越过银川的灌溉渠系、穿过新城的乡村田野、经过沙城子蔓草荒烟之后，层峦叠嶂、蔚然耸立的贺兰山终于完美地呈现于眼前。奥勃鲁契夫百感交集，他不吝辞藻地描述了西方尤其是俄国探险者与地质学家们并不陌生的贺兰山：

“当我终于立于贺兰山下，贺兰山山脉所有的雄伟与壮丽蓬勃而出。形如天地间锯齿，又似神功般雕琢，它在广袤的平原上昂首阔步，起伏的大地簇拥环绕在它脚下……贺兰山山脉的最高峰位于宁夏府（今银川）以北。尽管寒风料峭，山顶未见积雪，高耸的山坡上盎然地生长着罕见的森林。”

对于贺兰山，普尔热瓦尔斯基的门徒科兹洛夫亦曾在其1907年的行程记述《蒙古、安多和死城哈喇浩特》中由衷感怀：在那里（贺兰山）度过的一段时间是让我感觉最为惬意、美妙的时光。

绵延五百里峰峦叠嶂，
横亘亿万年巍峨屹立。

于是，奥勃鲁契夫果断于贺兰山苏峪口外架设相机，用130年前弥足珍贵的底板拍摄了迄今为止发现的第一张贺兰山照片。

彼时之苏峪口山口存在一个村庄，奥勃鲁契夫1893年拍摄照片原本有所

壹佰年·寧夏景象

A century of memories

上图：1893 年 2 月，奥勃鲁契夫于贺兰山苏峪口所拍图片

下图：2018 年 12 月，笔者摄于贺兰山苏峪口

体现，本文附图为适应性比对而剪裁。“由于有条件利用山间的溪流灌溉，所以他们营造的田地分布于村落周围。而树木则生长在土壤覆盖的岩石之上，这里，显然从沙漠中夺回了些许之田地”。

进山之后，奥勃鲁契夫沿宁蒙古道前行。宁蒙古道，又称银巴古道，古而有之、一路相承，为银川平原与内蒙古之间最为便捷的通商要道，虽山高路陡，但往来不绝。行走于此，偶尔还能捡拾到散落的马蹄铁，山风徐徐，依稀或能听到马铃声在山谷中悠然地飘荡……只是斗转星移，汽车时代的钢铁洪流悄然而至，这里商队不见而路人渐稀，宁蒙古道终于完成了千百年的历史使命而逐渐演绎为宁蒙两地人民闲情逸致之时观光游览的山间道路。

奥勃鲁契夫行至陡峭的锯齿状山脉，道路根据山势迂回西北方向，他于此间考察了沿途没有加固装置而进行煤炭采集并用于生产石灰的场所。当年，炭矿旁有个僻静的旅店，奥勃鲁契夫在此过夜，虽条件简陋，但较之于普尔热瓦尔斯基多年前在雨夜被围困于贺兰山的窘迫与惊险还是值得庆幸的。

次日，奥勃鲁契夫继续沿宁蒙古道前行，沿途沟壑密布、森林渐密。

忽然间，狂风大作、漫天飞雪，虽然已至如今的宁蒙分界线，但广阔的阿拉善高原以及如沙海方舟一般的定远营却消失在无尽的风雪与尘埃之中。

天色渐晚，奥勃鲁契夫入住宁蒙古道贺兰山西侧的一家旅店。

然而，百年前的那场风雪却与他开了一个匪夷所思的玩笑……

在雪夜的旅店内，带领奥勃鲁契夫自银川前往定远营的向导告诉他，第二天必须原路返回，否则，大雪覆盖道路，无法回到银川。

向导所言，着实难以理解。

定远营，是俄罗斯探险者最为期许的目的地，自 1871 年普尔热瓦尔斯基至此与贡桑珠尔默特亲王建立联系之后双方友谊延续将近半个世纪。奥勃鲁契夫虽非普尔热瓦尔斯基体系，但对探访定远营的热切不言而喻。且即使宁蒙古道山高路险大雪覆盖，也可以选择赴定远营后南行过三关口返回银川，此路线虽绕行却相对坦途，李希霍芬的学生就选择经宁蒙古道至定远营而通过三关口返回银川，以便对山脉可以有更多的了解与感悟。冒雪原路返回绝非最佳选择，因为宁蒙古道显然更为困难。

那位向导急切返回银川的真实目的或许永远湮没于渐行渐远的历史之中了……

于是，奥勃鲁契夫第二天记录了山口高程，且测算该地自阿拉善高原抬升 750 米，从黄河则上升 1500 米后沿宁蒙古道原路返回，并记录了山体构造、植被覆盖、高山草甸、森林砍伐，还有沿途所见山羊、狐狸、野兔、秃鹰等种类繁多的动物以及除满足饮食所需外亦被视为药用而过度猎杀的成因与现状。奥勃鲁契夫于此感怀：对原始森林概无规划的砍伐以及对野生动物毫无节制的猎杀都是值得担忧的。然而，对于 130 年前中国西部那种基本生存条件的无奈而堪忧的时代，人们其实并没有太多的选择余地。

非常希望奥勃鲁契夫能于今朝重回贺兰山、重回宁蒙古道，此时此刻，崎岖已为通途、岩羊悠然自得，而贺兰山的巍峨与壮丽不曾改变，生活于此的人们对贺兰山的热爱亦不曾改变。但见此景，当为欣慰。

虽为畅想，但夕阳西下，金色的散射光芒灿烂地映照在宁蒙古道崇山峻岭的峭壁之上，我知道，你曾经来过……

奥勃鲁契夫再度回到苏峪口山口之时，大雪早已停止……

奥勃鲁契夫之所以为个人所钟爱的俄系探险者，是他的探索中没有高高在上的傲慢、没有居高临下的蔑视，有的，只是于漫漫旅程中对清末苦难中国的同情与恻隐。他曾对当年所见官兵无所事事而吸食鸦片感到忧虑，亦曾在晚年对中国人民于第二次世界大战中英勇抗击并最终战胜侵略者而感言：这是中国人所具备的精神与信念，但当年（清末）却不知所踪……

生于贺兰山下，看惯青山银雪、丹霞夕照，更有古往今来之传承，几多感怀，根植于心。于是常行于贺兰山间，既是历史之追寻亦为心灵之感悟。近年更多往返于宁蒙古道以及奥勒鲁契夫昔日贺兰山旧景拍摄地点。每于此，皆遐思：

若，川流不息的时光可以倒流130年，
那，我身旁则是目光如炬、刚毅而坚定的奥勒鲁契夫。
这是他们勇者无疆的记忆，
这是我们苍凉壮美的历史……

奥勒鲁契夫当年绘制行程地图局部——宁蒙古道环节

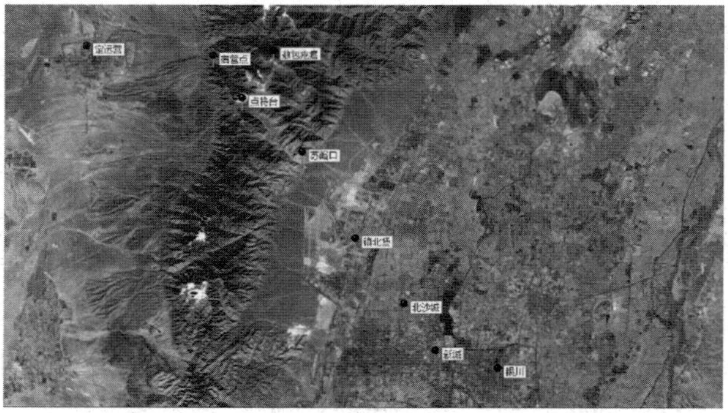

卫星地图版奥勒鲁契夫当年自银川穿越贺兰山沿途所经及所述地点

掌政镇——原张政堡的前身

郑济洧

兴庆区掌政镇位于银川东部的黄河金岸，距银川市区约9千米，是银川东大门的重要节点，宁夏黄河金岸的重点集镇，2010年被自治区、银川市两级政府确定为重点建设的沿黄特色小城镇之一。汉武帝元鼎五年（前112年），建北典农城于斯地，后被少数民族称饮汗城。5世纪初，夏国主赫连勃勃将饮汗城改造成丽子园，系皇家花园；北魏孝明帝年间（约526年），在此设立怀远县。明洪武二十五年（1393年），宁夏左屯卫在唐怀远故城南修筑张政堡，乃掌政镇前身。1949年后，依其谐音，改名掌政乡。

张政，湖南澧州人，明初可是鼎鼎大名的人物。张政出名，原因有二。一是他乃明初统帅级将领蓝玉的偏裨，战功赫赫；二是被列为“明初四大案”之“蓝玉谋反案”的“要犯”，差点丢了性命。洪武二十六年（1393年），朱元璋为加强集权，借口凉国公蓝玉欲图谋反，于洪武二十六年二月初八将蓝玉逮捕，二月初十即将蓝玉处死。同时，大肆株连杀戮功臣名将，牵连到十三侯、二伯，连坐族诛达15000人，把打天下的将军几乎一网打尽。清张廷玉等编著《明史》，罗列包括景川侯曹震，东川侯胡海，会宁侯张温，鹤庆侯张翼，舳舻侯朱寿，都督陈麟、许亮、江信、张政、聂纬、王铭、茆鼎、祝哲、马俊、谢熊、黄辂、徐质等名将，皆为“蓝党”。蓝玉被处死后，三月初二日，官拜前军都督的张政（一品大员）被捕入狱。张政身为蓝玉麾下主将，一同追随朱元璋征战数十载，出生入死，身经百战，足迹踏遍大半个中国，可谓军功卓著。此番身陷囹圄，本在被诛杀之列。张政被监后，与他同是都督的萧用、聂纬、马俊等在4个月内先后伏诛。其间，朱元璋钦定的《逆臣录》发布，张政的名字赫然在列。然而，半年之后，朱元璋突然下诏：“兰贼为乱，谋泄，族诛者万五千人。自今胡党、蓝党概赦不问。”于是，张政被赦，可能是感念其有功于朱明王朝，被发配到宁夏卫，降级使用。考明代宁夏史志，有关张政的记录只有两处，一是明初修筑左屯卫的张政堡，一是《宣德宁夏志》中收录张政的律诗《送人归葬》。宁夏左屯卫设立于洪武二十五年（1392 年），恰在张政贬戌宁夏之前，张政很可能被任命为卫指挥同知（从三品）一类的官职，才可留下“张政堡”这样以他的名字命名的屯堡。张政的《送人归葬》曰：“塞垣廿载鬓成霜，今日何如促去装。慈母孤坟留禹穴，孝心一念衬钱塘。关山跋涉愁千斛，松梓攀号泪几行。归到故园襄事毕，还来尊酒话行蕆。”这首诗，内容似是送父归葬，但题目有些费解，令读者迷雾重重。“塞垣廿载鬓成霜”，是说张政到边塞宁夏已 20 年，应该在 1412 年左右吧。“今日何如促去装”，言张政仓促脱去戎装，换上便服。这句诗，证明张政当时有军职在身。“还来尊酒话行蕆”，“蕆”是完成之意，叙张政奉灵安葬完毕，返回宁夏置酒答谢同僚上司，报告差事完毕。成书于宣德年间（约 1430 年）的《宣德宁夏志》为庆王朱栴亲撰，距张政被赦近 40 年，离张政“送人归葬”不足 20 年，特别收录这篇诗文，表明在朱栴的心目中，张政的冤屈已然昭雪，还是一位孝子功臣。有张政这个地名传承 600 余年，张政在天之灵应感欣慰。

掌政——清初名将赵良栋的家园

于林发

掌政镇前身为张政堡，坐落于兴庆区东部的黄河金岸，湖泊星罗，并土膏腴。1949年后，依其谐音，改名掌政乡。

有明一代，张政堡作为一座军事城堡，驻扎军士，垦种土地。到了清代，张政堡是隶属宁夏县的堡寨之一，履行管理职能，以保证本地民众的生命财产安全。同时，也是一所驿塘，马12匹，夫6名，负责宁夏府城至横城间的驿递。清代，张政堡又与被誉为“清初第一良将”的赵良栋的名字紧密联系在一起，因赵良栋在此建府置地而兴旺发达，声名鹊起。

赵良栋（1621—1697年），字擎之，祖籍陕西绥德，后迁至安边，小时读过两年书。顺治二年（1645年），清军进攻陕北，赵良栋弃学从军。在平定陕西、占领关陇、镇压宁夏兵变的过程中荣立战功，被授宁夏水利屯田都司。在这期间，赵良栋整治水利，安置流民，恢复农业生产，足迹遍布宁夏川，也就深深喜爱宁夏。于是，举家迁来宁夏。从此，赵良栋以宁夏人自居，故史书都认定赵良栋是宁夏人。

履职宁夏水利屯田都司是短暂的，清初各地局势动荡，战乱纷起，赵良栋又随军征战。清顺治十四年（1657年），赵良栋跟随洪承畴进军云贵，转战缅甸，会师昆明。清康熙十四年（1675年）十二月，宁夏驻军哗变，杀死宁夏总兵陈福，宁夏局势动荡。甘肃提督张勇力保时任天津总兵的赵良栋升任宁夏提督，康熙照准，并召见赵良栋，赐予鞍马甲胄。赵良栋受宠若惊，率精兵百人，日夜兼程赶来宁夏，协助张勇安抚宁夏。康熙十七年（1678年），吴三桂在衡州称帝，赵良栋主动请战，他带领宁夏绿营兵“破密树关，克徽州，复略阳，取阳平关，屡战皆捷”。随后，攻克成都，平定四川，授兵部尚书，总督云贵。继而，提10万大军攻取南坝，破昆明城，吴世璠自杀。《乾隆宁夏府志》曰：“克滇之日，驻兵于郊，不以一卒入城。”赵良栋急流勇退，告退归宁，“以将军总督家居”。康熙三十六年（1697 年）三月，康熙驻跸宁夏城，得知赵良栋已经去世，特命皇长子吊奠，又遣大学士伊桑阿代宣御制祭文，称他“老成宿将，藉著封疆”。

自从赵良栋担任宁夏水利屯田都司，就在宁夏城建府置地，以图永久。他的府第有两处：一处在羊肉街口东南，一处在张政堡。宁夏府城清和门大街，御书赐坊曰“勇略邦屏”，联曰“忆昔鹰扬能百胜，每思方略冠三军”，表彰赵良栋的丰功伟绩。张政堡的赵府，有府第，也有庄园，占地颇广，至今留下赵府、赵家湖、赵家滩等多处地名。赵良栋的墓，就建在自家庄园里，20 世纪 50 年代初，尚存巨大的封土堆和众多石像生。

赵良栋长子赵弘灿，官至两广总督；次子赵弘燮，官至总督衔直隶巡抚；赵弘灿之子赵之垣，曾署理直隶巡抚。整个清代，赵良栋家族可谓宁夏最显赫的家族。

历史车轮滚到 21 世纪，掌政镇进入特色小城镇建设时期。掌政镇是银川东大门的重要节点，是宁夏黄河金岸的重点集镇，被自治区、银川市两级政府确定为 2010 年重点建设的沿黄特色小城镇之一。

掌政镇特色小城镇，依托国家级湿地公园鸣翠湖，项目包括居民区、高档别墅区、创业园区、专业化市场、城市广场、购物街区、商业金融片区、旅游景区、科教文卫配套区等一系列完整的、符合当地资源特性的功能片区，建成后将成为展现“塞上江南”风情的适宜居住的绿色生态型复合社区。作为银川市和沿黄经济区的连接纽带，小城镇建设不仅可推进银川城市建设，也可带动区域旅游产业的发展，成为体现地域特点、自然特色和城市文化的新地标，也是市区居民远离城市喧嚣，休闲度假、居住生活的理想之所。

经过几年的建设，掌政特色小城镇初具规模，商业街独具特色，创业园设施先进，别墅区环境优美，风景区美景初显。2014 年 8 月，位于赵家滩的檀溪谷欢乐水世界隆重开业，疯狂海啸、魔幻太空盆、深海龙卷风、水域迷城、冲天回旋等世界顶级水上项目令游客眼花缭乱，叹为观止。

还是这个秋季，兴庆区民政局会同掌政镇政府，邀请吴忠礼等地名专家，为掌政镇特色小城镇建成的道路街巷命名出谋划策。与典农城、高台寺、张政、赵良栋等有关的历史、文化信息将注入这些现代的街巷，使之源远深长，底蕴厚重，历久弥新。

贺兰山下的陶渊明后裔

吴全礼

“修族谱以联疏远，则家谱之修诚要矣，夫家之有谱，犹木之有本，水之有源也，然源远者其派必大，本深者其枝必繁，使不为溯本追源，虽支繁派远亦何知哉。”可见，家谱是一个家族的生命史。

家谱

记录着家族的来源、迁徙的轨迹，以及家族生息、繁衍、婚姻、文化、族规、家约等历史文化的全过程的家谱，是一个家族的历史文化典籍，是寻根问祖有据可查的一条毋庸置疑的通途。

一个家族的流变与时代有关，《明史》《明实录》等史书有据可查，近50年内，先后从山西移民18次，涉及10余省几百个县、市，大量的民间家谱、碑文皆有详细记载。“问我祖先何处来，山西洪洞大槐树。祖先故里叫什么，大槐树下老鸹窝。”传说当年移民时，官兵用刀在每个人脚的小趾甲上切一刀为记。至今凡是大槐树移民后裔的小趾甲都是复形（两瓣），“谁是古槐迁来人，脱履小趾验甲形。”山西洪洞的那棵大槐树成为很多家族寻根问祖的溯源地，门口栽槐，以表对故乡的留恋和怀念之情。一棵树成了许多家族的始发地和寻根地标。

眼前这些延续了一千多年的陶氏家谱，尽管复制装裱得精美华丽，却从那些纸张的残缺或模糊的字迹里，渗透出了时光久远的模样与味道。

装裱精致的家谱上，清晰而明确地证实了眼前这位农民大姐陶瑞珍与晋朝诗人陶渊明之间实属同宗共源。一时令人恍然于时空交错与人生多舛的感慨之中，“居蒋湾以立基克勤一心功裕后，往潮湖而创业不远千里德光前”的祠堂楹联，将陶氏家族开枝散叶的踪迹描述得分外清晰，“始祖系江西南康府都昌县古栗里五柳巷”的铭文记载，确证了潮湖陶氏与陶渊明乃一脉相承。

“五柳巷”将古今可见的柳树，为一个家族的延续打上了一个鲜明的烙印。

“孝友继世，耕读传家。”为陶氏家族的衔延定下了基调，从江西到甘肃到宁夏，一路走来的陶氏子孙，谨守祖训，在贺兰山下几历艰难开荒拓土繁衍生息。文昌阁里的读书声，陶家大院周边的柳树成荫、良田成片，家族基业在此生根壮大。

柳树

遍植柳树成为陶氏家族沿袭族习的常态。

站在现存残破的陶氏文昌阁台基遗址之上，斑驳的条石、失去棱角的柱基、一小块平整的青砖地面，残存的一角青砖砌就的墙体，台基四周散落着不少残破的青灰色瓦当、雕花的瓦檐，恰似从书页上遗落的凌乱无序的文字，在陶氏后代的描述中，一点点复原着旧时的模样。

在文昌阁残留的门口坡地，顺着指向巍峨的贺兰山方向看去，一条两边遍植高大柳树的宽阔神道上，陶氏家族一群善武的男儿在飞奔的马背上，拉弓射箭、舞刀弄枪，喊声震天。文昌阁前，高耸的斗旗杆上，飘动着猎猎的旌旗，彰显出陶氏家族的兴旺与荣耀。只是眼前的神道已被翻滚的金黄麦浪覆盖得了无踪迹，好似是绿色与金黄之间的博弈，在时光的磨砺和时代的刀斧之下，有了胜负的结果，抑或是一种颜色在季节的更迭中的诡异变身，是蓝与黄在调色盘上人为的交战。高耸的贺兰山如高人静观眼前这片土地上的沧海变迁，它对亲眼目睹的陶氏家业的兴衰，究竟会有何样的感慨呢？

神道直通山脚下的层楼叠阁雕梁画栋的陶氏祠堂，曾是陶氏儿郎习文的地方，琅琅的读书声在有名有姓的神仙塑像的凝视下，背负着陶氏家族的希冀与厚望，脚踏实地耕读传家。而今，早已被几栋高大的厂房替代，轰隆的机床荡尽了原有的肃穆与敬畏，由兴而衰的企业依旧逃避不了冥冥宿命。

陶氏大院旧貌难寻。几株有些年纪的树木，以粗壮的腰身和盘结的虬枝，记录着些许的过往。只是属于陶氏安身立命之后传习的庭前院后栽种的那些柳树，却因人为或天灾从大院里销声匿迹。留存在后人脑中的那株树冠可当房的百年柳树，树下故事还在陶氏族人中传递，而不少听过树下故事的人，已和树一起隐身于尘世的深处不可寻。柳树在陶氏家族的世代更迭里，除担负家族迁徙的地标外，还被先人赋予了深邃的寓意。

自称五柳先生的陶渊明，不单单是因宅边有五棵柳树，所作《五柳先生传》，以“不”字贯通始终，大量使用否定词，表示自己对世间一切无所措意、无所执着，不但世俗的荣名毫无价值，就是一个人的姓名也是外加之物，意蕴深邃，可勘可察。“赞曰：‘黔娄之妻有言：不戚戚于贫贱，不汲汲于富贵。其言兹若人之俦乎？衔觞赋诗，以乐其志，无怀氏之民欤？葛天氏之民欤？’”文末借黔娄之妻所言表露出自己安贫乐道、崇尚自然的心志。

出入宦门几经沉浮之后，在彭泽令任上彻底放下了兼济天下、光宗耀祖的梦想。脱胎换骨之后，柳树只是陶氏家族寻根的标识，其内里的传承，却与“花中隐士”的菊花结下了千丝万缕的不解之缘。

菊花

说菊花有幸入陶诗，可能过于夸大了诗歌的功劳，但若没有了陶诗的提携与陶氏的慧眼，菊花是否会扬名千年而不衰？菊花与陶渊明之间，或许只是特定时期的偶遇，与陶氏后裔的出仕自利或入世利他因时代不同，而各具其意不必细究。

后世之人的解读，只是追逐于南山之下独属于陶渊明的那丛东篱菊，无人追随研究陶氏后人是否承继了“五柳先生”的衣钵。“五柳传家声靖洁高风垂两晋；九江追族谱华阳名相著六朝。”这副陶氏祠堂楹联与陶氏宗谱修订序言中闪现的有关词句里，却能清晰地看到先人“五柳先生”的身影。五柳传家，传的正是菊之品格。

在杂树林立的陶家大院里，几簇低矮的野菊在草丛中闪现，衬着西边不远处兀立的山峰，你可以独自去想象南山之下东篱采菊的意境。受此诗句的影响，不由得产生陶氏家族的立足之地，总与山有着难解之情缘。陶渊明的南山比他的后人所居之处的贺兰山，应该更有符合他那个时代的那种诗情画意，更适合他隐居田园赏菊品酒的私生活。而他的后人却能在这座粗犷豪迈的山峦之下，放开手脚追求自己想要的生活，过上了他构筑与向往的“桃花源”里的不知魏晋的“福禄”日子。

正是这份家族谱系的牵系，使得一个家族的传承有了时光的记忆与味道，给百家姓氏中的一个平常不过的姓氏，描摹上了不凡的光彩与荣耀，积淀出了历史的深度与家族传承的契合之处，将一朵菊花的高洁与葫芦艺术的交集，极其自然地联结在了一起，不突兀却渊源有据。

葫芦

陶瑞珍是潮湖村一名地道的农民。

初次闻听她是陶渊明的第十八世传人颇觉讶异，为抬高门第今人在寻根问祖时，喜与古今名人扯上关系的并不鲜见。质疑似突发事件从脑海中横空而出，对于陶渊明的了解虽限于课本里的《五柳先生传》《桃花源记》，还有不多的几首诗词外，怎么看那庭院与田间满架的葫芦里，丝毫没有一点陶渊明的影子。或许，面对满眼疑惑与猜忌的眼神太多，陶瑞珍没有急于解释，在讲述自己的葫芦烙画的过程中，鲜有提起陶氏后裔之说，她的不附会牵强恰恰继承了祖训并自带菊花高洁的品格。

是柳树与菊花，将旁观者的思维固定于一隅，仿佛与陶氏家族有关的只能是柳与菊，将到访的眼光聚焦在陶氏大院有关的所有角落，搜寻陶渊明的五柳与东篱菊。纸上的家谱清晰了一个家族的来处，一个家族的精神衣钵的传递，犹如一串无人破解的密码，在家族成员的血脉里悄然流淌，只有言行能阐释得清密码中的深意。

陶瑞珍用一把烙铁在那些闷嘴葫芦上，烙出了先祖陶渊明的诗文辞赋，烙活了飞禽走兽，烙出了南山与菊花的诗情画意，烙出了桃花源里令人神往的生活盛景。她牵头成立了潮湖瑞宝公益葫芦种植专业合作社，她带领 30 多户村民种葫芦、刻葫芦、卖葫芦，产业化创作葫芦烙画工艺品，走上了葫芦创业之路。筹划开发了陶葫芦特色农家乡村旅游景点，借助乡村旅游，让更多人了解并喜欢上葫芦，带动更多的村民动手创造属于自己的桃花源。

与一个跨越时空的先人陶渊明有无关联，对陶瑞珍而言并无多大影响，她已经用自己的双手开创出了一条不同于其他农村妇女惯常走的路。家族的血脉在族人中的绵延，唯独她走上了这样一条与艺术相关的道路，与她个人的努力难以割裂。那些风干的葫芦上，有诗有画还有梦，只是这个梦被陶瑞珍用一双勤劳的手变成了现实。然而，她同样没有独守着自己的田园生活，沉湎于自己的葫芦烙画的世界，而是想到了更多的乡亲，尽管不能兼济天下苍生，却尽自己的绵薄之力造福一方百姓。

柳巷、东篱菊、葫芦烙画，看似毫无关联，却在陶氏宗谱上找到了契合点：寄情自然田园生活而不消极避世，兼济天下苍生。

石嘴山篇

石嘴子往事

白文宇

认识一座城市很难，读懂一座城市更难。来到石嘴山已经三年了，我只对学校周边区域较为熟悉，知道这是一座曾经为宁夏经济发展作出贡献的煤炭城市，知道城市的触角和思维空间是沿着贺兰山山麓呈条带式拓展。曾经的贺兰山，只是地理书上的一条小斜杠，从来都没有想过，自己会因为求学来到石嘴山。生活总是充满了巧合，109 国道在经过我的故乡，跨过弯曲的黄河后，又到达这座城市，使我对这里产生了浓厚的兴趣。

地名作为一座城市的历史遗留，总会使城市变得深沉而又不失灵蕴，“石嘴山”三个字的背后一定隐藏着一段段不为人知的往事。石嘴山史称石嘴子，石嘴子就是因“山石突出如嘴”而得名，《大明一统志》里记载：“在卫城（今银川市）东北二百里，山石突出如嘴。”后经口传书写之演变，除了称石嘴子之外，也称石嘴子山、石嘴山、石咀山等。直到 1981 年，经宁夏回族自治区地名委员会同意，将“石嘴山”正式定为市名的规范化写法。

一个人有记忆，一座城市亦有记忆，丝路驿站和西北商贸就是这座城市的记忆。因有黄河水的灌溉，早在 3 万年前宁夏平原就已有人类生息的痕迹，形成了悠久的黄河文明，后党项族的首领李元昊在此建立了西夏王朝，至此素有“塞上江南”美誉的宁夏便成为“丝绸之路”的要道。宁夏的石嘴子以黄河渡口而著名，与中卫莫家楼渡口、仁存渡称为宁夏的三大官渡，在秦汉时期就有船只往来。随着宁夏平原的农耕化，依托便利的水运条件，石嘴子成为宁夏北部的贸易门户，继而成为西北的“丝路驿站”。其历史的悠久显赫，文化的精深厚重虽无法与历史文化古都相比，但也有着独特的魅力。

20 世纪二三十年代，交通条件有了较大提升，国内兴起一股考察潮，文化名人和普通知识分子都来西北考察，石嘴子作为西北商贸路线上的驿站，自然少不了文人们的浓墨重彩。1918 年 11 月，林竞由北平出发前往新疆考察西北，后在《西北考察日记》中记述“12 月 27 日到达石嘴子，将近石嘴子时，地均高原，高原尽，即有石山脉一道，横亘东西，石嘴子之名，殆因于此……”1932 年冬，中国第一女飞行员林鹏侠开始游历西北，在《西北行》中提道：“1933 年 5 月 10 日到石嘴子，居民约有五六百家，汉回各半。当地产煤，一元可买八九百斤。河东二百余里处有碱湖，面积约八十余里，本地商人郑海峰雇人采掘，年产二十余万斤……”从这些零散的民国游记资料中，我们找到许多关于石嘴子的描述，为如今人们窥望百年前的宁夏留下了轮廓，也感受到这百年间的沧桑变化。

民国年间的石嘴子是一个商业小镇，位于蒙古阿拉善部与平罗县的交界之地，黄河纵贯南北，贺兰山横亘于西。附近有丰富的煤炭，矿区距离小镇三五里。城中有商店 20 余家，其中大商号三四家，专营蒙古贸易。最负盛名的，是英德商人开办的 10 家洋行，分别叫仁记、平和、新泰、高林、聚立、瑞记等。城郊遍布瓷器作坊，生产的各种瓷器除了自用，其余都运到了邻省出售。

英德商人的 10 家洋行，主要收购皮毛。他们在西北各地广设外庄，以极低的价格收购，集中到石嘴子清洗打包，然后运回西欧，以支持他们的纺织工业。小镇的居民去甘肃、青海收回皮毛后，梳洗装包，用骆驼或木船运往包头。每年收皮百万张，毛 3000 万斤。每头骆驼载重 280 斤，运价到包头三两，到宁夏一两五钱。渡口有木船去往宁夏、包头、中卫等地，大船能装 30 吨货物。船运到包头春夏 50 两，秋 60 两，到宁夏春夏 30 两，秋 50 两。水路运皮毛、甘草、枸杞、麻等货物，陆路则运洋货、糖、茶叶、陶瓷器等。

石嘴子商贸的发展，带动了西北地区交通运输发展和区域人口的流动，三教九流、商贾苦力都来这里讨生活。陕、甘、内蒙古的小商贩带着些简单的生活用品来这里与牧民交换皮毛、牲畜，他们与回民融洽相处，使得空间上相隔千里的不同风俗开始融合。南来北往的一队队商旅人马，带着毛皮、茶叶、粮食等生活物资，每天穿梭在这里，在客店稍做歇息，与来自不同地方的人讲述着途中的趣事，在车马劳顿的疲惫得到暂缓后，又开启一段新的路途。

游牧地区的奶、肉制品和农耕地区的五谷杂粮两种不同文明的产物汇集到这里，食物数量丰富、品种多样、价格低廉。回族饭馆和流动饭摊是石嘴子小镇的一大亮点。石嘴子的回族人在传统饮食的基础上，结合各地商人的口味，制作出种类繁多的美食，如羊杂汤、油香、馓子、麻团等。较好的流动饭摊用木板或竹竿搭成棚子，上面覆一层布，摆几张桌椅板凳；简陋的则露天设炉灶，用一块木板做桌子，放几把矮凳，食客们或坐或蹲。摊主既为掌柜，又兼掌锅和伙计，售卖馒头、点心、油茶汤等。街上来往的商人、车倌儿、驮夫、脚力和走街串巷的小买卖人在劳累了一天之后，聚在流动饭铺，连吃带喝大汗淋漓。早在民国，石嘴子的饭馆就出现了现代的“美团外卖”，只要事先联系好伙计，无论什么时候饭馆都能把各种菜肴送到家。

遥想当年，食客们坐在饭馆的长条木凳上，端着大海碗豪饮茶水，品尝着西北地道的美食，聆听来往商人讲天南海北的故事，打听着各种有用的商业信息，真乃一道独特的风景！

石嘴子的客店里出入着形形色色的人，是商贸信息的汇集地。每家客店都有不同的顾客，有专供达官贵人们休息的旅店，这类旅店客房干净舒适，服务好。第二类是供行旅商人住的客店，条件较差。商人客店又按不同职业分类，有的招待牙纪，有的招待粮商，也有的招待马帮镖师等，普通行人只适合在行人客店里下榻。最后是车马店，一般都是宽敞的大房间，一进门是一盘火炕，炕上铺着一领苇席，一间房能住十几个人，属于最低档的客店。

商旅们到达附近的乡村，只能在沿途的车马店休息。车马店一般都位于路边，整个客店由一间砖木屋子和几间简陋的小房子组成，长而宽的火炕就是住宿的地方。炕上铺一领席子，有钱的客人在席子上铺上毛毡或毛毯。安置好骆驼后，掌柜的就请商人上炕，伙计给端上热腾腾的饭菜，吃完倒头便睡。在那个遥远的夜晚，西北客栈木头窗棂上麻纸映射着微弱的火光，似乎在诉说着能深刻影响这片土地的就是交流与融合。

生活素来平淡，没有轰轰烈烈的大事情，也没有如商旅走过街市般的喧嚣，有关石嘴子的故事都被覆盖在今天繁华的街市下，它的历史像黄河冲刷过的沙地一样，没能留下过多的痕迹，却是属于石嘴子“丝路驿站”的独家记忆。

如今，这座城市又以新的面孔出现，路边的垂柳依然有着绵绵絮意和依依情怀，在现代商业五彩缤纷的街市中独树一帜；沉寂了万年的贺兰山石刻，模糊的线条勾勒出具有象征意义的岩羊，现今置身巍峨的高楼中酝酿飞跃的梦想……

贺兰山以南黄河以北，广阔的宜耕宜牧地区，曾给石嘴子带来百年的兴盛，沧海桑田过后，古渡驼道早已被历史的尘埃湮没，取而代之的是日新月异的交通路线。旧日的商业小镇也变成了石嘴山市辖下的惠农区，却无法抹去石嘴山的地名由来和那段商贸历史的记忆。历史总会在某一时刻定格为永恒，“丝路新宁夏”的提出和建设，又将为这座城市增添历史的厚重与无限的发展机遇。

姚伏古意

吴全礼

秦、汉、三国、西晋、北周、唐、五代、北宋、西夏、元、明、清连绵不绝的历史烟尘里，这块今辖于宁夏石嘴山市平罗县的土地——姚伏镇，处处弥漫着不为外人所熟知的浓重古意，如同暗藏在一首首耳熟能详的诗词歌谣里的亭台楼阁，一直就在那里静观人世变换。翻开这本四年前编纂的《姚伏镇志》，对在一天之内匆匆踏访的几个溃败殆尽的历史遗址遗迹，我清晰地看到了这块土地上折叠着如此厚重纷繁的时光册页。

古墩烽火

明朝初年，退居漠北及蒙古草原的游牧部落继续与明王朝对抗，不断侵扰边境，对北方的农业生产造成严重的破坏。为了确保边境安全，防御外来侵犯，加强堡寨之间传递信息的需要，各堡寨在险要的地方筑建烽火墩。在有外敌来侵之时，点燃烟火通风报信，各堡寨就可提前做好防范措施。在109国道西侧不远处的大兴墩，是姚伏境内现存的唯一一座古墩。高家墩、傅家墩、上桥墩、下桥墩、张家墩……“十里一堡，五里一墩”之说，可见姚伏古镇当初堡寨设立的多少，也可猜测此地民众的生活境况。为了确保生活安宁，减少被掳掠的损失，在无力反击的情况下，只好采取筑堡修墩以自保。残破低矮的墩台，虽无当年高耸于堡寨之间的壮硕气势，但从残留的阔大基座上，可以想见冲天烽火对来犯者发出严阵以待的警告威力。可见当时的民众在国力不强之时，备受烽火不绝的困苦生活的煎熬。随着统治者的势力逐步加强，墩台作用被驻军的府城替代，黄土夯筑的墩台经风沐雨了几百年，成了一个时代满含着伤痛的鲜明标记。

墩台的土质已风化得完全失去了修筑时的质地，灰白脆弱，裸呈在天地之间，默然地承受着风雨的击打和阳光的曝晒，犹如一个无人管护的暮年老人一般。多少代人从它的眼前生长、繁衍、消失，刻印在它心里的陈年旧事足可以书写成一本厚重的史书。相对于那些拆毁的墩台复归于土地的命运，对这块土地唯一留存的大兴墩来说，是幸运还是不幸呢？

古墩留给以它命名的这个小小村落的，不单只是一个历史的痕迹，而是一种深厚的人文资源。比那些只是布展着一些破旧农具的民俗馆，所呈现出来的几十年的时光印记，要厚重且有意义得多。

古堡昔时

一个村庄就可能是一个家族扎根繁衍的发祥地，打开1985年这张姚伏镇行政区划图，大多数村庄以姓氏来命名：刘家庄、李家庄、蒋家庄、柏家庄、暴家庄……甚至有的湖洼也是以姓氏命名：王家湖、吴家湖、孔家洼子、闫家湾子、段家湾子、徐家南渠，还有哈家桥、尚家桥、申家房，等等。每一个村庄似乎就是一个家族，和明初堡寨设立的分布情况不是没有一点关系。村子里的那段堡墙和邻村残破的两段堡墙，是两个大家族的堡寨遗迹。因无家谱可查，随着有记忆的老人先后谢世，后人无法查起散落各地的族人去向。

当周城堡残留的那段3米高的土墙出现在眼前时，内心里涌起的是痛惜。姚伏镇境内的四座堡子，仅剩周城堡留存至今的这几十米残断的堡墙遗址。规模最大的姚伏堡，还有规模相近的高荣堡、新兴堡均无迹可循。周城堡遗址在姚伏镇政府北2.5千米处，109国道西侧。始建于明初，堡寨呈方形，东西长约300米，南北宽约300米，墙高两丈，宽丈余。堡寨内建有街巷、贸易市场、驻扎军队的营房。清乾隆三年（1738年）十一月二十四日发生的大地震，堡寨被震毁。目前，只剩堡墙东北角有残约3米高，长约30米的一段土墙，其他建筑荡然无存。残破的堡墙，在春天的晴空下，好似巨兽残存的一截骨殖，千疮百孔，横陈在荒滩野地，站在高处看上去更加令人触目惊心。

荒草掩盖的堡子，将旧时的遗迹遮蔽得看不出一点儿痕迹，一绺寂寞的风在荒草之上荡来荡去。水洼干涸的一角泛起雪似的白碱，散乱着破碎的青砖和瓦片，似乎还在诉说着那场灾难的惨烈。起伏的草丛下，有居民遗落在街巷的酸甜苦辣，有远方的货郎在贸易市场叫卖的吆喝声，有驻军在堡内外日夜巡防的身影……

古城背影

姚伏镇系历代边塞要地，4000多年前就有先民在此生息繁衍。秦北地郡、汉方渠、唐警州、宋定州曾在这里留下遗迹。此地东临黄河天堑之险，西有贺兰山之固，是历代兵家必争之地。历代统治者相继在此修筑城池，驻兵守卫，移民屯垦。城池遗址至今仅存清雍正四年（1726 年）修筑的新渠县城。

乾隆三年（1738 年）十一月二十四日发生的大地震，城垣低陷，东、南、北三门俱不能出入，只有西门低陷尚少，仅可行走。新渠县城南门下陷数尺，北城门洞似如月牙，县署堂脊与地平，顷刻间四处火起，哀号凄惨。随之，河水上泛，地裂黑水喷涌如注，顿成一片水海，户民被压溺而死者甚多，至此新渠县废置。银川解放后尚存的遗址南北长约 600 米，东西宽 450 米，4 条隆起的土梁呈现出县城当初的形状。后经多次开发改造垦荒筑路，至今只剩不大的高出周边农田的一方土堆，城内建筑规模无从考究。

阅读记载不多的史料，随着文字的描述，在脑海里一点点复原城内外的景象，北门以“览胜”命名该是有一定的说法的，北城门外的西河，在地震中陷入地下，已看不出一丝踪迹，西河上那座令人联想万千的纳秀桥，在春柳涤荡的季节该是何种美妙的景致！桥可纳秀，秀丽的景致不单单是一条西河两岸的田园风光，而如今桥与风景，还有那些伫立桥头看过风景的人，俱已成为过眼烟云。眼前残存的古城遗址怀抱着怎样的梦想？或许，没有什么风景比灾难更令它铭心刻骨，一刹那的地动山摇毁灭的不仅是一方令人流连的风景，多少生命覆于废墟之下，彼时的风景却是此时的噩梦。不堪回首，该是古城对翘首探望的今人唯一的作答吧。

古塔沧桑

刚出姚伏镇不远，就看到远处那座耸立的灰褐色古塔，在周围雕梁画栋的殿宇围裹下，如同一位打坐的高僧，历经风霜的侵袭和世事变幻，身心空灵专注修行于天地之间。目睹那饱经沧桑的容颜，你无法猜测它的内心沉积了多少难言往事，痕迹斑驳的塔身记得所有的经历吧。就像人的身体经历的那些病痛或伤害，或多或少都会留下些许的印记。这只是一个以俗人的心胸来度这座佛塔的修行，其实也是一种罪过。放不下的俗与放下一切的佛之间，相隔的是小我与众生的祈愿。看到塔，却难以看到千百年来归于尘土的芸芸众生，能写下的就是眼前这一瞬的时光和所见，经年之后，还会有人看到我们笔下的文字吗？

这座坐落在姚伏镇东北不到千米的田州古塔，之所以称田州塔，是因其所在之地为古田州。据唐代李吉甫著《元和郡县图志》载：“灵州有定远城，在州东北二百里，先天二年郭元镇以西城远阔，丰安势孤，固置此城、募兵镇之。”又据唐宪宗元和六年（811 年），“郭远镇驻兵灵武西北二百里，有废定州居于海外，流水浇地，俗称田州”等史料文献及有关专家考证，古代田州就是唐代定远城，西夏定州城的俗称。唐代、西夏皆为佛教盛行之期，曾大兴土木修庙筑塔。田州古塔是平罗县保存年代最早的古建筑，始建于唐元和五年（810 年），距今 1200 多年。塔高约 38 米，塔平面呈六角形，8 层楼阁式砖塔，是全国唯一一座双层塔建筑。层檐下雕刻着足以乱真的仿木结构的瓦垅、椽头、横额、斗拱和下垂的荷花头，还雕饰有佛像、人物故事，建造工艺精美绝伦。历经地震和战火的毁损，塔身遍布的裂纹和毁损的痕迹清晰可辨，史书记载此塔仅明代就遭受过大小地震百余次，几毁几建已无法考证清楚。

据《平罗史话》记载：相传很早以前，黑龙沟、蛟龙口和白虎洞有 3 个妖怪经常出没，伤人害畜，害得百姓没法生活。黑龙沟的黑龙白天藏在水沟里，夜晚出来看见人畜就抓；蛟龙口的蛟龙更是无恶不作，变成巨蟒生吞活吃人畜；白虎洞的白虎能呼风唤雨，年年用大风、冰雹祸害庄稼，眼看着好好的土地收不上粮食，老百姓缺吃少穿，被逼得走投无路。

南海有位神仙听说后，想从万里之外建起一座镇妖塔，然后迁到贺兰山北端的武当山上，作为镇妖宝塔降服 3 妖，为百姓解除灾祸。镇妖宝塔由南向北而来，走了九九八十一天，才到了平罗姚伏堡。到姚伏堡，宝塔落下身，问一位正看着田地发愁的农夫：“大哥，到北武当山怎么走？还有多远？”农夫抬头一看面前是一个高大的黑汉子，像个巨塔似的站在他面前，答道：“一直向西北走，还远着呢。看你又黑又粗又高，长得像个半截子塔一样。”农夫说完，转念一想说不准这是妖怪变的呢？于是用足力气挥动手里的鞭子，拦腰就给了黑汉子一鞭子，只听“咔嚓”一声巨响，黑汉子被抽成了两截。塔尖向南飞去落在了王澄堡，人称王澄堡塔。塔底子落在了原地，正好是田州，塔因地名称为田州塔，俗称姚伏塔。自从两截塔落地之后，3 个妖怪再也不敢出来残害老百姓。此地之所以称姚伏，是否有“妖伏”之意，也未可知。

本地诗人秦中吟在其所作的古体诗《姚伏塔》中的诗句：“遥对兰山沐雪寒，雷轰电劈独悄然。沧桑阅尽迎春色，利剑磨成向雨天。”寥寥数语，却好似道尽了古塔的古往今生，令人思绪万千。塔南门上的楹联：“一柱撑天东带黄河明献瑞，孤标拔地西屏兰岳秀争辉。”气势磅礴、精练准确地描绘出了田州古塔拔地而起、力擎苍天的气势，东以黄河为带、西以贺兰山为屏阔大雄浑的意境。“春暖灏风消冻路，夜照磷火照荒营。题诗欲吊英雄骨，把笔无言恨转生。”（明 胡链《过田州城》）诗人所看到的荒凉景象，古塔的前身也一定看到过。

离开四溢着浓浓古意的姚伏镇，夕阳下的田野、农舍在春意渐浓中呈现出一片祥和的景象。

三住宅的“凉皮情结”

石凡生

凉皮的故事

明朝末年，西北地区连年大旱，田间庄家颗粒无收，饿殍遍野，生灵涂炭，百姓四处逃亡。奇怪的是平虏城打硙口（今大武口区）北武当庙周边的贺兰山泉却依旧潺潺不息，百姓听闻后纷纷逃难至此祈求神灵庇佑，并在寺周韭菜沟、归德沟住下来。一日，一户人家孩子玩闹不小心将家中仅有的一点面粉撒入水桶。妇人无奈之下只得将面糊倒入盆中，多次沉淀，倒掉清水，最后取少许面汁放入锅中蒸煮，没想到面汁入锅后变成透亮的面皮。妇人取之切条拌入作料，众人食后拍手称奇，问此种食物为何，妇人因其凉拌而食，称之为凉皮。百姓纷纷将这一美食作为供品祭拜天神，祈求天降雨露。最终雨神被当地百姓的虔诚之心感动，化身一只凤凰，头北尾南扎入西大滩，两爪深陷地中，双翅一抖，一汪清泉涌出坑面化作一片湖泊，瞬间湖泊方圆数十里绿草丛生，庄稼重现生机，传说这片湖泊就是沙湖的起源。

1697 年，康熙皇帝走访宁夏，路过平罗（旧称平虏），已是午后，正值随行队伍人困马乏之时，便在陕西庙（口传旧地名）一棵大柳树下消暑，让随从在一湖边饮马（后人将此湖称为康熙饮马湖，在现今平罗前进乡境内），并命当地官员献上能清凉消暑的地方小吃。当地官员在焦急商议之时，一小吏提议上当地人制作的凉皮子，众人皆以为可以，康熙食后连连称赞。由此凉皮子名传西北。

“一五”时期，石嘴山会集了一批批来自全国各地的建设者，因条件艰苦，勤劳朴实的家庭主妇们跟着当地人学会了凉皮的制作，从此大武口凉皮走向全国乃至海外。外出给亲朋好友带一份大武口凉皮，是一份情深的礼品；归来吃一份大武口凉皮，是一种浓烈的乡情体验。

三住宅凉皮

原来的三住宅位于石嘴山市大武口区贺兰山南路原石炭井矿务局南侧文鹏小区内。大武口区三住宅凉皮店成立于1990年，店主张彩平1979年跟随丈夫来到大武口，刚来的时候，丈夫在石炭井二矿上班，她就在外面打一些零工贴补家用，由于还要照顾家里的两个孩子，张彩平便想自己做点小买卖，因为山东人有摊煎饼的习惯，所以张彩平对这种手艺很擅长，她看别人做凉皮看了几次之后，自己就学会了。1992年，张彩平由石炭井搬迁至大武口，在文鹏小区内自家的一间房里开始做凉皮、卖凉皮。冬天在家里连做带卖，春天、夏天、秋天在家里做好，在外面搭帐篷卖凉皮。那时做凉皮卖凉皮很辛苦、很累，一个人和面、洗面，一小锅一小锅蒸煮，晾好包好，各种作料、配菜弄好，再搭好帐篷去卖，还要照顾两个幼小的孩子，从早起5点，一直干到夜里12点，十分辛苦，由于手整天在水里洗面筋，手经常麻木，手脚都得了风湿性关节炎。劳累一天可以吃晚饭了，但吃着吃着就睡着了，一挨床，衣服没脱，就睡着了，再加上老是以凉皮充饥，吃不好，睡不好，劳累过度，积劳成疾就生病了。后来由于生意的扩大，在三住宅靠贺兰山路旁买了门面房，添置了机械设备，和面、洗面、炒芝麻等全是机械化，蒸煮由小锅变成大锅，这头放进去面糊，3～5分钟就蒸熟，那头就蒸出凉皮。大儿子辞去工作，也来帮忙，老公退休了，也来帮忙，又雇用6个女伙伴，现在只是管理，负责采购材料、销售凉皮，不但在家里卖凉皮，还在网上销售凉皮。现在轻松多了，再加上中药调理，原来累出的毛病全好啦。

现如今，29年过去了，三住宅凉皮以好吃爽口、暄而筋道的面筋，再配以香而不辣的秘制辣椒而驰名宁夏乃至全国，成为一道地方美食，温暖着许多人的美味记忆，更是男女老少四季皆宜的特色小吃。张彩平说，民以食为天，食以安为先。“食”字下面是“良”字，食品安全是个良心活儿。作为凉皮的生产和销售者，她始终坚持凭良心做买卖，良心是凉皮中的必备“添加剂”，坚持在每一道凉皮生产经营环节中注入良心，让每一份三住宅凉皮都成为“良心食品”。古人说，无须黄金万贯，只需一技在身。大武口区三住宅凉皮店始终专注制作一碗能让大家认可的凉皮，做好分内事，一心一意地在每日不断重复的工序里磨炼制作凉皮的手艺，这种手艺，真的要在添了岁月后才能真正地感受到其中的奥妙和精髓。

著名作家贾平凹说过，“人的胃是有记忆功能的。”一个人在年少时喜欢吃的美食，在他的味觉里会留下深深的烙印，即使长大了，也难以忘记。远离家乡的人每当尝到这种特殊的味道时，它们就会唤醒你对家乡、对家人、对亲情的无尽回忆。三住宅凉皮就是这样一种独特的美食。

张彩平家中兄弟姐妹5个，她在家中排行老大，张彩平的丈夫早年投奔叔父来到大武口区，在石炭井二矿上班，吃惯了山东煎饼的张彩平总是对面食情有独钟，她把这种对故乡实物的眷恋转化为当地人易接受的凉皮。她的“三住宅”凉皮店20多年来从未挪过地方，因此成了周围一带的地标。人们一说起三住宅，马上接着说三住宅凉皮。人们熟悉它，已如一件日用品。人们说，食物不仅能让我们流下口水，亦能让我们流下思乡的泪水。每个人都有对故乡的一份情感。大武口人都具有“凉皮情结”。出差的、毕业的、外出工作的、旅游的、旅居海外的、在外打工的回到家乡，一下车就会前往三住宅，随便把行李一撂，先吃上一两碗。跟着唇舌间的享受，出门在外的烦恼以及那种浓浓的思乡之情便也烟消云散了。

在三住宅凉皮店常见的一幕是——一位年轻的爸爸（妈妈）带着孩子来买凉皮对张彩平说：“小时候我就是吃着你家凉皮长大的，那时候我爸（妈）总是给我几块钱让我到你家来买凉皮回去给一家人吃，现在我带着孩子来买你家凉皮回去给爸妈吃、给孩子吃。”大武口区三住宅凉皮店制作的凉皮一直温暖着很多人的美味记忆，许多身在外地的朋友回到家乡必吃的是大武口区三住宅凉皮店的凉皮，临走时必带的也是大武口区三住宅凉皮店的凉皮。

人们津津乐道于三住宅凉皮的独特美味，却很少知道“三住宅”的具体含义。“一住宅、二住宅、三住宅还有四住宅都是石炭井矿务局家属住宅区的名字。文鹏小区过去就叫三住宅。”张彩平当初给凉皮店起名字，就是因为家在三住宅，很随意就叫了这个名字。如今，三住宅凉皮不仅在宁夏小有名气，而且销往全国各地，日均销售700份至800份，最多的时候一天甚至可以卖出千余份凉皮。2014年5月，“大武口三住宅凉皮”商标注册成功，2015年大武口三住宅凉皮店荣获宁夏报业日报集团和宁夏消费者协会联合颁发的“2015宁夏消费诚信推动单位”荣誉称号；2016年2月19日大武口区三住宅凉皮店制作的“大武口三住宅凉皮”在宁夏首届“金牌旅游名小吃”活动中被评为宁夏十大金牌旅游小吃；2016年12月在北京参加中国首届“金牌旅游名小吃”活动中被评为“中国金牌旅游名小吃”；2017年6月“大武口区三住宅凉皮店”被评选为“2017 宁夏旅游美食百家名店”；2018 年 12 月“大武口区三住宅凉皮店”被评选为“大武口凉皮名店”。

对于久别家乡的大武口人来说，带有家乡符号的三住宅凉皮，通过岁月的沉淀与发酵，已经幻化为乡味的一部分。在继承发展的道路上，“大武口三住宅凉皮”将始终不忘“粮食的味道”“良心食品”，让中华特色美食享誉国内外。

大武口

石凡生

宁夏回族自治区石嘴山市大武口区，建于1959年。大武口区隶属石嘴山市，位于宁夏北部，是因煤而立、因工而兴的老工业城市，成立于1973年6月，是宁夏工业重镇石嘴山市党政机关所在地，被中央文明委命名为全国创建文明城市工作“先进城区”。探明煤炭储量23.61亿吨，年产量1000万吨。享誉世界的太西煤储量达6.55亿吨，广泛用于冶金、化工、建材等行业，被誉为“太西乌金”。

从打硙口到大武口的演变

地名，是一个地方的名片，也是一个地方文化内涵的集成，体现了一个地方的文化底蕴和历史渊源。

“大武口”这个名称到底是怎么来的呢?

大武口在明、清时叫打硙口，即打制磨盘石的山口。民国三十二年(1943年)，宁夏建设厅厅长李翰园赴贺兰山清水沟光华陶瓷厂视察，途经今长兴街道办事处（原大武口乡），为该地“打硙口学堂”题写校名时，认为打硙口名称不雅，改书为“大武口学堂”，并解释说“大武口”为武士们曾经在这里打仗的意思。到清同治二年五月（1863年7月）的文献中，首次出现“达武口”，后逐渐演变为“大武口”。从此，“大武口”这个名称被作为正式地名开始使用。

星海湖像美丽的明珠镶嵌在大武口。星海湖，“星”指群星灿烂，是世纪之星，希望之星；“海”指五湖四海，寓意群策群力，发扬石嘴山精神，创造石嘴山速度，推进石嘴山发展。星海湖是为改善大武口城市环境，建设山水园林化城市而建，距大武口区市中心2千米，大平公路傍湖而过，距北武当生态旅游区仅5千米，总面积30多平方千米，由声琴岛、鹤翔岛、鸟群岛等岛屿组成。这里沙鸥翔集，野鸭成群，种类繁多，芦苇苍翠，蒲草连连，清波幽静。清晨的星海湖，美景如画：彤红的太阳、碧绿的芦苇荡、银色的湖面。当第一束金色的阳光投进清晨寂静的湖水中，刹那间激活了一湖清波。湖里有快艇，它的速度飞快，有时候好像要把人甩出去似的。晚上，明亮的月亮照在湖里，就像一面闪闪发光的大镜子，这时候，在湖边散步，会觉得格外凉爽、舒适。

美丽宽阔的北武当河在大武口城中穿过，就像一条弯弯曲曲的玉带。河岸两侧是各种花卉和青翠欲滴的树木，姹紫嫣红、桃红柳绿；游戏乐园星罗棋布，游人如织，尽情玩耍，一派欣欣向荣的景象。晚上站在岸边，仿佛置身于桂林的三江旁。沿北武当河东岸，是12车道笔直、宽阔、亮丽的星光大道，每到夜晚，亮如白昼，休闲的人们，三三两两、说说笑笑漫步在大道上，享受着美丽的夜晚，很是惬意。

大武口高楼林立绿树成荫，街道两旁，种了两排各种树木，春天各种果树开花，秋天各种果树硕果累累，树木下，是各种花卉笑逐颜开，树上遍插各种霓虹灯，闪烁不定，一条街道，一种灯光，疑是天庭。历史悠久精心打造的青山公园、和平鸽广场、人民广场、汇泽公园、绿园、雅园等遍布各个角落，供人们休闲玩耍。石嘴山市图书馆、大武口区图书馆藏书百万卷，窗明几净，环境优雅，每天向莘莘学子开放。

北武当生态旅游区是国家2A级旅游景区，位于石嘴山市大武口区西北贺兰山东麓，朝阳西街起始点。从市区中心乘出租车10分钟可达。北武当生态旅游区由5个景点组成：占地1万余亩的人工生态林区——大武口森林公园展现了西北干旱荒漠地区生态建设的特有风貌；始建于清康熙四十年（1701年）的北武当庙，为四进院落的建筑群，布局自然，错落相间，整座建筑结构精细，对称呼应，庄重优美，是一座儒释道三教合一的古庙。清光绪年间，慈禧太后曾钦书“护国寿佛禅寺”。省级地质公园——贺兰山北武当地质公园，占地68.8平方千米，是一个拥有典型的地质历史演化过程的天然博物馆。韭菜沟为贺兰山内的一条原始山沟峡谷，全长10余千米。发现于1994年的小渠子沟古树化石，为2亿多年前的古植物，属台木，出露地面约8米，树原长40多米，树径60厘米，具有较高的研究、观赏价值。

中华奇石山位于星海湖之畔，是一处集园林绿化、园林石、古文化展示于一体的生态景观。原为大武口区电厂粉煤灰场，经过20多年的强排放，粉煤灰场占地1平方千米，存量1100万立方米，最高处达18米，山上的浮灰有10厘米厚。平时污水横流、草木难生、粉尘弥漫，与对面的煤矸石山号称“蹲在大武口东大门的两头黑熊”。每当刮大风时，山上的沙尘可以飘到四五千米以外的地方，是大武口区的主要污染源。

经测算，煤渣山堆放的粉煤灰铺成1米厚的煤渣路，将覆盖大武口1/3市区面积，如果用车拉走，且不说运力怎么解决，堆放地又将成为最大难题，还会造成新的环境污染。随着星海湖的建设，如何改造粉煤灰场成为一个重要的课题。市领导通过考察及征求意见，决定利用煤渣山已经形成的地形，在山上覆土1米，建设中华奇石山，这样不仅能体现石嘴山的“石”文化特征，同时还能变不利为有利，因地制宜，建设一个以原始生态韵味为主题风格，蕴含石嘴山人文内涵的景点。

中华奇石山自2005年4月开工建设，按照规划，分布有世界园、西北园、东北园、民族园、西南园、华南园、石嘴山精神园等21个园区，共有4万多块全国各地奇石以及民族大团结雕塑园、民族之花雕塑园、世界名人雕塑园、中国著名科学家雕塑园等10个雕塑园，竖人物雕像265个，文碑12块；建成石文化园4处，奇石园32个，摆放各类名石600余块；建设亭、阁等园林小品10处，绿化1360亩，栽植各类乔木3.2万株，灌木33万穴，草花12万平方米，美丽的蝴蝶湖、七星广场，还有三十六计擎天柱、三十六计碑等。

现今中华奇石山功能设施已基本完善，达到了三季有花、四季常绿、怪石争奇、生态环保的美丽景观，成为人们休闲旅游的好去处。被中国观赏石协会授予“中国观赏石博览基地”称号，中华奇石山旅游景区既是文化旅游项目，又是市民休闲锻炼的公园，同时也是科普教育和石嘴山最大的爱国主义教育基地。

森林公园位于贺兰山南麓北武当庙与大武口区之间的山前洪积扇上，是大武口区发扬拼搏精神在乱石滩上建设起来的具有特色的旅游景区。一期工程占地4500亩，二期工程占地5500亩，园内树木花草皆为人工种植，共栽植适宜生长的松树等树木80多个品种37万余株，具有较好的观赏效果。同时，兴建了别具特色的热带植物园、荷花池、观景广场、森林公园纪念碑等，形成了初具规模的森林景观。

位于大武口境内的贺兰山归德沟，在整个贺兰山脉系中有着得天独厚的优势，沟内主要有“四景一泉”，即古长城烽火台景区、古岩画群保护区、钻洞沟自然风景区、沙窑田园景区、芨芨滩山水泉。这些“景”和“泉”形成了一条亮丽的风景线，是贺兰山的一大美景奇观，尤其是钻洞沟自然风景区内的各种景点别具一格，有“仙鹤峰”“望夕狮”“十三潭”“七仙潭”“龙头钻官桥”“拉一把坡”“蛤蟆峰”“灰鹤窝”“仙人洞”“神色潭”“七棵柏”“双乳峰”等景点，还有各种美丽的传说，清冽可口的山泉水。

韭菜沟位于武当庙北侧，为贺兰山的一条原始山沟，峡谷全长 10 千米，四面环山，清凉幽静，水草丰美，秀色可餐。峡谷中的“情侣峰”“天门洞开”“山神巡游”“力士探险”……天然形成，美不胜收，让人恍惚置身于张家界的天子山，又仿佛信步于金鞭溪。沟内蜿蜒着一条清澈的小溪，汩汩流淌，泠泠作响，为天然矿泉，甘爽宜人。韭菜沟的军事位置，弥足珍贵。明代的军事家为抵御敌人的侵略，曾在山峦重叠、海拔 1500 多米高的山顶上，修建了一段长约 2000 米的长城。

省嵬城的城

吴全礼

省嵬城西夏遗址位于石嘴山市惠农区庙台乡境内，现存城址略呈方形，城墙为黄土夯筑，残墙高2~4米、基宽13米。南墙有城门，遗址最高处是一座4米高的烽火台。历经近千年的风霜雨雪、纷飞战火、地震与人为破坏，遗迹千疮百孔面目全非。

只言片语的历史史料，寥若晨星的建筑遗迹，一个存续了190年的西夏地方割据政权，给我们留下的只是一抹浅淡如痕，且在不断走向历史深处的背影。

西夏，一个少数民族政权出现在中国西北的历史版图上，它以弱小的实力，在延续了100多年的历史中，先后与同时代的宋、辽、金相抗衡，创造出了独有的民族业绩和民族文化。

而今伫立在世人面前的，只有贺兰山脚下昂首挺立的逝者已逝的土冢，尚存一丝烟火气息遗迹的省嵬城。时间的针脚穿缀而出的历史痕迹，也会在时间的流逝中逐渐漫漶不清，犹如风烛残年的老人经不起些微的推搡，更何况人为的挖掘与铲凿。

省嵬城西夏遗址被评定为全国重点文物保护单位。2018年8月23日，新闻报道《8人盗掘西夏古城遗址钱币一万余枚　主犯获刑10年》，再度引人关注。

据传说省嵬城是因大地震而毁灭，全城只有父子二人得以逃生。

省嵬城毁于地震，在史料中多有记载，在这里向人们讲述了流传于民间的传说。

兴盛一时的省嵬城，商贾云集，有人传说城中降有一匹金马，各路侠客纷纷到此明察暗访。城中老人们告诫子孙，那本是镇城之宝，万万不可妄动。怎奈贪财者私欲难禁。驻守此城的官府邢大人因治城有方，多次受到皇帝褒奖，家私日益丰厚，贪欲之心渐生，一日日变得昏庸起来，城中抢女夺财的事屡屡发生，民风日衰，也放任不管。

城中有个穷秀才姓刘名贡，多次考试而不中，仕途之心渐死，便在城中以私塾馆授课糊口。刘秀才满腹经纶，只因触怒过邢大人，每次参加考试都会被暗中作梗，只好精心授业解惑。面对邢大人的刁难和富家子弟的捉弄，为了将来能把儿子送上仕途，刘秀才能忍则忍。

那晚，刘秀才被邢大人逼迫抄帖至后半夜，郁郁寡欢地从教馆回家，忽然看到城楼塔顶射出夺目金光。莫非是那匹金马现身了？读书之人岂能做偷盗之事，刘秀才继续走自己的路，可那束金光一直射向他的双眼，使他难以看清脚下的路。心里暗想：难道是仙人有意试探我？恍惚间塔顶的金光不见了，低头再看，自己已经站在了家中院内，大惑不解。若要把金马的踪迹告诉邢大人，那自家的日子肯定能好过些，刘秀才被自己的念头吓了一跳，就算饿死也不能做出此等卑劣之事，何况金马牵系的是全城百姓的安危呢？

邢大人暗中派出的差役四处打听了很长时间，有关金马的线索一点也没搜查到，还被一个骗子骗走了不少赏金，差役被邢大人怒打了一顿。垂涎金马的邢大人心生一计，发布告示要修整城中街道路面，役使城中居民掘地三尺。不仅拆了不少民房，还杀了不少无辜百姓，刘秀才的妻子就因慢走了几步，也被差役打死了。偷盗疯狂，赋税严苛，许多城中的生意人和百姓远走他乡，昔日繁华的街市日趋萧条。

刘秀才的邻居王大妈一家也要外出谋生，临行前，劝刘秀才一家和他们一起到外地去。刘秀才喝了点酒，说城中的金马迟早会把祸害百姓的邢大人除掉，日子肯定会变好的，说什么也不肯走。见王大妈似信非信，刘秀才就把看到金马的事说了出来，叮嘱王大妈千万不能说出去，一旦金马到了邢大人的手里，遭殃的还是老百姓。

王大妈以为刘秀才说的是醉话，在城里住了几十年，谁也没见过金马，就当笑话说了出去。话传到了邢大人的差役耳朵里，刘秀才被抓了起来，逼他说出金马的下落。刘秀才打死不招，邢大人有意放他回家，说给他三天时间，若还找不到金马就斩他全家，暗地里派人紧盯他的行踪。

一个冬日寒冷的夜晚，刘秀才的儿子冻得直往他怀里钻。刘秀才起身出去想弄点柴取暖，刚出门就见一道金光从塔顶飞出，一匹耀眼的金马向西飞奔而去。不仅邢大人想得到金马，留在城里的不少居民也不是没有想法。有不少人也在暗地里查找金马的下落，令刘秀才很是鄙视，劝说那些人贪心贪财只能带来灾祸，可没多少人能听得进去，还讥笑他迂腐木讷，说只要有了金马不愁没好日子过。想到明天就是第三天了，刘秀才想金马只要安全了，自己舍出这条命能为城中的百姓换来好日子也值得。只是可怜五岁的儿子，已经没了母亲，再没了父亲该怎么活？正想着，就听院外有人喊："枣梨、枣梨，卖枣——梨了！"

大冬天的，天还没有亮，哪来的枣梨呢？刘秀才站在院里听来听去，确信自己没有听错，便半信半疑地拉开门，就见一位鹤发童颜的老者，挑着一担鲜枣、鲜梨在他家院门口大声叫卖。儿子听到了喊声，迷迷糊糊地出来，喊着要吃枣梨。刘秀才掏了半天兜才掏出一点儿钱，想给儿子买几颗枣。老者嘴里叫卖着，却转身向城外走去，也不说卖还是不卖，刘秀才拉着儿子好声求着老者，老者依然不为所动，边喊边加快了脚步，眼看着就出了城门。

在城门不远处老者放下担子，还在叫卖。有几个跟出来看热闹的，见状说老头有病，吵吵嚷嚷地影响了他们睡觉，转身回家去了。刘秀才拉着儿子追到担子跟前，老者起身挑起担子跑了起来。刘秀才见状恍然大悟，"枣梨莫非是早离？"想到金马从塔顶向西飞走了，看来这个城怕是保不住了！

刘秀才意识到这是金马变成了仙人要救他们的，于是转身向城里边跑边喊：大家赶快出城呀！还没等他跑到城门口，大地突然剧烈摇动，转眼整个城沉入了地下，变成了一片废墟。

遗址附近居住的村民叫这座古城为"省悟"城，是发音的巧合，还是对古城传说的演绎？可能兼而有之吧。

"省嵬"与"省悟"之间到底暗藏了什么样的奥秘，其实并不重要。重要的是这座古城本身所承载的不可小觑的历史与文化。俄国探险家柯兹洛夫对黑水城遗址的疯狂挖掘掠夺，让大量的西夏文献陈列于异国他乡，给远去的西夏揭开了历史的封尘。

夕阳西下，高远的天穹，云烟流动，缥缥缈缈，扑朔迷离。城内，一片空旷，塔台林立，宛若星辰。西望，贺兰山体横空出世，绵延连亘，巍然屹立。在夕阳余晖的映衬下，古城依然显得苍凉、厚重，而静寂又为古城平添了几分神秘。

惠农渠

张碧迁

在通往贺兰县立岗镇星光村的乡间小道上，一排排挺拔的白杨像站岗的哨兵坚守在小道两侧，小道边各个支渠将茫茫的农田分割成大小不一的“方阵”，茄子、辣椒、西红柿、南瓜……五彩斑斓的蔬菜分布其中，而造就如此迷人乡间景象的正是笔者要探访的惠农渠。探访中笔者不仅听到了古渠的往事，更是闻到了诱人的田野清香……

水土肥美人富足

当走进方块状的蔬菜地，各种蔬菜“方阵”让我迷失了方向，正在不知该走往何处时，看到远处驶来了两辆拖拉机，还有车厢里满满堆起的西红柿。为了打探惠农渠在哪儿，笔者只好拦下了其中一辆拖拉机，开拖拉机的菜农王凯盛告诉我，车上拉的西红柿就是用惠农渠的渠水浇灌的，后面开拖拉机的是他的父亲。

当我问他为什么跑这么远承包土地时，他告诉我：“不仅仅是我们，还有很多外地人因为这里土壤肥沃、灌溉便利慕名来此承包土地种植蔬菜。此外，还有一个吸引大量外地人来此种菜的重要因素，那就是贺兰县的很多乡镇都建立了蔬菜基地，能吸引很多外地客商前来采购，远的甚至有来自香港、东莞、广州等地的客商。”

欲找惠农渠　先寻江南村

在王凯盛的指引下笔者来到了星光村的一条渠边。当看到这条渠时，笔者感觉和自己所了解的惠农渠相差太大，作为河西的一条主要干渠为什么显得如此没“气魄”？带着疑问，我咨询了惠农渠管理处的工作人员后，才知道这条渠并不是惠农渠的主渠，而是一条叫熊家渠的支渠。

究竟惠农渠的主渠在哪里？尽管笔者沿路探访了汉延渠、第二农场渠、唐徕渠等灌区，但还是没能找到。在火星村时，一位70岁的老人告诉我，要想找到惠农渠主渠首先得找一个叫江南村的地方。在老人的描述中，江南村正是惠农渠进入贺兰县的入口。

当笔者来到江南村找到惠农渠时，立刻为眼前诗意般的景象所吸引。村子边有美丽的湖泊、田间地头有潺潺的流水，在惠农渠上，还有久经风雨的古桥。沿着渠边看去，芦苇生长茂密，苍鹭等野生鸟类恋恋不舍地盘旋在村子上空。由于这里生态环境好，人为干预少，苍鹭等野生鸟类在此迁徙停留和栖息繁衍。

江南村村民许建国说："我们村之所以和江南的村庄有一拼，这还得感谢惠农渠，虽然惠农渠渠身比较低，但江南村处于入渠口，每7000米就有一个节制闸，抬高了水位，保障了两岸农田的灌溉，使我们这一带成为贺兰县水稻种植面积最大的区域。"

开凿者　引来一段凄美的传说

笔者在江南村与村民交谈时得知，当地流传着一则关于惠农渠的故事，而故事的主角就是它的开凿者通智。

传说通智奉雍正的旨意在河西灌区开渠以后，对于沿渠新设置的堡名，都以自己的姓"通"字命名，如通宁、通朔、通贵、通昌、通吉、通伏、通城、通惠等，号称通八堡。通贵、通吉、通伏等堡名，至今还在使用。

谁料通智这样的做法传到朝廷后，便遭到同僚的攻击，攻击者认为这些渠以"通"字冠名，就是证明通智把开渠的所有功劳全记在自己的名下，想图谋不轨。雍正听信谗言后，降旨将通智在惠农闸处死。通智杀头后尸身不倒，这一怪象吓呆了监斩官，监斩官奏明雍正之后，雍正觉得把通智杀得实在有点冤枉，但人头落地，也没办法让他活过来，于是就封通智为大清渠、汉延渠、唐徕渠、惠农渠四渠总龙王，并在被杀的惠农闸处为通智修建寺庙，规定每年四渠开水之时，首先祭奠总龙王。同时还规定，文官在此下轿，武官到此下马，进庙祭奠，直到"文化大革命"中，寺庙被拆。

1729年，惠农渠是雍正皇帝派遣当时任兵部侍郎的通智、督臣岳钟琪和宁夏道单畴书所建，建成后的惠农渠由朝廷赐名为"惠农渠"，俗称"黄渠”。最初修建的惠农渠由于渠道低洼、承揽了各渠沟的退水，深受其害的老百姓便叫它“腌水渠”。贺兰县至今还流传着“金唐渠，银汉渠，要着吃的惠农渠”的说法。后经多年的修整，惠农渠实现了真正意义上的“惠农”，由原来的300里“腌水渠”变为宁夏引黄灌区长度最长、灌溉面积仅次于唐徕渠的一条大干渠，跨青铜峡、永宁、银川、贺兰、平罗、石嘴山六市县，实际灌溉面积达9044公顷。

尹家渠　两条截然不同的渠

为了寻找到关于古渠更多的记忆，笔者沿着惠农渠边继续前行。不经意间，迎来了西行落日，在落日余晖下，蛙声充满了整个乡间的小路。

伴着余晖行至星光村时，一条支渠引起了笔者的注意。据村民介绍，支渠叫尹家渠。因为在市区有一条尹家渠街，这条渠是惠农渠的一条支渠，主要灌溉面积是星光村附近的区域。

流经星光村的尹家渠在惠农渠东边，长度仅为13.8千米，而银川市位于惠农渠的西边，从地理位置上来讲两者离得太远。笔者查阅1988年出版的《银川地名志》，查找到现尹家渠街附近确曾有过一条尹家渠，而尹家渠街正因此渠得名。综合史料及赵进清的分析，我面前的这条尹家渠和市区的尹家渠街只是重名而已。

古渠边　黄渠桥羊羔肉香气四溢

惠农渠因灌溉之利在宁夏平原得名时，它所流经的黄渠桥孕育出一种美味也让更多的人闻香而至，那就是黄渠桥的羊羔肉。现今的黄渠桥已不仅仅是惠农渠上的一座桥，“黄渠桥”这3个字已经成了一种美食的象征。

如今走在市区的大街上，就能看到很多招牌上醒目地标示着“黄渠桥”羊羔肉。虽然黄渠桥羊羔肉看起来和其他地方的羊羔肉没什么两样，但是正宗的黄渠桥羊羔肉在做法和选料上有自己独特的风格。在羊羔选择上，一般选择7公斤至10公斤重的本地羊羔。羊羔太小，肉嫩无味；羊羔太大，肉老不嫩。此外，黄渠桥的羊肉在烹饪的时候也特别讲究：3厘米见方的羊羔肉，须用本地老井里的清水浸泡，泡过的羊羔肉不但全无膻味，而且肉质鲜嫩无比。黄渠桥羊羔肉还有一个很奇怪的地方，就是如果你把黄渠桥的羊羔肉和水带到其他地方，都做不出在黄渠桥本地所烹饪出的那种口味。

正如一段广告语，黄渠桥因爆炒羊羔肉而声名远播，爆炒羊羔肉因黄渠桥而誉满天下。那里飘出的羊羔肉的香味，不仅温热着宁夏平原上众多的味觉，更成为宁夏人民关于美味的古老记忆。

天子桥的来历

侯　静

民间相传，清朝康熙年间，康熙皇帝在宁夏坐镇指挥征讨噶尔丹叛乱时，曾经微服私访了平罗古城，留下了“康熙饮马湖”等很多传说。

传说发生在平罗城南的尧甫堡（今平罗县姚伏镇）。有一天，康熙皇帝为了考察民情，扮作商人，头戴瓜盖帽，身穿青布袍，脚蹬一双黑布鞋，骑着一匹枣红马，带着两位骑马的随从，离开了宁夏府城，前往北面的平罗。太阳偏西的时辰，康熙和随从才赶到了唐徕渠东边的田州古塔旁，人困马乏，想找个地方歇息。抬头远望，唐徕渠西边是一座土夯高墙的堡寨，正是尧甫堡，康熙和随从便骑上马直奔堡寨。到了唐徕渠边，只见渠宽水急，渠上并着有两人的腰一般粗的柳木歪树搭成的人行木桥，桥面破破烂烂，窟窿天窗，凑合着能过去行人，但马匹说啥也拉不过去，康熙急得来回踱步。这时，渠西来了一位50多岁的农夫，高声问道：“几位掌柜过桥吗?”康熙应声说：“正是，请问老哥高姓大名，快帮个忙吧，我等过桥要到堡寨投宿。”农夫回答说：“我叫张明，是本堡寨的堡长，掌柜莫着急，我去找人。”不一会儿，张明带来几个人，用树枝和麦草将桥面上的窟窿填修好，把康熙连人带马领过了桥。张明热情地问康熙：“掌柜的到这里干啥?”康熙回答：“原本想到平罗城做些小生意，走到这里天色已晚，只好借住一宿，明早再赶路，这儿怎么连座像样的桥也没有?”张明微笑着说：“我们这儿是个穷地方，唐徕渠上下20里没有能过车马的石头桥，拉运东西只能等到渠水干了，从渠底穿过去，堡子里也没个客栈，如不嫌弃请到我家里住上一宿吧。”康熙见张明为人和善，便答应说：“那就麻烦老哥了，请问老哥修一座能过车马的石头桥得花费多少银两?”张明粗略地估算了一下回答说：“大约需要千儿八百两吧。”

第二天早晨，康熙和随从启程北行，让随从拿出几两碎银给张明说：“请收下吧，这算我们的食宿钱。”张明死活不肯收。康熙劝说：“那就分给修桥的兄弟，算作辛苦费吧。”张明只好勉强收下。康熙又对随从说：“这里的百姓很不容易，回去立即发帑银一千两，交给张明修一座能过车马的石头桥。”随从应道：“嗻。”张明送走三人，仔细琢磨起“帑银”和“嗻”字来，他知道帑银是国库的钱，能够拨付国库的银两，一定是朝廷的大官，“嗻”是满族仆人对主人的应诺。张明快速赶到平罗官衙，把事情的前因后果对千户和参将细说了详情。几个人一合计，最近康熙皇帝到宁夏御驾亲征噶尔丹，莫不是康熙皇帝微服私访到了平罗呀！千户胆战心惊地说：“修桥铺路本是地方官的责任，哪敢惊动万岁爷让朝廷出银子，我等马上自己筹资动工修桥吧。”参将也同意出资修桥，于是，很快便在民间召集了一批能工巧匠，由张明带领工匠施工，建造了一座单孔石拱桥。石桥完工正在举行庆典时，来了两位骑马的官差，下马便问：“哪位是张明堡长?”张明上前回答：“我就是张明。”官差卸下褡裢交给张明说：“奉圣上谕旨，特送来造桥白银一千两请收下吧。”同时，又拿出了康熙御笔题写的“张明桥”三个大字。参加庆典的官员和百姓听说皇帝送来银两造桥，马上跪倒高呼：“谢主隆恩，万岁！万岁！万万岁!”庆典结束后，千户主张说：“请工匠将圣上御笔刻碑敬立桥头，以示纪念。”张明阻止说：“万万不可，我怎敢贪天之功?还是改为‘天子桥’刻碑敬立，以谢圣恩。”千户说：“圣意不可违，那就立两个碑，桥西立‘张明桥’，桥东立‘天子桥’吧!”从此以后，这座石拱桥被人们既称为“张明桥”，又叫作“天子桥”。

后来，单孔石拱桥拆除，新建了一座多孔石拱桥，但“张明桥”和“天子桥”的称呼却一直流传下来了。

沙湖，一个爱情神话

曹吉芳

有沙有水，沙水相依，融江南水乡之灵秀与塞北大漠之雄浑为一体的沙湖，自然天成的美，源自一个古老的爱情神话的滋养。

被爱情滋养的生灵

鱼是水的精灵，水是鱼的天堂。走进沙湖，宽广深浅不一的水域中，寄养着几十种鱼类。最为神奇的是：毛主席青睐过的武昌鱼，在这里也有迹可循。荡舟苇间，吟诵着领袖的“才饮长江水，又食武昌鱼”，豪情壮志不胜言表，感觉自己就是那个风华正茂、意气风发、指点江山、激扬文字的青年才俊。

在红日初升，霞光万丈时，一条条鲤鱼跃出水面，晶莹的鳞片镀上光芒，通体彤红。张开的鱼鳍像飞翔的翅膀，摆动的尾鳍，划出优美的弧线，蔚为壮观。

沙湖的苇，四时不同，景亦不同。春天，芦牙钻出水面，探着尖尖的脑袋，嫩嫩的箭镞似的芦叶，翘首蓝天。水鸭在苇间嬉戏，小鸟在苇枝上跳跃。

盛夏时节，芦苇一簇簇，挨挨挤挤，蓬勃向上，散布在湖水中，从苇根到叶尖都冒着油油绿意。它们疏密相间，抱团而生，其间曲径通幽，引得游人摇橹而入，一探芳踪。远远望去，整个水域像一块质地光滑柔软的少女衣裙，而一丛丛苇群，似几块碧玉镶嵌在上面，清丽、鲜活；又像天上的云印在湖中碧绿的影。

秋天来了，芦苇泛黄了，通体金黄，一根根直立着，芦叶簌簌，似与秋风吟唱，演奏着秋的协奏曲。

冬天到了，雪白的芦花，柔柔的，像一簇簇轻盈的羽毛，在风中摇晃。无论你何时光临，沙湖的苇，都让你有耳目一新的感觉。

沙湖的沙，细腻柔情而顽皮，顺着指尖脚尖滑过，轻柔地抚摸着你，令你惬意。面对浩瀚的朴实热情的沙，情不自禁地舒展四肢，来一个深情的拥抱，感受一份温情。

清水出芙蓉，天然去雕饰。沙湖的美，不用刻意装饰，有了水、鱼、苇，沙就自然天成了，就像一份古老的爱情，爱了，便相依相守万年。

凄美的爱情神话

一个美丽的蒙古女子，名叫贺兰。出生在广阔无垠的草原上，骑马射箭，天生就会。本领了得，就是一些常年骑马打仗的草原男儿都自叹不如。与一般草原姑娘相比，贺兰更是诗词歌赋、吹拉弹唱，样样精通，被称为草原上“最有才华的女子”，受到了草原之王成吉思汗的青睐。

探古寻今一直是贺兰的兴趣所在，因为想一睹天山原始岩画的风采，便寻之。一路被苍茫雄厚、寂静辽阔的北国风光吸引，策马疾驰，一路南下，便到了宁夏平原。远眺黄河浩浩汤汤，横无涯际，浇灌万顷良田。平原之上，土地平坦，庄稼长势茂盛，到处一派安详平和，有草原风光无法比拟的美，贺兰便爱上了这里。由于连日奔波，贺兰姑娘的体力不堪承受，病倒了。在她四顾茫然、举目无亲时，上天赐予她今生今世最好的礼物，她遇到了命中注定的那个人。

漠汉是西夏的王室，他高大英俊，文武双全，性格豪爽，是多少老丈人眼中的佳婿。蒙古姑娘看见漠汉的第一眼，便深深地爱上了他。那一刻，她知道今生，她的心里再也装不下别人了，就连那英武盖世的成吉思汗，和漠汉相比，所有的光环都在隐退消失，已显得微不足道了。她把自己的心完完全全交给了漠汉，目光热烈而深情，透着今生非他不嫁的坚毅。

漠汉也深深地爱上了眼前这个蒙古女子，她美丽、高贵。尤其是敢爱，毫不掩饰自己炽热的爱，一双眼眸燃烧着熊熊的爱情火焰，把自己的身体灵魂都点燃了，他的此生，都是为她而来的。他的情、他的爱，都因她而生。可眼前的她，又是那么娇弱无助。看着病中的贺兰，漠汉的心一阵阵刺痛。今生至此，他的心只为她痛过。被爱情燃烧着的漠汉遍寻名医，已经三天了，他衣不解体、食不下咽地守在贺兰的床前。握着她冰冷无力的小手，他内心充满了恐惧，他怕失去了她，太怕了。从小生活在宫廷之中，见惯了血雨腥风的斗争，也见惯了流血死人。身边的王室宗亲也一个个相继离他而去，那时，他的心也没有痛过。置身于权力游戏中，至亲们表面上一团和气，好像谁也离不开谁，在心里，巴不得对方立马暴死，甚至不惜暗算。但此时的漠汉，那么恐惧死、害怕死，他怕死神把贺兰带走。想到这儿，漠汉“扑通”一声跪倒在地，他磕头作揖，嘴里念念有词：死神，求求你了，千万别把贺兰带走，如果真要把一个人带走的话，那么就把我带走吧。身为王室的人，对于神灵，漠汉一直是半信半疑的，他知道命运掌握在自己手中的刀尖上，可此时，为了心爱的姑娘，他捣蒜般地磕着头。

看着贺兰，漠汉呢喃着：你不能死，我还有许多的话和你说，我要告诉你，我有多爱你，只要你能活过来，你就会明白我爱你有多深，我会让滔滔的黄河水告诉你。如果你就此一睡不醒，那么我会追随你而去，就让我们躺在初次相遇的地方，你为水，我为沙，这样我就住在你的心里了，被你的柔情包裹，而我将是你千年不变的守候。

真情足以感天动地，在漠汉的絮语中，贺兰醒了，看到自己心仪的男人守在自己的身边，贺兰苍白的脸上露出幸福的笑容，紧紧地依偎在漠汉的怀里。搂着心爱的姑娘，漠汉幸福无比，他多么希望时间因此停留，岁月为他们静止。

在以后的两个月中，他们朝夕相处，看晨曦中一点一点升起的红日，放马驰骋在鲜活嫩绿的宁夏平原上，让风吹过耳际，闭目细嗅空气中幸福的味道，看黄河古渡，感受大漠落日的苍凉雄厚，因为有彼此的陪伴，那是他们一生中最幸福的时光。

幸福中总是隐藏着一丝丝忧伤。在蒙古草原上，人人都知道贺兰姑娘的未来是成吉思汗的妃子。在西夏人的心中，漠汉铁定是西夏国的驸马。此时，一缕忧愁笼罩着他们，但谁也不愿提及。爱情是自私的、排他的，在他们的世界中不允许第三个人出现，他们只想享受二人世界的恋爱时光。

该来的，终究来了。在一个夜黑风高的夜晚，贺兰姑娘被强行带回了草原。任凭漠汉呼天抢地、悲恸欲绝也无济于事。饱尝相思之苦的一对恋人也想到了死，可是即使死了，还隔着千万里，又怎能相聚呢？活着，只有活着，才有希望。贺兰的真情，感动了看守他的人，冒死放了她。历经千辛万险的贺兰来到了宁夏，情人相见相顾无言，只有泪长流。此时西夏国王也逼迫漠汉择日迎娶公主，漠汉纵使心头有千万个不愿意，可王威浩荡，自己又无力反抗。再次的相逢，让他们觉得再也无法离开彼此了。如果让他们生生离开，不如让他们死了。打定主意后，他们决定私奔。为了掩人耳目，他们相约在相爱的地方碰头，然后隐姓埋名远走天涯。天下之大，他们相信总有他们爱情的容身之地。

在一个月圆之夜，贺兰骑着一匹青色的骏马与漠汉相会。一对恋人刚刚相拥，发现情况不妙，原来他们早已陷入蒙古军和西夏军的双重包围之下。想到如果被抓回去，两人面对的是生离死别，永世不得相见。情急之下，贺兰看见天空中一轮皎洁的月亮。无助的她对着月亮叩拜起来，祈求月亮神成全他们。周围的追兵，一时呆住了，停止了包抄的脚步，怔怔地看着月光下的一切。奇迹出现了，一道白光扫过，月老出现了，拂尘扫过，一瓶药丸划过夜空，直抵贺兰。贺兰接住药丸，倒出一粒，吞下。再把药丸递给漠汉，漠汉也吞下一粒。一瞬间，追兵们看见贺兰化作湖，漠汉化作了沙漠，转头看贺兰的贴身侍女也早化作了芦苇。再搜寻贺兰骑的青色骏马，早已化作了绵延的山，守护着湖和沙。后来，传诵中人们被山的成人之美感动了，把这座山叫作贺兰山，和沙相依的湖叫沙湖。

多年后，始终不忘“夺妻之恨”耿耿于怀的成吉思汗，“冲冠一怒为红颜”，发兵西夏。这个恨透了党项族男人的草原统治者，下令屠城。从此，党项族在历史上消失了，残美壮烈的西夏王陵和风光旖旎的沙湖留下了，向后人讲述着古老的爱情神话故事，滋养着一方水土，养育着一方生灵。

康熙饮马湖的故事

张跃政

清朝康熙皇帝从京城到宁夏，向大军发布了征剿噶尔丹的命令后，由银川向北，在平罗南住宿一晚，有了康熙饮马湖的故事。

相传康熙访问宁夏重镇平罗时，来到了南门桥头，只见城门紧闭。

有几个孩儿正在城外玩耍，康熙下马问道："这可是平虏城?"一个男孩答道："就是。"康熙又问道："孩儿姓啥，何名?"孩儿答道："姓阎，名老大。""哈哈，一丁点儿人，还称老大?"孩儿说："不信问我奶奶去，我给财主放了几年马，好马劣马，我都能看个八九。"康熙从心里喜欢上了这个阎老大，便问："家住何方?"孩儿把手指向城南，说："跨过唐徕渠不远有个湖，湖边那个村庄就是我的家。"康熙说："你给我带路，到你家走走。"阎老大看此人很有礼貌，又牵一匹大青马，从心眼里也喜欢上了康熙，说："好！好!"孩儿高兴地拉着马缰绳说这问那，直奔村里。

阎老大家离城一里半路，绕西门，过了朱家园子，跨过唐徕渠不远就是一个椭圆形的大水湖。湖水清亮如镜，湖西边林荫蔽空，秋菊满园，果实累累，正是张家园子；南面白杨钻天，块块沃土，生长着茂盛的秧禾，阎家庄紧靠唐徕渠旁，渠的西北便是一片碱湖。

这一老一少，边走边说走岔了路，一袋烟的工夫先来到一片白茫茫的湖边，只见一个50开外，胡子满腮的老汉，领着一男一女两娃娃在月光下，手拿小独头扫帚正在扫硝。康熙问阎老大："扫这个干什么用?"阎老大说："唉！吃饭喝汤总得有个咸味。我们这儿只能眼看着青盐满市，哪来的钱买?不得不扫点硝当盐了。"康熙默默沉思，原来如此，这么好的地方，土质肥沃，百姓勤劳，竟被那些有权势的财主们一手遮天，独吞去了！

阎寡妇是阎老大的奶奶，早年丈夫勤苦耕耘，但还是吃了上顿没下顿。后来，丈夫因为到财主田里捡了撒下的糜谷，被财主诬为小偷。财主心毒手辣，一顿棍棒打得她丈夫七窍流血，致使他含冤死去。阎老大的父亲为给爹爹报仇，闯进大院，动刀动棒，寡不敌众，也被活活打死，媳妇思亲心切，竟投湖自尽，剩下一老一少祖孙二人，苦命相依，哀伤度日。

此时，阎寡妇正盼孙儿回来，忽听门外人声马蹄响，阎寡妇正要看个究竟，阎老大领着不速之客闯进门来。

阎寡妇娘家哥哥杨栓柱，是贺兰山一带有名的猎人。后晌来看望寡妇妹妹，捎来一块青羊肉和几碗面，正在炕头歇缓，见一客官进得屋来，急忙下地，上下打量一番。先是康熙作揖："大嫂、大哥，这厢有礼。"杨栓柱拱手回答说："谢礼。"还是娃娃嘴快，忙对奶奶说："奶奶，这客官远道而来，对俺可好啦，刚才在湖边还给他饮了大青马。"杨栓柱接着问："客官启程哪里，要去何方？"康熙看这家人虽然贫穷却很善良，也就不必掩饰，直截了当地说："在下从京都而来，听说此地富饶，想来走走看看，现在天色已晚，城门紧闭，就麻烦大嫂、大哥了。"杨栓柱若有所思地说："前些日子，人们纷纷议论，来了一位大贵人——康熙皇帝，访贫问苦，万民称快，看样子您是……"门外马儿嘶叫，打断了说话。阎老大听见马叫，跳着脚大喊："龙马，龙马！"阎寡妇心里也明白了八九，心想：我说今天好像不同往常，往常天一黑，鸟歇架，今儿为什么喜鹊叫喳喳，想必是康熙皇帝来到我家。想到此，正要开口，此时康熙感到肚子饥饿抢先说："大嫂，我还没吃晚饭。"阎寡妇随即让过座，拿柴烧锅，忙个不停，不大一会儿，饭菜已做好，即刻摆桌拿筷，请贵客坐到上席。一碟腌韭花，碗里又细又长的白面条，盛上羊肉臊子，辣油花儿在肉和面条间打着转儿，阵阵香味扑鼻而来，桌上摆得热气腾腾。

杨栓柱从腰里掏出半瓶烧白干，倒了两杯酒说："客官，喝！"杨栓柱一饮而尽，饮罢哈哈大笑道："客官不要见外，随便喝些。"康熙从不喝酒也端起酒杯一饮而尽。喝罢酒端起碗来吃饭，边吃边品尝饭菜的味道。阎寡妇说："客官，寒家便饭，不要在意。"康熙说："哪里，哪里。饭菜很香，这是最好吃的天下第一面！"

次日康熙到宁夏府，即令把自己的大青马赐给阎老大；令地方官吏把平罗城西那个碧波绿水湖赐给四村八乡，湖由阎寡妇掌管；又令杨栓柱为宁夏盐官，来往于山前山后，宁夏的百姓吃盐再也不犯难了。后来确知来阎寡妇家的客官正是当朝皇帝——康熙。从此，平罗城西南的大湖被起名为康熙湖，又被叫作康熙饮马湖。

龙尾闸与外尾闸的故事

岳亚东

尾闸地处惠农渠梢段，因为这里所设水闸而得名。据《惠农渠碑记》记载：“特建尾闸，以蓄泄之。外累石节，以巩固之，则渠梢可以永赖。”这便是对于尾闸之地方最早的记载。从以上的记载可以说明这样两个问题：一是“特建”，足见尾闸之重要和必需。它不但起截水蓄势以灌高田的作用，而且起泄水排涝调节水量的作用，排蓄大任，非尾闸所不能。另外，尾闸是一座桥闸合一的建筑，是南北通衢的必经之路，非尾闸桥而不过。二是坚固，此处不但建闸，而且“外累石节，以巩固之”，以达到渠梢永赖之目的，足见建闸之人用心良苦。

然而，通智建尾闸并非做了一件一劳永逸的事，随着岁月的流逝，闸桥几度损坏，历史上的尾闸经过多次修缮。1958 年大跃进时期，尾闸进行了大规模的改建，在桥闸之上建水磨坊，利用惠农渠的泄水进行面粉加工。水磨坊时称水打磨，为宁北地区绝无仅有独此一家，成为大跃进时期的一项重要技术革新。后来，随着惠农渠水的日益紧张，没有过多的废水可以下泄，水打磨亦随之废弃。途经尾闸的公路原为砂砾路，时称包兰公路，后列入国道序列，称 109 国道。1971 年至 1972 年，109 国道铺沥青路面；1986 年至 1988 年，109 国道拓宽提高裁弯取直。这两次修路，尾闸桥都一并进行过重建。

民国时期石嘴山巨富郑万福曾在天渠口，也就是今石嘴山市农林牧场、良繁场一带垦种河滩地，因为水利工程不甚完备，渠水不能尽达，大部分农田望天收成。民国二十一年（1932 年），当地报请宁夏省政府批准，由郑万福投资，采取以工代赈的办法，由惠农渠尾闸以下 5 里处开口引水，向东经今下庄子以东，至石嘴山附近入黄河，开辟出一条长 15 里的支渠和斗渠、毛渠灌溉系统。此役不但使郑家所耕种之 1000 余亩河滩地受益，而且为后来开垦的 4000 多亩农田和 300 余户移居垦种者提供了自流灌溉的有利条件。这片昔日的荒滩在渠成田丰之后，人丁逐渐兴旺起来，形成了自然村，称“外尾闸”。今和平村和下庄子村部分即为当初之外尾闸地方。之后郑万福出资在惠农渠梢（今惠农监狱四站处）修建梢桥。此桥桥闸合一，既解决了拦水问题，又解决了行路问题，冠其名曰“镇北桥”。所以严格地讲，镇北桥才是名副其实的尾闸。

尾闸还有一个名字，叫“龙尾闸”。龙尾闸的名字来源于尾闸的龙王庙。惠农渠修成之后，通智曾经作出一个决定，就是凡惠农、昌润二渠各处，有闸必有龙王庙，岁享祭祀，以求龙王保佑各方渠流畅顺，治水平安。尾闸也不例外，水闸与龙王庙先后建成，龙王庙香火不断。于是人们便将龙王庙与尾闸连起来说，叫龙尾闸。

建龙王庙的同时，有人在庙院内栽植了两棵白杨树，树即栽即活，得肥壤足水之利，茁壮生长。200多年过去，当年的小树苗已然长成参天大树，立于天地之间。此两棵古树枝繁叶茂，高十丈有余，粗三人合抱，人称“神树”，实为当地一大景观。惠农有两棵最古老的白杨树，现在虽然已枯死，但是却一直留在人们的记忆中。这两棵白杨树就在尾闸。

关于神树有一个传说。说的是当年有一位游方术士，求仙拜神，一天路过尾闸，抬头看见两棵大树赫然矗立于天地之间。术士连连称奇，口中不停地说：“找到了，终于找到了！”他走进庙院，仆地便拜。焚香立拜毕，他又给两棵神树披红挂彩，方才离去。

关于神树还有一个传说。说是神树长年滴露，在树根上砸一个坑窝，坑内一汪清水。用这水洗眼睛不但可以明目，还能治眼疾。

遗憾的是，两棵古树于20世纪末枯死，后被移植于惠农火车站附近，又转移至陶乐，现栽立于黄沙古渡景区，被命名为“情人树”。

尾闸虽然地处梢堡，却也出了一位名人——雷启霖，人称宁折不弯的反马勇士。雷启霖，字润生，尾闸雷家沟沿（今尾闸三队）人。自幼读书，便接受新文化新思想的熏陶。中学时期，崇尚“五四”精神，受到新潮流的影响。在中国大学学习期间，成立宁夏旅平（北平）学生会，座谈时事，研究马列，发行刊物，揭露马鸿逵的黑暗统治。1946年国民党召开伪国大期间，雷启霖以国大代表的身份发起“倒马”运动，令宁夏的土皇帝马鸿逵措手不及。为了控制事态，马鸿逵逮捕了雷启霖。雷启霖虽然被逮捕了，但是反马浪潮和声援活动并未平息，迫于社会压力，不得不将雷释放。宁夏解放以后，雷启霖历任银川市各界人民代表会议协商委员会秘书长、宁夏省民政厅厅长、宁夏回族自治区政协副主席。1986 年光荣地加入了中国共产党。1994 年逝世于银川。

尾闸乡解放前为惠农县八乡和七乡的一部分，又称“梢三堡”；解放后改为一区八乡；1958 年成立尾闸公社，辖团结、友爱、灯塔、永光四个大队；1983 年改为尾闸乡。1970 年7 月13 日，石嘴山市郊区革命委员会成立，最早驻尾闸公社。

尾闸

华谊大道的由来

孟留成

2003 年 7 月，在宁夏石嘴山市河滨工业区钢电南路 41 号举行了华谊大道的奠基仪式。为什么要命名为华谊大道？故事要从几千千米以外的上海华谊集团投资说起。

宁夏电化厂和青铜峡树脂厂是宁夏的两个小氯碱企业。宁夏电化厂坐落在石嘴山区，隶属于自治区管理。而 1997 年亚洲金融风暴使本来就“弱不禁风”的两个企业陷入困境、不能自拔。宁夏电化厂又因管理不善，企业亏损严重，宣布破产，下岗工人拦截火车引起严重社会稳定问题。自治区党委根据时任国务院副总理吴邦国批示，为了使企业重获新生，决定委托金煜元公司（原青铜峡树脂厂）托管宁夏电化厂。

1999 年 11 月 1 日，时任宁夏金昱元氯碱公司总经理的田继生，临危受命，亲临一线组织石嘴山电化厂恢复生产。田继生经过充分的调研，科学的分析，提出并强力推动以“全面目标管理、全面质量管理、全面财务管理”的“三全”管理，提高职工待遇，稳定职工情绪，不到一年时间，使宁夏电化厂起死回生。2000 年，创利润 1000 万元以上，税收也在 1000 万元以上。

然而，由于石嘴山电化厂与青铜峡树脂厂文化、理念、利益、运营发生严重冲突，金昱元高管层发生激烈争执。无奈，在石嘴山市委、政府的积极争取下，自治区党委政府再次决定剥离两个企业独立运行。

2002 年 12 月，已正式担任石嘴山氯碱厂总经理的田继生，充分发挥自己的特长和资源，引进上海华谊集团，联合英力特成立了西部聚氯乙烯公司，投资建设年产 12 万吨 PVC 项目，这也是上海华谊集团第一次在上海以外对外投资。

生产 PVC 有两种方法：一种是石油法，另一种是电石法。由于当时生产 PVC 对石油依赖严重，石油价格飙升，因此，采用电石法正逢其时！他们采用了当时国际上最先进的技术，开创了电石法生产 PVC 清洁化生产工艺，解决了电石渣严重污染的现状，得到了国内、国际专家的认可和肯定。这个项目投产，带动全国整个行业由不足600 万吨 PVC 提高到产能3000 万吨，产能扩大5 倍，彻底解决了中国 PVC 三分之一依赖进口的现状，减少了对石油进口的依赖，成为世界氯碱产业发展史上的里程碑事件。

时任上海华谊集团总裁周波带队到石嘴山视察合资建设的西部氯碱公司 PVC 项目，看到环保稳定优质的电石法 PVC 生产，及由于海湾战争日益上涨的石油价格，决定进一步追加投资。为了体现合作的诚意和效果，营造招商环境，石嘴山市委、惠农区委领导杨春光、刘学军、王建国提议在惠农区将石嘴山市河滨工业区钢电南路41 号（位于英力特化工左侧道路）命名为华谊大道。这才有了开头的奠基仪式的一幕。

华谊大道

通润桥与黄渠桥的故事

岳亚东

据《平罗纪略》记载："通润桥去城（平罗县城）东三十五里，俗称黄渠桥。"通智督修惠农渠完竣之后，即行完善水闸，架设桥梁。据通智《惠农渠碑》记载："沿渠（惠农渠）之桥二十有二，西河之桥十六，行旅往来，赖以普济。"黄渠桥就在"二十有二"之列。

黄渠桥是惠农渠上的一座桥梁，因为地处南北通衢的咽喉要道，是过往客商的必经之路。所以，黄渠桥虽为宁北一座普通小镇，却有着悠久的历史和很高的知名度。然而，新建之初的黄渠桥并不是现在的名字，而是叫作通润桥。因为当时黄渠桥之地界属通润堡辖，故以堡设之名称之。当年，平罗知县徐保字公暇之余漫步通润桥，曾题诗一首，题为《通润桥散步》。

公暇揽幽胜，渠流跨土梁。
水田飞白鸟，野庙矗青杨。
小市人声散，空街夜色凉。
萧然尘外意，一曲在沧浪。

从这首诗里看，"小市人声散"，说明当年的黄渠桥已是一个具有集镇格局的地方，而且很热闹。"公暇揽幽胜"，说明此地景色宜人，环境幽雅，值得一游。当夜幕降临，市罢人散之时，小街显得格外空旷与安静，漫步街头，诗人自然而然会发出"空街夜色凉"之感叹。

那么，通润桥为何又称黄渠桥呢？因为惠农渠是雍正皇帝恩准修建之渠，开渠放水之时，"由是亿兆欢呼，争先趋附，避田园，葺庐舍，犁遍野，麦浪盈畴。勤耕凿者歌帝力，安陇亩者颂高深"。老百姓为了感念皇恩浩荡，将惠农渠称之为"皇渠"。黄河流经黄土高原，河水夹带着大量泥沙冲流而下，水色浑黄，皇渠之水自不能例外，故老百姓又将皇渠口传书写为"黄渠"。黄渠桥就是因为架设于黄渠之上，遂得名为黄渠桥，久而久之，通润桥这个名字反而为之所替代，以至于今人不知历史上曾经有个通润桥，也不知通润桥其在何方。以此可见，黄渠桥是因桥而得地名。

黄渠桥还有一个很好听的名字，叫黄金桥。黄渠桥是自兰州、银川通往包头的必经之路，也是一个重要的商贸中转站，南来北往的货物多在此地集散。清末民初，黄渠桥已经初具了集镇之格局。小镇建东街和西街，东街为居民所住，西街为商业区。商业街店铺集中，交易活跃，一派繁荣。黄渠桥还设置贸易市场，规定每逢农历三、六、九为集日，吸引着四面八方的客商。商贸使这个小镇成为闻名银北的集镇，随着商旅口传，声名远播。其间有人将黄渠桥讹传为黄金桥，后来以讹传讹，有不少人居然要想方设法亲临此地，亲眼目睹这座黄金造就的桥梁。

1949 年宁夏解放，黄渠桥为惠农县四区一乡驻一地。1954 年惠农县治迁至黄渠桥之后，新建了医院、发电厂、药材公司、露天剧场等，使这个古镇面貌焕然一新。

黄渠桥地方不大，却声名远播，其中一个重要的原因，就是这里曾经是惠农教育的发祥地。自民国年间，这里就曾设有北校（黄一完小）、南校（黄二完小）、国立绥宁师范、惠农中学（后改为黄渠桥中学）。这些学校群英荟萃，为国家培养了众多的优秀人才。其中惠农中学在银北乃至宁夏具有很大的影响，这里不仅培养了许多名人，也造就了许多名师，如德高望重的教育家刘堂琛先生等。

黄渠桥（一）

刘堂琛，字逸亭，生于1909年，平罗县宝丰镇刘家纸坊人。刘堂琛早年求学，1936年毕业于山西大学中文系，毕业后回到宁夏，担任宁夏师范学校国文教师兼级任导师。任教期间，他经常为学生传阅进步书刊，向学生宣传抗日道理，因此被国民党当局列为“不稳定分子”而时常派特务盯梢，迫使其不得不离开宁夏师范学校。1937年被家乡宝丰完小聘任为校长，1944年他在担任国民党惠农县党部书记的同时，还兼任国立绥宁师范学校的教导主任。1946年在惠农中学经费拮据、师资奇缺、校舍倒塌、学生流动、面临停办的情况下，他毅然辞去了条件优越的国立绥宁师范学校教导主任之职，接任惠农中学校长。接任伊始便不辞辛劳地动员地方士绅捐资建校。在刘堂琛校长的努力下，当年秋天惠农中学便从破庙搬进了新校舍，增加班级和招生名额，学校面貌焕然一新。1947年，宁夏省政府主席马鸿逵为了笼络知识分子，先后两次派人动员刘堂琛出任平罗县或惠农县县长一职，均被他婉言谢绝。1949年宁夏解放后，刘校长仍然从教于惠农中学。1963年被推选为石嘴山市政协副主席。1978—1982年任石嘴山市第一中学校长、顾问。1985年因病去世，享年76岁。刘堂琛校长逝世以后，中共石嘴山市委、市人大、市人民政府、市政协为表彰他一生献身于教育事业的丰功伟绩，在市委礼堂举行了隆重的追悼会。

黄渠桥有着光荣的革命传统，曾经是宁夏解放前开展革命活动最早的地方之一。民国二十七年（1938年）春，中共宁夏工委派杨一木来宁北负责开展党的工作。他以黄渠桥北校教员身份作掩护，在平罗、黄渠桥、石嘴山、宝丰等学校开展活动，培养骨干力量，建立基层党组织，进行抗日救亡活动，建立革命统一战线。他曾经在黄二完小组织建立抗日战地后方服务团，带领师生走上街头演出话剧，宣传抗日救亡。组织民众反蒋反马，在宁夏革命史上写下了光辉的一页。黄渠桥是宁夏红色革命根据地的摇篮，黄渠桥是宁夏党史宣传教育基地。黄渠桥北校光辉的革命历史，是平罗县乃至石嘴山市的骄傲和自豪，是黄渠桥人感情的无限寄托。

宁夏解放初期，在黄渠桥这个小镇上，曾经驻扎过贺兰山警备队，保卫地方治安。警备队队长为郭永胜。没想到以郭永胜为发端，发生过一件震惊宁夏的大案——郭永胜叛变案。

郭永胜也称郭拴子，1931年开始为匪，马鸿逵曾多次发兵围剿，皆因郭匪熟悉山形地理，且传说其长着一双飞毛腿，枪法百发百中，武艺高强而未能剿灭。后经马宝琳从中说服招抚收编，委任为贺兰山警备司令，后任平罗、贺兰、惠农三县的保安司令。1949 年 9 月 27 日，郭拴子带百余人在平罗东校场向中国人民解放军 64 军 190 师 569 团投诚。解放军遂任其为贺兰山警备队队长，驻惠农县黄渠桥。郭拴子投诚后，匪性难改，暗中与来自兰州的国民党特务联系，被委任为西北反苏讨共救国军宁夏军区司令，张绪绪为副司令。1950 年 3 月 5 日，郭拴子将其 45 名亲信拉出，与张怀忠、谢占魁股匪会合，共 60 余人，携轻机枪 2 挺、驳壳枪 4 支、步枪 70 余支、子弹 7200 发，以贺兰山为据点，叛乱为匪。

1950 年 3 月初，中国人民解放军 19 兵团 65 军 195 师 584 团接受进山剿匪任务，并组织民兵积极配合。1950 年 3 月 14 日，郭匪伏击了解放军 582 团两个班；16 日，在王泉沟伏击解放军 194 师教导队生产人员 20 余人；4 月 21 日晚，在三区一乡枪杀惠农县政府科员闪文斌；23—24 日，抢劫二区一乡、三乡的马家、张家、何家等，其中纵火烧死何家 7 口人；25 日晚，用绳子勒死潮湖堡上庄子村村长吴国泰。另外，郭匪还先后在简泉附近之贺兰山上杀死解放军战士 3 人；抢劫了大武口新华瓷厂，并将厂长刘万忠、主任李锁魁、干部陈寿田用绳索勒死投入炭井；杀害了下庙小学校长张梯、农会主任胡凤山、文书李文录；阿拉善旗工委书记曹动之在由银川回定远营途中被杀害。匪徒还多次抢劫了山前山后的村庄和行人，杀死数名无辜群众，在当地造成很大影响。

1950 年 7 月 31 日夜，郭拴子部围攻阿拉善旗首府定远营，解放军乘车驰

黄渠桥（二）

援得以解救。此时匪势扩大，匪众已发展至200多人，下辖5个队，装备有3挺机枪、80余支步枪。9月下旬，解放军部署全面进剿。10月6日，活捉郭拴子于大喜峰沟。

1959年，随着惠农县的撤销，黄渠桥随之废弃不建。改革开放以后，黄渠桥作为一个乡村小镇发生了很大的变化。当地政府充分发挥黄渠桥的地缘优势和善经商善经营的优良传统，打造出了羊羔肉的特色品牌，享誉区内外。黄渠桥的羊羔肉之所以出名，一是肉好，二是水好，三是厨艺好。精选当年羊羔，剥去二毛皮，肉质鲜嫩可口。黄渠桥水质甘醇，烹制肉食其味独特。据说有人做过试验，把羊羔肉拿到别处去做，虽有名厨，断然做不出本真味道。羊羔肉的烹饪十分讲究：猛火、烈油、爆炒，加上独特的配料，才能做出色香味俱佳的美食来。

星海湖

蔡　贺

星海湖，又名北沙湖，位于石嘴山市大武口城区东部，山水大道、星光大道穿湖而过，总面积 43 平方千米。这里曾是明代古沙湖遗址，原为城市边缘的一片湿地。石嘴山人民经过抢救性的治理，在较短的时间内创造了沼泽变湖泊的伟大创举，缚住了下泻的洪水，医治了沉疴。现在的星海湖，远山近水，蓝天白云；沙鸥翔集，野鸭成群；苇影婆娑，波光粼粼。景区由百鸟鸣、金西域、南沙海、鹤翔谷、新月海、白鹭洲六个各具特色的景点组成。

百鸟鸣景点位于星海湖东北部，水域面积 6.2 平方千米。景区水面宽阔，水草茂盛，以原明水湖路为界分为两个区域。西区为水产养殖区，东区为自然生态保护区。主要有蒲草、芦苇等水生植物，各类水鸟十几种。每遇风和日丽，碧波荡漾、鱼跃鸟鸣，万千景色沁人心脾，令游人驻足忘返，实乃休闲之佳境。

金西域景点面积 0.34 平方千米，景区湖岸蜿蜒，景色优美，是人们休闲游玩的好去处。

南沙海景点的西面与石嘴山经济开发区相邻，水域面积5平方千米。景区内沙丘绵延、碧水环绕、青草依依、绿树成荫，融大漠豪情与江南秀美为一体。在长胜墩烽火台上，古代士兵的呐喊声和兵器碰撞声仿佛又回荡在游人耳边，时而雄浑、时而秀美，实乃休闲娱乐游玩的佳境。

鹤翔谷景点位于星海湖最北端，西邻大武口城市区，水域面积5.8平方千米，因景区内鹤翔谷岛屿而得名。沿美丽的山水大道向北望去，景区内大小岛屿星罗棋布，远山近水相映生辉，鹳鸣鹤舞，鱼游虾戏，生机盎然。

在景区内，有大型游艇、快艇、机动休闲和人力休闲船30余只，水陆连接码头1座，可举行垂钓、滑冰、龙舟等大型游乐比赛。建筑有龙腾星海广场、大型蘑菇亭、西欧风格的城堡、鹿舍及鸽舍。在湖中鹿儿岛上设立了观赏亭，登高远望，绿树红花，烟波浩渺。

新月海景点面积0.7平方千米，北邻百鸟鸣景区，景区内宁夏理工学院形似一个储藏知识和人才的宝葫芦，为形似金钥匙的水面环绕，人文景观与自然景色浑然一体，和谐交融，是星海湖的又一颗耀眼的明珠。

白鹭洲景区位于星海湖中部，山水大道南侧，水域面积7.14平方千米。景区内有白鹭、鹳等各类水禽十多种、鱼类二十几种。景区水草丰茂、湖水清澈、景色秀丽。景区内建有星海湖历史文化展示广场，广场上建有风格独特的星海湖历史文化展示馆，这里展出的实物和图片记载着星海湖的建设历程。展示馆门前8座古代名人雕像向游人们重现了蒙恬、霍去病驻守平罗、陶乐抵御匈奴的宏大、悲壮的战争场面，带着人们在石嘴山古代历史的长河中遨游，是游人休闲观景的绝好佳境。

白鹭洲

相传，早在 1938 年，社会正处于一派混乱不堪的局面，仁人志士四处奔走，抗击日寇。值此之际，著名音乐家冼星海应故友贺孟夫之邀为《风雪太行山》作曲，奔赴革命圣地延安。途经邙山黄河渡口，由此乘船逆流而上。身处波涛汹涌的黄河之上，目睹着黄河船夫搏击惊涛骇浪，耳听着震撼心扉的船夫号子，不禁心潮澎湃，联想到国家危难当头，一时灵感突发，强烈的民族自尊促使他创作了《黄河大合唱》这一气壮山河的宏伟乐章。从此，黄河畔的人们把改造后的沈沙池命名为星海湖，以纪念这位伟大的音乐家。

吴忠篇

铁柱泉古城

刘宏安

铁柱泉古城，曾是唐代诗人李益诗中的“饮马泉”，当年因一眼如柱的清泉形如铁柱而得名。这里也是蒙古鞑靼劫掳人喊马嘶的杀场，如今荒芜而寂静。昔日这里垂柳低拂、水涌甘洌，润泽一方沃土，而今只剩一眼枯泉，孤独无助地守望在遗废的古城旁。当年村里张姓族人为抵御外敌入侵，练就一身绝世武功声名远播，如今却被世人遗忘，濒临失传。

被历史湮没的边塞古城

铁柱泉古城位于盐池县城西南45千米的冯记沟乡暴记春村，沿一条乡间小道向东北而行，穿过一座穆斯林拱北，从地平线上便能看到铁柱泉古城的轮廓。古城以黄土夯筑，呈矩形，南北长385米，东西宽360米，城东瓮城南北长28米，东西宽18米，夯层厚20厘米。城墙原用砖石包砌，早年已被村民拆除。古城掩埋在沙土之下，只露其基宽与高度，但从残存的城门洞依稀可见当年雄伟。

城内一片荒芜，随处生长着芨芨草、苦豆子、沙蒿等植物，地表散布明代陶瓷残片和砖瓦等建筑残件。史书中记载位于城东北角有一眼古泉，不知何时早已隐没于黄沙与枯草之下难觅其踪。城东南百米之外，一眼清泉掩映在芨芨草丛之间，汪积出一潭清澈见底的绿水。

据说康熙访宁夏时曾来到铁柱泉城边，他看到一个放羊倌用粗壮锋利的芨芨草当锥子锥鞋底，很是惊讶。康熙在沙窝井烤火时，柴火旺而炽热。到了灵武白土岗后，康熙肚中饥饿，吃了一碗村妇做的炒揪面，感觉特别好吃。康熙总结说：“白土岗的揪面，沙窝井的柴，铁柱泉的芨芨能锥鞋（这里读hai，方言）。”至今在灵武、盐池一带，还流传着这句顺口溜。

1960年5月，北京大学地理教授侯仁之先生在毛乌素沙漠进行沙漠历史地理考察时，慕名来到铁柱泉，当他看到荒漠中的泉水几近干涸时，这名中国历史地理学先驱感慨万分，此后他撰写《铁柱泉》一文，收录于《沙行小记》中。

谁修建了铁柱泉古城

明嘉靖十五年（1536 年），都察院左都御史兼兵部左侍郎刘天和奉命主持三边军务。当他来到铁柱泉驻马观察地形后，发现这里战略地位重要，就对身边诸将说，铁柱泉周围几百里没有水源，若在这里筑城将泉水包在城内，可使外来敌骑因无水可饮而不战自败。在宁夏巡抚张文魁的鼎力支持下，同年七月铁柱泉城开工修筑，筑城时军民积极性很高，个个竞相出力，不到一个月的时间工程竣工。城周长二里有余，城墙高、厚各三丈多，城垣坚固，蔚为壮观。铁柱泉被包在城内，以城围泉；城外挖了护城壕，以壕围城。城内还修筑有操守官署、房舍等，置兵 1500 多人、军马 86 匹，设立操守官领之，又招募了一些当地人共同守城。从此以后，蒙古鞑靼诸部无法抢到水源，结束了 170 年来蒙元骑兵突破花马池边墙、大举袭攻固原等地的历史，铁柱泉城成为明军防御鞑靼的边防要塞。

明正德进士管律在《铁柱泉记》中记载，铁柱泉“水涌甘冽”“日饮数万骑弗之涸，幅员数百里又皆沃壤可耕之地。”明万历二十三年（1595 年），时任三边总督李汶驻守铁柱泉城时，写有一首《驻铁柱泉》诗，诗中“泉开铁柱水流澌，地主依然献饩时”说明在铁柱泉周围垦荒种地的人多了，他们收获后还向官军进献粮草。明万历三十五年（1607 年），宁夏巡抚黄嘉善将经历了 70 年风雨的铁柱泉城用砖砌护，西墙正中有腰墩，四隅有角台，东门带瓮城。守兵在城外开垦屯种，到附近盐池石沟采盐，真可谓“闲云潭影日悠悠，物换星移几度秋”。

史书中记载的宝窟

民间有关铁柱泉的传说很多，尤其是在明清各类史志《历代祥异志》中，记载了同一则神奇的故事：明景泰年间，有一李姓秀才来到铁柱泉城旁，发现有一处黑暗幽深的洞窟，他带领仆人点着烛灯进去。主仆二人在洞窟里走了 20 多步，推开一扇石门，看到里面有一尊铜铸佛像，旁边放着两具僧人尸体，盖着华丽的锦被，其面肌腴唇红，栩栩如生，像睡着了一样。尸体左右摆放着各种金银珠宝，琳琅满目。李秀才惊喜万分，不顾一切地将财宝往怀里揣、兜里装，身上装得鼓鼓囊囊。当他起身要走时，突然刮来一股阴风将灯烛吹灭，石门自动关闭，刹那间鼓钹齐鸣，声如地震，室内变得一团漆黑。李秀才怕得要死，怎么也找不到来路，他赶快丢掉金银珠宝，稀里糊涂地从一个小窟窿里爬了出来，之后还惊魂不定，浑身直冒虚汗。第二天，他带领家丁手拿铁锹、镢头再到此处，却再也找不到石窟的踪迹，叫人挖掘，岩石坚固如铁，挖了半天也没有掘开。

500 年来，当传说中埋藏珠宝的神秘石窟定格在史书之后，不知有多少探宝人不辞劳苦，想方设法寻找那个宝窟，但始终都没能如愿。这则带有传奇色彩的记载，为铁柱泉抹上了一层神秘色彩。

李益诗中的饮马泉

789 年，盐州被吐蕃占领，793 年收复失地后，唐代著名边塞诗人李益从军途经饮马泉时，写下一首七言律诗《盐州过胡儿饮马泉》：

绿杨著水草如烟，旧是胡儿饮马泉。
几处吹笳明月夜，何人倚剑白云天。
从来冻合关山路，今日分流汉使前。
莫遣行人照容鬓，恐惊憔悴入新年。

诗意为遥想当年饮马泉边杨柳拂水，青草淡如烟，曾几何时，清清的泉流却成为吐蕃、突厥等胡人饮马的地方。明月当空，几处吹奏胡笳的乐器声悠扬，哪些大唐将士倚剑临风、气冲霄汉？

诗中盐州与灵州相邻，辖区包括今宁夏盐池县和陕西定边县部分地区，治所在五原（今定边南部）。盐州境内因有盐池而得名，唐代一度改名五原郡，肃宗乾元元年改名盐州，建中年间曾被吐蕃侵占，贞元时又为唐所有。宋咸平以后入西夏仍名盐州。李益诗中提到的饮马泉，便是如今盐池的铁柱泉。

铁柱泉为何被称为胡儿饮马泉？因为在唐以前，北方一些游牧民族突厥铁骑经常避过边防守军南下，进犯灵州、原州、泾州等地掳掠抢劫，水草丰美的铁柱泉成为胡儿饮马驻足的理想场所。据《铁柱泉记》载：“北虏入寇，往返必饮于兹”“饮马驻牧，数日而后出”。因此，铁柱泉被称为胡儿饮马泉。

明代文人胡侗在《铁柱泉颂》一诗中称："铁柱泉者，亭泓渊沦，广百其武。历四序而盈科，饮万骑以靡涸。兴武之野，方数百里，绝无水泉。胡马南牧，兹焉是赖。"

濒临失传的张家武术

铁柱泉村位于铁柱泉古城东1千米处，在全村40多户近170口人中多数姓张。这里因地处荒原，当年村里张姓族人为抵御外敌，几乎家家练功习武。20世纪三四十年代，各家都会些武术招式。张家武术在特有的地理、历史和人文环境中形成，具有浓郁的地域特点和武术流派，也是宁夏民间武术中的珍品。

张家武术可追溯到明代张潘龙、张潘凤、张潘虎三个太祖爷。清光绪年间，有一位名叫张科的后生刻苦习武，武艺超群，他融各家武术之长，开始将张家武术发扬光大，是有据可考的张家武术传人。张科有6个儿子，分别叫万魁、万元、万珍、万秀、万镒和万宝。他曾带着长子张万魁在灵州、吴忠等地摆擂台打把式卖艺，使张家武术名噪一时，周边村庄一些人都慕名前来学习。

2010年10月，据时年85岁高龄的张万元次子张发介绍，张家祖传武术以棍术为主，辅以鞭术、刀术、拳术等。张家单头十八模子棍为母子棍系，棍用一头，兼含枪法，体系完整成熟，是西北单头棍法的重要流派之一。用棍时右手紧握棍梢，左手机动，有打、扎、挑、拦等招式。在运用中手、眼、身、步、棍密切配合，周身协调，人棍合一，马步为根，棍不离身，眼到棍到，棍到步到，迅疾如风，动静相间，节奏分明。铁柱软鞭动作古朴，技法风格独特。刀术有偃月刀、双刀、单刀等，单刀套路称为五虎断门刀。拳术有大红拳、小红拳等。

据时年67岁张万镒长子张旭说，20世纪80年代中期以后，因各家都忙于生计，习武传统慢慢被淡化，如今在全村人中会祖传武术者已寥寥无几，张家武术逐渐淡出历史舞台，濒临绝迹。

500年风吹雨蚀，逐渐摧毁了铁柱泉曾经的辉煌，庞大的城堡在岁月的流淌中灰飞烟灭，人去城空。如今，走进铁柱泉，古老的城堡变得格外宁静。

鸡鸣三省松家水

侯凤章

盐池县还有一处鸡叫一声听三省的地方，那就是麻黄山乡松家水村。

松家水村位于麻黄山乡东南部，东接陕西省定边县，南邻甘肃省环县。所以这里鸡叫一声听的是陕、甘、宁三省区。

松家水村辖中嘴子、前塬、饶平庄、杏树湾、景新庄、段头嘴、高家沟一队、高家沟二队、大路洼、惠家畔、贺塬、杨崖窑、贺新庄、塘洼、贺渠、大梁、松家水 17 个自然村，其中饶平庄、中嘴子、杏树湾 3 个自然村是盐池县靠近环县和定边县的前沿村庄，是鸡叫一声陕、甘、宁三省区共听的中心地带。

麻黄山乡东南部，群山起伏、沟壑纵横、悬崖百丈。山峁间偶有村庄，也是东一户西一户，村民们安身于窑洞，祖祖辈辈耕种着山畔上斜挂的土地。山风从沟沟岔岔中吹来，吹进窑院，又呼啸着从山梁上吹过去了。

松家水，1936 年 6 月解放，为红色革命村庄。当时盐池县、定边县、环县同属陕甘宁省委和陕甘宁省苏维埃政府领导。陕甘宁省委和陕甘宁省苏维埃政府成立于 1936 年 5 月 17 日，省级机关驻吴起镇刘家渠村。省委书记为李富春，苏维埃政府主席为马锡五。5 月 18 日，中革军委决定组建西方野战军（西征部队），所以，陕甘宁省委和陕甘宁省苏维埃政府刚成立时，松家水村一带还没有解放。5 月 20 日前后，西方野战军分两路相继从延长、延川地区出发西进。6 月中下旬相继解放了定边县、盐池县、环县。7 月初陕甘宁省委和省政府迁到环县洪德乡河连湾村。陕甘宁省委和省政府在刚刚解放的环县组建苏维埃政权时，曾建立了耿湾区，耿湾区共辖 7 个乡，其中六乡、七乡辖地包括了今麻黄山乡麻黄山村、松家水村、沙崾岘村。六乡乡治在松家水村，辖地为今麻黄山乡松家水村、沙崾岘村，范围北起徐畔子、白家井，南到饶平庄、前塬，西至杨崖窑，东到潘家山。七乡乡治也在松家水，辖地为今麻黄山乡麻黄山村，范围北起谢儿渠，南到高崾岘，西到马家口子，东到大路洼。这两个乡都建立了苏维埃政府，六乡首任苏维埃政府主席是李鸣凤，七乡首任苏维埃政府主席是王守德，1937 年 5 月更换为贺守勤。

解放区的人民在党和政府的领导下，耕种养殖，支援前线。

1937 年 8 月，成立陕甘宁特区委员会，书记郭洪涛。陕甘宁省委属于陕甘宁特区委员会领导。9 月撤销陕甘宁省委，成立庆环分区党委。耿湾区所属各乡归庆环分区党委领导。

1938 年 3 月，环县耿湾区的六乡、七乡合并为一个乡，耿湾区由 7 个乡变成 6 个乡。六乡乡治仍在松家水村。到 1940 年 1 月，环县全县自卫军（民兵）在匪首赵老五的活动下，发生了大规模叛变，许多县区乡干部和共产党员惨遭叛匪杀害。当时耿湾区 6 个乡的自卫军，5 个乡发生叛变，唯有六乡没有发生叛乱。这次事变时称“环县事件”。至 1945 年，耿湾区六乡党支部书记先后由王守德、景宝山担任，乡长先后由王守俭、贺守勤、李俊杰担任。

环县事件中六乡自卫军之所以没有发生叛乱，是因为全乡 100 多名自卫军正在乡上集中训练，连长李凤国、副连长饶凤成听到其他乡自卫军叛变的消息后，报告乡领导，乡党政领导果断决定将正在集训的自卫军全部解散回家，避免被叛匪全盘裹挟，使得敌人策反六乡自卫军叛变的阴谋破产。赵老五恼羞成怒，到六乡抓人报复，抓走了民兵连长李凤国和党支部书记景宝山的弟弟景明山。但叛匪好梦不长，在他们策反耿湾区 5 个乡自卫军叛变不久，陕甘宁边区留守部队警备二团（团长周仁杰、政委甘渭汉）一举歼灭了赵老五匪部，首恶分子受到了严惩。六乡的工作恢复正常。

1947 年 3 月，马鸿逵部队进犯三边，盐池县首当其冲。同时，甘肃马步芳部整编八十二师在马继援指挥下侵占了陇东庆阳，之后又侵占了与盐池县毗邻的环县、曲子等地，环县耿湾区五乡、六乡同时沦陷。1948 年 3 月 3 日，西北野战军取得宜川大捷，4 月 22 日收复延安。这时回汉支队返回盐池、定边、环县交界地区，经过一段时间的休整，在盐池县委领导的游击大队配合下，连续攻下惠安堡、甜水堡后，又肃清了耿湾区六乡和五乡境内的土匪，恢复了这两个乡的工作，从此松家水村一带成为回汉支队和盐池县游击大队向外开展工作的基地。

耿湾区五乡、六乡恢复后，环县县委政府派人与盐池县委协商，决定将该两乡委托盐池县代管。从此，五乡、六乡成为盐池县工委返回本县境内之后恢复的第一块巩固的根据地。之后，耿湾区六乡改为盐池县五区六乡，耿湾区五乡改为盐池县五区七乡。

1949年9月，盐池、环县光复。1950年，环县政府提出收回耿湾区五乡、六乡，是年秋天，中央西北局根据当地群众意愿批复：该两乡历史上属于哪个县的，仍然归回哪个县。于是，五乡依然划归环县，六乡仍旧划回盐池县，为五区六乡。

1948年5月环县耿湾区六乡交盐池县代管。1949年1月成立乡党支部、乡政府。1950年，盐池县收回，成立盐池县五区六乡党支部、乡政府，乡治驻地松家水。1949年1月至9月，徐长乐、景生文先后任党支部书记，刘世禄、饶俊昌先后任乡长。

松家水村在革命时期，历经风雨，党旗不倒，直至全国解放。松家水村民在党和政府的领导下，一边积极送子弟参军入伍，一边积极应征救国公粮。1938年春节前夕，区委书记张守杰和组织宣传科长刘芳到耿湾区六乡包塬村动员包有明的儿子参军，包有明深明大义，慨然同意儿子入伍参军。是年冬，张守杰带领干部下乡动员征收救国公粮，经过宣传讲解征收救国公粮、支援抗日战争的重要意义之后，王新庄青年韩治邦（时年19岁），首先带头交纳，群众纷纷响应，很快就超额完成了当年应征公粮任务。

松家水，一个美丽的山村。这个行政村的许多自然村名都以姓氏来命名，如松家水、饶平庄、高家沟、贺家渠、杨崖窑等。松家水的“松”是“孙”的谐音，孙姓人家是该地最早住户。姓氏确定了一个村名，说明该姓人家定居于此地时间之久，那么该姓人家的家族史就是这个村子的村史。当然只有村史的流变才能赋予这个家族史更多的社会意义。但是我们翻阅一地的村史，万不可忘记这个地方的村民家族史。一如松家水为红色革命村庄，其红色背后的支撑力量是这个地方的所有家族力量，离开了家族力量的支持、支撑，任何漂亮的地名都将是一个虚无缥缈的空壳。

杏树湾，让大山深处富有诗意。大路洼，留下了多少盐户的脚印！

松家水，鸡叫一声听三省，三省区人民同富裕。

凹、豫、塬、堌

——独特有趣的地名

余海堂

“凹”和“洼”

有一天，一同心人和一海原人在一起聊天，海原人问道：“你家是哪个庄子上的?”同心人答道：“我是某乡阴洼村的，就是‘阴凉的阴，水洼的洼，阴凉洼洼’。”

海原人说道：“我们庄子名字也叫阴凹村，你说的字不对头，是‘阴凉的阴，山凹的凹，山沟凹凹’。同心和咱们海原一样，都是缺水少雨的地方，阴凹的凹就应该是山字上面一撇的凹，你说的三点水的水洼是不对的。”

同心人惊奇地说道：“洼就是洼，难道还有水洼、山洼之分？你说的这个山上多一撇的凹字，我上了这些年学几乎没见过这个字。”

以一段地名故事作引子，引入两个字——“洼”和“凹”，这也是笔者的一次真实经历。几年前，笔者第一次见到这个“凹”字，也是诧异了半天，搞不清楚这个字是什么来头。

当然，现在识别陌生字的条件越来越方便，查找《新华字典》都显得麻烦，或用电脑或用手机，在百度网站上快速搜索，“网络新华字典”上就有准确实用的答案。凹：拼音 wā；笔画数 4；部首“山”。释义：1. 山坡，斜坡，如山凹。2. 古同“洼”，多用作地名，如耙子凹、水沟凹（均在中国宁夏回族自治区海原县）。

再查海原县地图，果然发现了标注有“王家凹、李家凹、高家凹、石家凹、唐家凹、买家凹、新庄凹、水沟凹、阳凹、阴凹、凹上、大凹、东凹、西凹、黑凹、对面子凹、耙子凹、水沟凹、大地凹、西山凹、桃子凹”等一系列带“凹”字的地名。

而对比查看同心地图，很少有用“凸”字的地名，海原有“阳凸、阴凸”，同心有“阳洼、阴洼”。同心的地名多是标注为“买家洼、赵家洼、羊路洼、嘴子洼、李家洼、套子洼、大洼、阳洼、阴洼、前洼、后洼、西洼壕、东梁洼、郭家阳洼、马家洼子、白阴洼村、南关口阴洼、红沟阳洼”等一系列带“洼”字的地名。查百度，洼：拼音 wā；部首“氵（三点水）”。一指凹陷的地方，例：水洼儿；洼子。二指低凹，深陷，例：洼地；眼眶洼进去。

再综合起来考察这些地名，凸和洼字所指的村庄，地形地貌一致，大多位于山坡一带，多是缺水的村庄。海原等地使用“凸”字和同心等地使用“洼”字，词义基本一致，是可以互相替代的词。“凸”字古义同“洼”，“凸”字今义仍然同“洼”，似乎有些神奇。

当然，海原县现有“曹洼乡”，使用“洼”字，此乡为 1985 年置。曹洼这个地名，或许以前随海原县习惯写成“曹凸”，在建乡前后，可能出于规范字的需要吧，写成了“曹洼”。因为在中小学课本上，“洼”字常见，“凸”字尽管字形简单，但属于生僻字，仅见于地方地名文化，原因大约如此。“十里不同风，百里不同俗”。对这两个同义不同形地名用字的考证，可以感受到中华传统文化的博大。地名，不仅仅是一个地方的名字，它所承载和蕴藏着的深厚文化，需要我们去研究，需要我们去解读，需要我们去传承。

豫、预和予

1936 年，在同心成立的陕甘宁省豫海县回族自治政府，其中的“豫海”二字取自“豫旺县、海原县”。豫旺县是同心县的旧县名，豫旺县县治 1936 年时位于下马关，即今天的下马关镇。“豫旺”二字来自历史上的豫旺古城或豫旺堡，即今天的预旺镇。

20 年前，为传承红色文化，同心县将与县名同名的“同心镇”更名为豫海镇。豫海镇的“豫”和预旺镇的“预”，两种写法，出自一处。

豫字，属《易经》第十六卦，坤（土）下震（雷）上，曰“豫利建侯行师”，豫德，安乐逸豫须警惕。即“欢娱不忘戒备，有利于建国封侯，出兵打仗”。

豫旺古城的命名来自哪里？查地方志资料，元朝中期天历二年（1329 年），元太祖六世孙文宗皇帝先封阿刺忒纳失里为西安王，治今六盘山地区海原县西安镇（古西安州）及同心县一带，后又封为“豫王”，封地不变，遂筑“豫王城”。

据《平远县志》考录，元朝所筑的豫王城到了明代时称谓变化为“豫旺城”或“预望城”，由“豫”及“预”，由“王”及“望”。清顺治年间，人们将豫王城改为预旺城，由“豫”及“预”，由“王”及“旺”，取兴旺、发达之意。

中华人民共和国成立后，受简化字的影响，“预旺”也有“予旺”的写法。当时的政府公章和门额牌匾也多刻写为“予”。总结起来，“豫”字字义的延续变化，现在有：象“豫”、页“预”、单字“予”三种。“旺”字的写法较固定，不见“王”或“望”的写法。由“豫王”到“豫旺”，到之后的“预旺”，或许让读者一头雾水，这两个字的延续变化从元朝至今近800年，其间贯穿着许多的正史和传说，慢慢诉说，可以写成一本书。

近年来，约定俗成，即历史名词和来源于历史的写成“豫”字，即“豫旺堡”“豫旺古城”。行政用词写“豫海镇”和“预旺镇”。单字“予”组成的“予旺”的写法呈减少趋势。同心县现今使用有预旺镇、豫海镇、豫海湖、豫海新居、豫园小区等乡镇、湖泊、住宅区地名。

豫旺古镇历史悠久，元朝封王建城，1936年这里是西征红军的总指挥部。中华人民共和国成立后，1956年改预旺区，1958年改预旺公社，1984年改预旺乡，1992年建预旺镇。

搞清小问题，就是大文化，地名中蕴藏的历史文化，真是越琢磨越现趣味。

塬、垣和原

同心因降水偏少，大约二十多年前吧，“旱塬”一词成了同心的代名词。“旱塬”，原本是流行于摄影、书画艺术界的词。

“旱塬”的“旱”字不用考证了，无非是说天不下雨或下很少雨的意思。同心降水少蒸发量大人人皆知，“旱”得也就出了名。

“塬”字似乎大有学问。查字典，“塬：我国西北黄土高原地区因流水冲刷而形成的一种地貌，呈台状，四周陡峭，顶上平坦。”同心东部山里有村落地名叫“汪家塬”“贺家塬”“马家塬”“长川塬”的，地貌大致符合这种解释。

同心县东部现有张家塬乡，三十年前曾写成“张家垣”。像上面文字考录过的“峁”和“洼”一样，类似于“汪家塬”等的地名，当时也都写成“汪家垣”“贺家垣”“马家垣”“长川垣”。

那么这个“垣”具体何意，能否替代？《现代汉语大词典》如此解释：垣，墙之意，有词组“城垣”“颓垣断壁”。看来“塬”“垣”这两个字字义差别很大，尽管二字读音相同，但不能轻易代替。

也就是说“旱塬”不能写成“旱垣”，“汪家塬”“马家塬”不能写成“汪家垣”“马家垣”，不能因为偏旁都是“土”字就相互替代。

再按照同心的地貌来分析，“旱塬”的“塬”字含有“有土的荒原、平原或高原”之意。我们再琢磨地名用词中的这个“原”字。“原”，指宽广平坦的地方，红寺堡人爱用“亘古荒原”这个词，以前公路旁常见巨幅标语：“移民齐心建家院，亘古荒原变绿舟”。红寺堡以前没有开发，也就有了“亘古”的“荒”原，没有写成“亘古荒‘塬’”，这一带地貌平坦，山沟较少。

只能说“旱塬”的本义是“旱原”，这个“原”字的字义已经从“宽广平坦的地方”向“有土的荒原、平原或高原”过渡，从“原”字引申为“塬”字，咱们这个地方土多，加上个“土”旁成了“塬”字，看起来舒服多了。

好在字典上又指出“原”字第二种解释“‘原’同‘塬’”。绕了一个圈，似乎又回到了问题的开始。正因为有了这个第二种解释，如同古时通假字，“原”字也就成了“塬”字，都能讲通。

我们好像又感受了一回仓颉造字，知道了中华文明解读的密码和那些曲折的脉络，或者是字义的发展而重新定义，老的字有了新意。

“旱塬”确切地说是文化人常爱用到的一个专指同心县或中南部缺水地区的代词，也就有“旱塬的水”“旱塬风光”“旱塬的……”等艺术作品。“旱塬”充满了艺术的想象和灵感，“旱塬”带给了文化的繁荣。“旱塬”这个词也让地名工作者费心琢磨。

塘、埫

用刨根问底的方法琢磨宁夏的其他一些地名，也很有趣味，例如同心县丁塘镇的“塘”字，几十年前叫“丁家埫”，以后将带口语化的“家”字取掉，写成丁埫，再以后写成丁塘，“埫”字慢慢变成了“塘”字。这里地形平整开阔，“塘”字就成了这类地形的专指词。

当然，在宁夏部分地区，带“堖”字的地名仍然在使用，例如“吴舍堖、黄家堖、鸽子堖、十八对牛堖、刺疙瘩堖”。“塘”和“堖”也是一对专用的地名用字，词义也很复杂，如此的考据，“度娘”都有些累了。

鲁迅先生笔下的孔乙己吃着茴香豆，曾经指出了“回”字的四种写法，孔乙己潦倒落魄，惹人耻笑。刨根问底的事情似乎是痴人的事情，对于地名文化中字、词的演变，需要有心人做专业的考证，每一个字、词后面都是蕴藏至深的传统地名文化。

中华文化就扎根在这些无意识的根脉之中，需要我们潜心挖掘，地名是传统文化的一朵花，鲜活在人们的记忆之中。

红寺堡

马宗成

我国多有含“堡”字的地名，部分地名由来与古代战事中屯兵驻守的堡垒有关。古代驻军搭建军事防守用的建筑物废弃之后，边民为避战乱，最大限度地获得保护，大多数在堡垒附近置家，久之则形成规模大小不等的集镇。随着战略地位的变更，大多军事要塞在撤离后，原址附近的集镇因人口集聚得以保留，并以军事堡垒之名为其名，部分地名中的“堡”字读音也从 bǎo 音变为更具民居特色的 bǔ 音。明朝时，整个宁夏地区战争非常频繁，明与蒙古势力的战争此起彼伏。水草肥美、草原广阔的“小河套”红寺堡，成为鞑靼沿清水河南下袭击固原的必经之地。边患的加剧，使红寺堡成为屯军防守之地，在古代宁夏南北通道上的重要战略地位日益凸显。明武宗正德元年（1506 年），任命杨一清总制陕西、甘肃、宁夏三镇军务，称三边总制，也称三边总督。杨一清上任之时，三边“边患之惨烈，达到空前绝后的地步”。他到任之后，提出花马池东路虽有千户所守御，可是兵力少而孤立，离兴武营地很远，有边患战事时很难及时救援，便形成了将周边的鸣沙州堡、韦州堡、下马关等连成一个有效的防御体系来御敌侵略的构想，在奏明朝廷后修筑了红寺堡。正是在这种背景之下，正德二年（1507 年），杨一清上奏皇帝得到同意后，委派宁夏总兵郑廉筑成红寺堡城。这座旧红寺堡城的规模是“周回一里五分。置旗军四百一十七名。设操守官一员、管堡官一员。领烽堠一十五”，15 个烽火台名称都为当地名，分布在“黑山墩、小蠡山墩……红寺儿墩”，红寺儿墩正是和红寺堡同名，可见早就有红寺之名，于是古城红寺堡由此而得名。这样，一座古城堡呈现在了历史的长河之中。红寺堡之名，自明代开始，因筑城而有其名，一直沿用到今天。

红寺堡，共和国版图上最年轻的县级行政区划之一，在西部大开发的洪流中，从亘古荒原上起步，成为宁夏历史上规模最大的移民搬迁扶贫工程、宁夏扶贫扬黄灌溉工程的主战场，是全国最大的扶贫扬黄移民开发区。从1998年开始，自治区用了10年时间，将宁南山区的20万人迁移到红寺堡。红寺堡移民主要来自生态环境恶劣、生存条件极差的六盘山林区、月完山林区、南华山林区、罗山保护区等，涉及泾源、彭阳、西吉、隆德、海原、固原（原州区）、同心等地。10多年的时间里，红寺堡区人大胆探索，勇于实践，不断优化种植结构，促进农业经济快速发展、大力发展招商引资工作，植树造林，推进基础设施建设，在移民安置、生态建设、城市建设等方面取得了令人瞩目的成就。经过15年的开发与建设，千年荒原上已经矗立着气势恢宏的扬黄灌溉工程，神奇般地“长”出一座现代化城市，荒漠奇迹般地变成了秀美绿洲，“黄河善谷”已悄然形成。一个适宜居住、充满大爱、美丽和谐、富裕开放的新型城乡共同体犹如一颗璀璨的明珠在宁夏中部崛起，20多万回汉各族群众共同见证了这个属于我们的辉煌时代！

在红寺堡开发建设的过程中，在各级组织的领导和关怀下，红寺堡党政领导班子发扬“宁可苦自己，绝不误移民”的创业精神，发挥各级党组织的战斗堡垒作用，充分调动党员干部的先锋模范作用，凝聚成一面战天斗地的大旗，引领红寺堡人民在创业致富奔小康的阳光大道上一路前进，演绎了战黄沙、抗酷暑、建桑田的壮歌。短短的十几年时间，创造了“荒漠变绿洲，沙丘起高楼”的奇迹，建成了美丽宜居的新家园，实现了自然资源、生态环境、人口、经济、社会等协调发展，基本达到了移民致富的目标，真正实现了搬迁一方群众、致富一方群众、再造一片绿洲、恢复一方生态的目的。

今天的红寺堡人民，已彻底摆脱了贫穷的困扰，在小康生活的大道上一路稳步前行。回首走过的惊心动魄的创业历程，展望明天的似锦前程，他们深切感受到党的温暖、祖国的伟大和日子的甜美。红寺堡20万移民群众有一个共同的心声：“共产党好，黄河水甜！”

广武城下话今昔

梁建宁

黄河水流淌到宁夏青铜峡境内，首先经过的是广武城。广武城也叫广武营，在历史上非常有名，史书多有记载。明朝诗人杨靖是这样描述广武城的：“广武城边河水黄，黄河两岸尽沙岗。麦苗短短榆钱小，愁听居人说岁荒。”广武城地处腾格里沙漠边缘，除黄河沿岸居住着一些人家种些薄田外，其余地方都是一眼望不到边的戈壁滩。

广武城最早是兵家扼守雄关要隘驻扎部队的地方。过去这片地方是古战场，有流传下来的地名为证：分守岭、卡子庙、穆桂英点将台（108 塔）。108 塔坐落在青铜峡西岸峻峭的山崖上，因塔数总计为 108 座，俗称 108 塔。我们小的时候常去 108 塔下玩耍，看 108 塔的介绍。这些塔的建造年代不详，建造原因也无从考究。听大人说，这里是穆桂英的点将台、天门阵。我们一直都是这么称呼的。后来修缮塔身时挖出一部分文物。专家根据文物得出：108 塔是佛教纪念性的建筑。佛教认为，人的烦恼有 108 种，为了清除这些烦恼，规定贯珠为 108 颗，念佛 108 遍，敲钟、敲木鱼 108 响等。108 塔，大概是“功德主”为清除人生烦恼而修造的佛塔。

1949 年，广武城迎来了解放。包兰铁路的修通，给这片沉睡千年的土地带来了生机；青铜峡水利枢纽的兴建，为这片荒寂的土地提供了难得的发展机遇。1958 年，全国各地的数万名热血青年和知识分子怀着支援大西北、建设大西北的雄心壮志，奋战在青铜峡拦河大坝的工地上。峡口的新民区新城滩万人聚集，一下子热闹起来。这里过去由于人烟稀少，还流传着这样的话语：“大坝走小坝，都走越害怕。”那时笔者还是孩童，记忆最深的是：到处都是干打垒土坯房，屋顶是半圆形的，除门窗外，不用一砖一瓦。好点的土坯房屋里是通间大坑，条件差的，在地上铺上麦秸，就成了工人的床了。当时的机械化程度很低，拦河大坝的建设全靠人抬肩背。青钢峡水利枢纽的建成，结束了宁夏千百年来无坝引水的历史，扩大了水浇地面积，使引黄灌区真正成为“塞上江南”“鱼米之乡”。有了电力，人们告别了石碌、石碾和煤油灯。一个新型工业城市——青铜峡拔地而起。水电厂建成后，由于筑坝蓄水，广武城被水淹没，广武人民作出了巨大的牺牲。他们舍弃家园和耕种的土地，一些被迁移到其他乡村，另一些搬迁到高高的戈壁滩上开荒种树。广武城变成了广武公社，后来又变成了广武乡。前几年撤乡并镇，广武乡合并到青铜峡镇，广武又变成村了。广武的老年人，每逢说起昔日广武的辉煌，总是津津乐道，赞不绝口。据说昔日的广武城周围，寺庙商铺林立，山上常年香火不断。每逢三月十五庙会，众多香客朝拜，唱戏的、耍灯影子的、武把式们，还有许多商贩云集。每年的七月十五，广武城里都要闹花灯。这一天，人们在东岳庙前立起10多米高的铁杆，挂起红灯笼，燃放烟花，投放河灯，比过年还热闹。

广武城还有许多名胜古迹。比较有名的是俞益谟墓，即清朝康熙年间湖广提督的墓。还有广武岩画，自广武口子门沟入约行15千米，就到了广武岩画区，在绵延1千米的崖谷壁上，刻着千余幅岩画。自1983年以来这里游人不断，已被列为自治区重点文物保护单位。这些岩画用硬石、兽角或粗糙金属敲凿而成，它属于贺兰山岩画的一部分。岩画的内容丰富，写意真实，具有一定的艺术观赏价值，被人们称为艺术的化石。广武岩画是古代各民族文化的见证，是一笔不可多得的人类文化遗产。

广武是个人杰地灵的风水宝地。人才辈出，从明末到清朝乾隆时百余年间，出过董学礼、俞益谟、梁朝桂3个提督，并且都是湖广提督。清同治年间的甘肃提督梁生岳也是广武城梁氏一门，人们称梁朝桂为大提督，梁生岳为小提督。

10多年前流传说，国家要投资重建广武城呢，据说报上去因耗资太大没有批下来而放弃了。

广武城虽然已不复存在了，但留给人们的深刻印象不可磨灭。

牛首山

沈学文

牛首山，位于青铜峡市区南，东邻吴忠市利通区、红寺堡区，南接中宁县，西畔黄河，跨河境邻广武库区、广武地区，其北麓绵延到青铜峡镇，北距青铜峡市区小坝20千米，一山交接于利通区、红寺堡区、中宁县、青铜峡市4县（市、区）。

牛首山系罗山山脉，南北走向，南北长约40千米，东西宽约11千米，面积约440平方千米，在青铜峡市境内330平方千米，占全市总面积的15%。牛首山山坡西陡东缓，地势从西南向东北倾斜，坡度为60度。西部山系属山地地貌，山势陡峭，海拔1500~1700米，平均坡度为30~60度；土壤母质与裸露岩石交替呈现，土层较薄；沟壑密度大，切割明显；植被稀少，水土流失严重。东部山体坡度较缓，有大、小平山，较平坦。北部有金积山，绵延起伏，坡度较缓。西北部为峡口山，黄河将其与牛首山断开，有艾山、观音台、睡佛山等。牛首山主要有打码井沟、曹家大沟、东寺沟、滚泉沟等，一般长8~12千米，最长25千米。主峰武英峰和文华峰双峰突兀：武英峰海拔1781.5米，峰巅上建有大西天寺庙；文华峰海拔1677米，峰巅上建有小西天寺庙。两峰南北对峙，相距约500米，之间有一条狭长的山脊盘旋相连，构成掎角之势，故名牛首山。牛首山历史上称谓不同，北魏时称青山，唐代称回乐峰，亦称大石山，宋夏时标注为金积山、黛黛岭，后称紫金山、牛首山。紫金山名如《朔方道志·舆地志》载：“牛首山，又名紫金山……产五色纹石，土色如金，故名。”牛首山名在道光《中卫县志》中有记载：“牛首山，在广武大河之东，峰峦耸峙，岩壑苍秀。东面灵州，西枕大河，上有梵宫，相传为小西天。”《康熙朔方广武志》记载：“紫金山，俗名牛首山，在城东十余里，黄河之东岸也。千峰罗列，最著者文华、武英二峰。南跨仙桥，北拥三台，不可枚举。上有梵宫十余所，相传为小西天云。”牛首寺庙群是宁夏境内建筑规模最大的古寺庙群，分西寺庙群和东寺庙群。西寺庙群有寺庙21座，以大西天、小西天、清凉寺、药王庙、三圣寺、老君台为最大。东寺庙群平均海拔1300米，有寺庙23座，主要有玉皇庙、龙泉寺、西方镜、普光寺、太阳宫、无量殿等。牛首山是集佛教、道教、儒教以及青庙、黄庙于一体的庵、观、寺、庙，在其山间星罗棋布，形成了一个多元的思想、文化共同争鸣争放，各种教派相争相容的局面。牛首山庙会为每年的阴历三月十五日，远近闻名，邻近陕西、甘肃、内蒙古的各方游客和善男信女，纷至沓来，络绎不绝。

牛首山

牛首山又名牛守山。传说很久以前，青铜峡来了一条凶恶的蛟龙，经常兴妖作怪，它把身体一躬，河水就暴涨，并掀起几丈高的恶浪，黄河两岸洪水泛滥，百姓的良田庄稼就被淹没。为了制服恶龙，人们捐资铸造了一头铁牛，重达十万八千六百斤，放到了黄河东岸，逢年过节各乡经常烧香膜拜。久而久之，铁牛通了灵性，而且力大无比。只要恶龙作怪，大铁牛就入水打斗，有时直打得天昏地暗，恶浪翻空。铁牛终于打败了恶龙，可大铁牛的一只角也断了小半截。为了防止恶龙再来作怪，大铁牛就卧在岸边守望，后来铁牛化成了一座山，两只犄角化成两座山峰，人们称之为牛守山。后来为了纪念大铁牛的功劳，人们又将牛守山改为牛首山。又有传说，古时候，青铜峡黄河里有一条凶恶的蛟龙，经常兴妖作怪，淹没良田和村庄，害得百姓苦不堪言。在一个夜黑风清的夜晚，黄河水神冯夷骑神牛来到青铜峡，趁神牛饮黄河水之机，冯夷挥手举鞭将神牛打入河里，让神牛斗蛟龙，后永远守在青铜峡治河。可这一鞭打得太重，神牛的一只角被打折了。神牛虽有怨恨，但不敢违背冯夷的意愿，常有人夜里听见神牛在河中哭泣。渐渐神牛化作一座山，这就是牛首山。主峰武英峰和文华峰是神牛的两只犄角，文华峰稍低，正是被神仙冯夷打折的那只角。《康熙朔方广武志·词翰》中记载明嘉靖九年（1530 年）以佥事督储任宁夏的齐之鸾诗《峡口吟》："生犀饮河欲北渡，海月互来首东顾。冯夷举手挥神鞭，铁角半摧河上路。至今夜有水泣声，罔象欷歔鬼奸露。土人作渠灌稻田，玄灵委须不敢怒。"生动地描写了这一传说。

牛首山虽经历史上两次毁灭性的大地震和"文化大革命"的破坏，但其仍从兴到衰，由衰而复兴，延续 1000 多年。现今牛首山寺庙分为西寺庙群和东寺庙群，两座庙群共有 44 座庙宇，主要是在改革开放以后民间自发陆续建起来的。从牛首山寺庙到 108 塔，再到黄河坛的建成，使这块神奇的宝地更具传奇、神秘的色彩。

黄河由中宁县流入青铜峡市，在牛首山脚下舒缓流淌，河面宽阔浩荡，受青铜峡拦河大坝拦截，河床抬高水位 20 米，在广武河段形成天然水库。库存河水约 7. 35 亿立方米，库内鱼类、虾类大量繁殖，形成了一个南北长 7. 5 千米、东西宽约 3 千米的总面积 8. 3 万多亩的河滩湿地，亦称为鸟岛。每年迁徙停留的鸟类多达 180 多种，成为西北第二湿地自然鸟类保护区。黄河在青铜峡大峡谷及广武库区形成无数景观，因牛首山、太阳、云彩、水雾等多种作用，古代就出现极少见到的"河曲映日""慈云航渡""牛首佛光""牛首慈云"等自然奇观。现在黄河流到金沙湾，优美地旋转了 S 形大弯，大湾中的两片地，被黄河相隔，从高山上观看，酷似太极八卦图中的阴阳鱼图形，被称之为"黄河太极"。黄河入青铜峡大峡谷，沿岸有镇山睡佛、观音神像、天书雄阁、大禹文化园、108 塔、青铜峡水利枢纽工程，以及黄河铁桥、青铜古镇、水利博物馆等景观，可谓"十里长峡十里景，二十里画廊在青铜"。从 20 世纪后期，青铜峡市就开发利用黄河大峡谷自然风景开展旅游业，今日已打造成为国家 4A 级旅游景区，牛首山、青铜峡黄河大峡谷成为青铜峡最亮丽的风景线。

大坝营水闸

沈学文

大坝，原名唐坝，地址在今青铜峡市大坝镇韦桥村一组，位于青铜峡市区西南12千米，唐徕渠流经此地。唐坝地名因唐徕渠水闸而得名。唐徕渠又名唐梁渠，俗称唐渠，是宁夏河西灌区最大的灌渠。明万历《朔方新志》记载："唐徕渠亦汉故渠而复浚于唐者。"当地父老传闻，唐代对汉时旧渠曾大加疏浚、延长，并招徕户民垦种，到唐宪宗元和十五年（820年），遂易名唐徕渠。唐徕渠渠口原址在108塔下200米处的龙王庙附近。因渠口直插黄河，来水量无常，对下游造成的危害更甚，直到元代才实现了有坝控水。据元史载，至元元年（1264年），行省郎中董文用修复此渠，郭守敬更立木质闸堰，取唐徕渠首字和闸堰得名"唐坝"。郭守敬选择唐徕渠上段大坝营地方围堰筑闸，首次在唐徕渠上更立木质闸堰，采用以"插杠子"疏密的方法调控渠道进水量，疑同期在闸堰南筑关边闸（头道退水闸），将唐徕渠多余水量直接排入西河。

现大坝营唐正闸

从元代到明代，唐徕渠木闸已使用300多年，年久将朽，明隆庆年间（1567—1572年），河西道汪文辉视察宁夏水利，"悯念民隐，登览渠流，怃然叹曰，‘是闸也，木也。洪涛冲溢，非木可支，盍易石为抵柱乎?’于是奏请改筑，然工将兴而未就。”经后任者继续努力，“丙子秋，唐坝落成”，改建石正闸1座（六孔），闸桥同长45米，其中闸孔宽4米，桥宽6米，为10孔闸门。并定正闸入渠之水位，建退水闸2座，疑为安宁闸（二道退水闸）、汇昌闸（三道退水闸），将唐徕渠多余水量通过三道退水闸泻入西河。到明洪武九年（1376年），鉴于唐坝闸桥直扼宁（夏）兰（州）大道要津，可控往来通行，军事防御地位十分重要，于是在唐坝闸北，唐徕渠北岸畔建土筑城堡一座，筑有瓮城，城占地240亩，边长各400米，城墙高6.5米，门向东开，直对正闸桥，城建成后以唐坝名称命名为唐坝堡。这一地名在《明［万历］宁夏镇总图》和《明［万历］宁夏镇南路图》都标示为唐坝堡。唐坝堡在明代已驻军防守，先为右护卫所属屯堡，后又改属右屯卫屯堡，堡内有仓场，驻旗军200名，把总官1员，守堡官1员。“正德五年（1510年）宁夏南路骑兵驻扎于此”，称之为大坝营。明万历十八年（1590年），守营官兵属南路玉泉营。明洪武二十五年（1392年）置宁夏右屯卫，后废。建文四年（1402年）复置宁夏右屯卫，辖18个屯堡，其中大坝堡属之。

唐坝堡唐徕渠闸堰因建筑规模和水流量大于汉坝堡汉延渠闸堰，民间习惯称之为大坝。唐坝堡隶属于宁夏右屯卫，亦称之为大坝堡。因为唐坝堡为驻军营城，故称之为大坝营。由此而知，唐坝堡在明代已有3种称谓，即唐坝堡、大坝堡、大坝营。

民国时期唐正闸

大坝这一民间俗称地名在明、清之后已广泛使用，据《明［万历］宁夏镇河西总图》《宁夏舆地全图》和清代《朔方广武志》《城池边墩图》均标示唐坝堡名为大坝堡。唐坝堡地名逐渐被大坝地名堡替代，之后唐坝堡地名消失。

清代、民国时期的大坝营

大坝营因为有宁夏著名的都江堰工程——唐徕渠闸堰而闻名于世。唐徕渠闸堰桥为古代宁朔县境内宁兰大道唐徕渠上唯独的锁喉大桥而被称之为咽喉要道，明、清至中华民国时期唐坝堡一直为驻军城堡，因为有驻军和地处宁夏南北交通枢纽，南来北往人员、车辆较多，在当地繁盛一时。营城外闸桥建有正闸桥廊、碑亭，闸东南侧建有文昌宫、魁星楼、戏台等。戏台有楹联："山色远遮亭一角，水光分映路三岔。"旁有古树参天，渠闸三季滔滔不绝，闸水浊浪排空，汹涌澎湃，惊涛拍岸，声势震撼，形成一方水韵。明嘉靖十八年（1539 年），以右副都御史巡抚宁夏的杨守礼，登临唐徕渠闸堰，作诗《观两坝》："闸分天上水，工自古人奇。农亩沾春阔，鱼舟待月迟。汉唐能倪障，天地亦何私。惭愧观风客，年年注意时。"讥讽朝廷派来观察民风民情的官吏多走马观花，没有真正察实民情。

大坝营城堡曾在历史上遭受重创，清乾隆三年（1738 年），宁夏大地震中，大坝营城堡震毁。民国后期，大坝营兵营撤废，堡城逐渐萧条。20 世纪 50 年代大坝营城堡城墙残存，但墙体、城门破损。60 至 80 年代，城墙被当地生产队拆毁铺田垫圈，现只遗存东南一角。

中华民国之前，在民间传有民谣："小坝走大坝，越走越害怕。"究其原因，民谣是百姓倾诉历史上每年上唐徕渠的春工的怨。青铜峡 108 塔下至大坝营唐坝为唐徕渠渠口段，每年因泥沙石子淤积渠道导致唐徕渠进水困难，自古以来年年春季组织民工清淤，民工主要来自唐徕渠灌区的宁朔、永宁、银川、贺兰一带的农民，每年春被征调，背上铺盖，带上口粮，赶几十里甚至上百里路，吃住在山神庙。在渠底浚挖石砂时采用铁犁起塘，人工从渠底背运砂石上岸的方法。渠底浚挖砂石时，砂石往往还冻结成冰层，一般是一人扶犁，二三人拉犁，先松动石子，装入背篼，再用人工背背篼运到渠堤，习惯称“打石子结”。北方的早春，乍暖还寒，民工赤脚疏浚，脚底下冰凉的渠水透骨寒，二三人拉犁的劳累比牛苦，背运砂石的民工上岸步步艰，身上背篼里流淌的泥水透心凉，其辛劳痛苦的程度可想而知，所以民工从小坝走大坝越走越害怕，“没奈何拉犁铧，有奈何不拉它”。1960 年 2 月，青铜峡水利枢纽工程截流后，将唐徕渠大坝营至青铜峡水利工程间 8 千米渠段拓宽，建成河西总干渠，此段便成了唐徕渠、西干渠、惠农渠、汉延渠、大清渠、泰民渠 6 大干渠之首。

唐坝堡地名消亡后，大坝地名至今沿用。民国二十二年（1933 年），为宁朔县大坝乡。民国三十年（1941 年）4 月，撤区并乡，陈俊乡、大坝乡合并为大坝乡。1952 年，设大坝乡。1961 年青铜峡市成立，同时成立大坝人民公社。1984 年，大坝人民公社改大坝乡。2003 年，大坝乡改大坝镇。

1986 年，宁夏渠首管理层投资恢复大坝营古建筑物原貌，新雕刻原《修唐徕渠碑记》，立于唐徕渠闸北岸，并建有碑亭；复制有“镇水铁牛”立于闸堰岸畔；在唐徕渠总闸旁建筑惠风亭、翠荫亭、望月亭，并悬匾于各亭；建有水车、雕龙、唐徕渠首公园、大坝营水利展览馆等。大坝营古干渠闸堰成为宁夏水工的一道亮景。

唐徕渠水韵

摆宴井：一个曾经为康熙摆过宴的村庄

石雄林

摆宴井自然村位于盐池县南部，坐落在东北至西南向枸子山风水岭北坡的山脚下，即今长沟大梁、大口子山、前记山、康记山一带分水岭。枸子山，顾名思义就是山上枸子灌木多。

据庆靖王朱栴所撰《宁夏志》记载，枸子山，在三山儿南（今红井子的大马鞍山），境内溪涧险恶、豹虎所居、人迹罕至。说明在明代枸子山一带，山势险峻，地表水浅，溪涧多流，植被深厚，树木参天，动物种类繁多，才有“豹虎所居，人迹罕至”的原始自然生态。

摆宴井村北距县城 80 千米，西距惠安堡 30 千米，南距甜水堡 20 千米，今属大水坑镇管辖。古村地域南北长约 16 里，东西宽约 12 里。村庄东南是山峦起伏的枸子山分水岭，西南是绵延不断的山塬梁峁，往西北越过东西走向的大红梁是水草相连的滩地草原，其中有面积约 2 平方千米自然形成的碱滩，能够产硝产盐，四周遍布芦苇、芨芨草，是飞鸟和小动物的栖息地。往北到道沟沟沿，道沟有甜水沟和咸水沟两大水系。摆宴井是一处名副其实有山有川、山川相依的好地方。沟壑远离村庄，村庄地势开阔平坦，南高北低，呈盆地状。

村子东、西、南方向有三川一掌的洪漫滩地，土地肥沃。三川是西冲、东滩、沟口地，一掌是大掌。平整的田地适宜种植米谷、荞麦、小麦等农作物，遇到雨水好的年景，一派谷稼殷实的景象。

黄土丘陵和广阔的沙地草原有自然生长的甘草、麻黄、益母草、地椒草等中药材，西正甘草尤为出名，为百草之王。这些天然植物为放牧养羊提供了优质牧草，过去是隔天上山放牧吃山草，隔天下山饮水吃热草，得天独厚的地理条件很适合养殖牲畜。

最为值得赞许的是地下水位浅，水质有咸水和甜水之分。咸水井叫东井，在村东。甜水井叫西井，在村西。被周边乡邻誉为风水宝地。解放前村中往西是成片的榆树，可谓绿树成荫、古树参天、环境优美。

如今，过去的土坯房已被红砖瓦房代替，黄土老路已变成柏油马路，只是气候干旱少雨风沙大，树木稀少。古老村庄特有的古朴韵味已经渐渐消失，村貌环境较过去变化很大。其间最为出名的是摆宴井油田。1972 年，长庆油田钻井三处 246 队在摆宴井村西 800 米处开采了盐池县第一口油井，名为 21 井，拉开了盐池县石油开采的序幕。摆宴井油田由此而被确认。当时探明石油储量 465 万吨，开采油井、水井 47 口，年产原油 8. 5 万吨。摆宴井古村又有了摆宴井油田的美名。

摆宴井是一个具有悠久历史的古老村落，也是一处上风上水之地，其地名承载着厚重的历史，有多种传说。据《盐池县志》记载，相传一年春天，清康熙皇帝微服私访，来到距花马池南 100 余里的山村。当时，人困马乏，饥渴难忍。他不仅喝了几个庄户人刚从井里打上来的水，而且享用了热情好客的庄户人置办的丰盛宴席。由于山村没有海参鱼翅，村民端上山鸡、野兔和羊肉等当地特产招待客人。康熙胃口大开，连连称赞："好菜，好菜!"时过半年，村中人才知晓春天他们招待的客人是康熙皇帝。为纪念此事，村人把所在的村子更名为"摆宴井"。另据《宁夏志》记载，明初朱元璋封第十六子朱栴为庆王，在韦州修筑王府，史称庆王府。庆王府为了向朝廷进贡马匹，以供军国之用，在摆宴井南部栒子山一带设立王府牧马苑，所饲马匹为贡马，用于进贡朝廷。每年秋季，草木旺盛，牛羊肥壮之时，为防止蒙古人过边墙进入汉界掠夺牲畜，庆王都要巡大小盐池与花马池城防等逐州卫所，民间传说庆王在视察秋访时，巡行地方到过靠近摆宴井一带栒子山不远的一座山头，后世称王到山。据《宁夏志·牧马监苑》记载："国朝之牧苑，在宁夏界者二：清平苑在三山儿东；万安苑，在大盐池南"（今惠安堡镇万家塬），点明了明朝廷管理牧马苑有清平苑和万安苑两苑，苑设在水草丰美之地，说明这里草原广阔，水草丰茂。万安苑所饲马匹为官马，多在百眼井饮水。摆宴井一带属于万安苑管辖，是朝廷军马牧苑，后因庆王在此地摆宴招待圉长（牧马苑头领，一圉长率五十夫），故更名，后世更名摆宴井。

由此可见，古时摆宴井一带既有藩王王府的牧马苑，又有朝廷的牧马苑，文史记载了庆王府与明朝廷因牧马争夺草场的事件。

还有一说，据《盐池旧志笺证》记载："摆宴井在惠安堡东七十里。俗谓鄂旗小王子（佚名）会宋将狄青摆宴处。”此说不是以传说记载，而是以“古迹”记载的，有一定的可信度。

更有鲜为人知的说法是：唐代大将军郭子仪摆宴而得名，唐玄宗在位时，天宝十四载（755 年）爆发安史之乱，次年唐玄宗逃亡四川，其子李亨逃亡宁夏灵武，并在灵武继位，称唐肃宗。其后大将郭子仪护送唐肃宗返回长安平定叛乱路过这里摆了宴，后来称摆宴井。

摆宴井地名从传说到正史记载，从唐、宋、明、清四个朝代都有达官显贵选择此地摆宴议事，这里的土地曾经留下了马踏车碾的喧嚣，留下了兵火戎戈的过往。各种传说集中到一个地方，肯定事出有因，说明久远的过去，这里有先民居住，有较好的地理人文环境。在儿时记忆中，北庄以东地面还残存着年代久远的建筑遗迹和破碎砖瓦瓷片，我们的先祖也说不上是哪个朝代的，也没有人进行过考证。这些遗迹是否与传说有某种联系，不得而知。

双羊狄青大战野狐岭的传说

张树林　高耀山

双羊是西夏国的公主，狄青是北宋的大将。双羊和狄青曾经在盐州野狐岭率军打仗，并各筑一座城，两城相距不过3里路。至今，野狐岭地区还有“双羊赶狄青，大战野狐岭”的传说。

先说那双羊，识蕃、汉文字，通十八般武艺，是沙窝里的一只金凤凰。自十三四岁起，就经常随夏王出征，一杆银枪神出鬼没，百战百胜，夏兵非常佩服。再说那狄青，少年时就从军吃粮，他顽强好学，练得一身超群武艺，听说夏兵经常犯边，他就自告奋勇率军前来守边。

这一年，夏王又想出兵盐州。这一带因为有产盐的盐池，便成为西夏和宋朝反复争夺的地带。当时双羊才16岁，坚决请求挂帅出征，夏王答应了她的要求。于是，双羊公主挑选精兵5万，择日启程，浩浩荡荡往南而来。守边的宋军望风而逃。双羊率兵长驱直入，迅速抵达枸子山下。枸子山是环庆的屏障，有一道山口可以直通环州。山这边却是一马平川，正是千军万马厮杀的好战场。双羊来到这里，见无人阻挡，坐在白马上不禁失笑，说：“如此重地，无人防守，可见宋朝无人啊！”

话音未落，忽听一声号炮响，从山口闪出一支队伍，挡住去路。为首一员青年虎将，年约十八九岁，体态魁梧，面色赤黑，鼻直口方，眼如铜铃，身披乌金盔甲，胯下一匹乌骓大马，手执两柄红钢锤，形如笆斗。一通姓名，原来是宋朝大将狄青。

双羊公主正在兴头上，忽然见个黑不溜秋的家伙出来挡道，大煞夏兵的威风，不由心头大怒，她下令队伍列开阵势，与宋军交锋。将对将，兵对兵，从中午直杀到日压西山，谁也没有进一步。双方鸣金收兵，安营扎寨，准备明日再开战。

当夜，夏兵营内灯火明亮，更鼓声响，宋军营内火光黯然，悄无声息，就跟没人一样。三更时分，夏兵刚刚入梦，突然宋军一声炮响，全军出动，猛扑夏营。狄青披头散发，头戴着铜面具，在火光下闪闪发亮，他出入夏营，往来冲杀，所向披靡，无人敢挡，夏兵都以为是“金面神人”下凡了。

双羊虽不相信什么“金面神人”，但仓促应战，阵脚已大乱，只得率兵向西北方向溃退。当她跑到一个山峁上时，看到自己骑的白马连日疾走，已累得不可支持，就从身上解下180斤重的金盔银甲，系在山峁上，轻装而去。此后，当地人便给这座山峁取名为“寄甲峁”。不过，年久日深，读音谐变，现在的人已将“寄甲峁”误叫成“芨芨峁”了。这个峁在今盐池县大水坑镇东南的山坡上。

双羊率众夺路而逃，一夜跑了100多里，天亮来到野狐岭，才把宋军远远甩在后头。她收拢部队，扎下营寨，想起吃了宋军这一亏，不由得恨得直咬牙，她下决心要和狄青决一雌雄。为了防备宋军偷袭，她又命令全军在野狐岭西面的高地上立即筑城一座，5天就完工了。

狄青率军随后就到，见双羊并没有马上退却的意思，也就令全军在野狐岭东边的高地上加紧筑城。两军的城都筑好了，狄青便率部出城挑战，双羊也早有准备，沉着应战，两军每天在野狐岭大战四五十个回合，一个月过去了，还分不出胜负。双羊和狄青都暗自佩服对方的英武。尤其是双羊公主，见狄青少年英雄，举世无双，逐渐产生了爱慕之情，她想办法要把狄青生擒过来。狄青也有活捉双羊的打算。

这天，两军又交战了。双羊和狄青打了七八十个回合，还分不出胜负。正打到紧张时，只见狄青虚晃一锤，拨马就跑，他想趁双羊紧追不舍，来个“脑后甩金瓜”，把她打下马来。不料双羊自有她的打法。只见她挽弓搭箭，照准乌骓马的屁股，“嗖”的一箭射去，马一惊，一蹶子就把狄青撂在地上，还没等狄青直起身来，双羊公主已经策马赶到，顺手一挟，抢走了狄青。赶到宋军救时，狄青已被绑到马上驮进夏军的城里。

回城之后，双羊急命备办酒席，为狄青将军压惊。但狄青却不吃她那一套，怒目圆瞪，骂个不停。双羊公主并不恼火，她把狄青软禁起来，多次坦率地向他表白自己的爱慕之心。人非草木，狄青见双羊一片真心，自己也慢慢动了情，答应了双羊的要求。

九月重阳那天，双羊与狄青大办喜事，两军张灯结彩，宋夏官兵共同举杯痛饮，三日方休。自此，宋夏两军息了干戈，和平相处，边境安宁。

双羊与狄青成亲的消息分别传到宋夏，皇帝大动肝火。两家朝廷一齐向野狐岭发布命令，催促双羊和狄青各自领兵回朝，听候发落。一年之内，双羊和狄青各收到朝廷发来的金牌36道，一块块金牌像一挑挑千斤重担，压在他们心头，他们虽然相亲相爱，可又不能不忠于自己的朝廷，圣命难违啊！

就在他们婚后刚满一年的时候，一天，朔风怒吼，乌云遮天。双羊和狄青站在两城之间的空地上，挥泪惜别，难分难舍。当双羊颤抖着双手，把刚刚满月的婴儿交到狄青怀抱里时，两人身后的士兵都淌下了同情的眼泪。泪水汇成一股急流，在两城之间冲下了一道深深的壕沟。

宋夏交兵距今有900多年的历史。但野狐岭上的两座古城遗址依然清晰可见，这便是人们传说这个故事的依据了。

从“一棵树”到“一座园”

李建华　杨金平

宁夏盐池县县城东北15千米有个行政村叫沙边子村，沙边子村有个地方叫一棵树。过去这里是毛乌素沙漠的一部分，遍地黄沙，寸草不生，方圆数十里只生长着一棵老榆树，树冠占地4亩，树身4个成年人手拉手还围不过来，在茫茫沙海中有这么一棵数百年的老榆树傲然挺立，让人看到一丝绿意，看到生命的希望，因此人们把这里就叫一棵树。周边的蒙人和汉人都把这棵老榆树当成神树，经常进行祭拜，可惜在“文化大革命”中红卫兵们把它当作“四旧”和“牛鬼蛇神”铲除了。

老榆树虽不在了，但一棵树的地名还在。黄沙依旧，沙边子仍然遍地沙丘，一片荒凉。

“文化大革命”结束时，由于不合理的开发垦殖、过度放牧，沙边子一带流沙遍地，“一年一场风，从春刮到冬”是这个村子的真实写照。风沙、干旱严重威胁着村民的生存和发展。

1980年，冒寨子村农民冒贤、白春兰夫妇俩响应政府的治沙号召，用架子车拉着年幼的女儿，进军沙边子，进驻当地人称一棵树的不毛之地，开始了长近50年的治沙奋斗史。

从那时起，冒贤和白春兰每天从8千米外的冒寨子村赶到一棵树村，他们用手推车拉沙开路，平田整地，育苗种树，矢志播绿，横心治沙。

1986年，冒贤、白春兰夫妇在一棵树的沙地上盖了几间土坯小平房安下了家，结束了每天奔波往返30余里的辛苦。每天，夫妇俩平地、刨沙、挖坑、栽树、浇水，饿了啃几口干粮，渴了喝几碗凉水。慢慢沙边子有了绿意，一棵棵小树苗长了起来。经过多年摸索，夫妇俩发明了以草挡沙、以柳固沙、栽树防沙的“三行制治沙法”，渐渐掌握了适合当地的科学防沙治沙的方法。

看到自己用双手与沙魔抗争取得胜利，冒贤、白春兰夫妇更是干劲十足。

白春兰80年代赶着驴车载着女儿去沙区治沙植树

可惜1992年，丈夫冒贤因劳累过度病倒了。白春兰每天既要侍奉卧床的丈夫，又要种田、植树、养羊、饲鱼。1997年冬天，47岁的冒贤去世。失去亲人的白春兰没有停止治沙，她化悲痛为力量，带领子女继续治沙。春去秋来，一片片流沙被制服，一道道绿色在延展，沙柳、柠条、杨树、沙枣树等由小变大，茁壮成长，昔日没有一棵树的“一棵树”变成了“一片林”“一座园”。经过多年的治理，沙边子的生态环境明显改善，昔日的沙漠腹地变得生机盎然。

治沙英雄冒贤雕像

随着市场经济的繁荣，白春兰在生态治理的同时，也开始了多种经营，多业并举，温棚、圈舍、鱼池、餐馆相继建成。在盐池县农业、畜牧、林业、旅游等部门的支持下，白春兰转变思路，大力发展养殖、种植业、旅游业。2005 年，白春兰在一棵树挂牌“白春兰绿色家园”，成为盐池县著名的沙漠旅游景点。她也成为全县农村发家致富的带头人。

在白春兰的影响和带动下，相继有 88 户人家来到沙边子村，造绿固沙，开发沙产业。现在，全村累计治理沙漠 7 万多亩，在昔日的荒漠中升起了一片绿洲。

冒贤、白春兰的治沙事迹感动了很多人。白春兰先后被评为全国“三八”绿化标兵、全国环保百佳先进个人、全国绿化劳动模范、全国“三八”红旗手、中国改革功勋（贡献）候选人、十大民间环保杰出人物等 10 多项荣誉，并当选为党的十八大代表。冒贤夫妇的治沙事迹得到了国家领导人胡锦涛等的赞扬，胡锦涛还专程来到一棵树看望了白春兰。来自美国、德国、以色列等 20 多个国家的专家学者先后来访，赞誉白春兰的创举。在沙边子，人进沙退，被联合国粮农组织高级官员称为“人类改造自然的典范”。

2008 年，自治区党委、政府决定在治沙英雄冒贤、白春兰夫妇战斗的地方建设一座“治沙英雄白春兰冒贤业绩园”，作为青少年爱国主义教育基地。2009 年，“治沙英雄白春兰冒贤业绩园”建成，由治沙展馆、冒贤雕像、暖心阁、连心桥等组成。

汉惠闸坝与小坝地名

沈学文

青铜峡市小坝汉惠闸坝的建筑从一个侧面反映了当地的农业农耕史、水利灌溉史、军垦移民史，是青铜峡市地域文化的宝贵财富。深入研究小坝地名的演变，对了解这一地区的社会发展、历史变迁具有十分重要的意义。

小坝，现为青铜峡市市治，地理位置为东经 106°04′27.10″，北纬 38°01′15.15″，东距吴忠市 6 千米，北距自治区首府银川市 54 千米，汉延渠经市区南北通过。小坝地名源于水利设施，是因汉延渠汉惠水闸而得名。汉延渠，俗称汉渠，是宁夏银川平原河西地区开凿最早的大干渠之一，其开凿源远流长，有说开凿于秦代，名为北地西渠，汉代经过整修、延长，因而取名汉延渠。清乾隆《宁夏府志·艺文·大修汉渠碑记》称：“汉之有斯渠，殆元封、太初年间（前 110—前 101 年）。”元封、太初年号都是汉武帝时期的年号，说明整修、扩大汉延渠是发生在汉武帝在位期间。先是，从元朔二年至元狩二年（前 127—前 121 年），卫青、霍去病多次出击匈奴，收复河南地（其中包括宁夏地区）后，迁移内地居民到宁夏银川平原屯垦，“使人口大增，冠盖相望”。为了加强对这一地区的统治与管理，于公元前 114 年在今邵岗镇西建置灵武县，为了开发垦殖灌溉更多的土地，供养驻守在当地的军队，开凿了汉延渠。《后汉书·西羌传》记载：“顺帝永建四年（129 年）尚书仆射虞诩奏使谒者（官名）郭璜激河浚渠为屯田。”根据这一记载而得知，汉延渠开凿是因屯田故。汉延渠流经今青铜峡、永宁、银川、贺兰四县市，全长 88.6 千米，引水流量 65 立方米/秒，灌地 54 万亩，现已经有 2000 多年的灌溉历史。

古代宁夏的引黄灌溉既是利，也有害。唐宋以前，灌渠基本属于无闸引水，渠口进水多受黄河水量大小左右，每当黄河发生洪灾，水量过大，渠口进水无法控制，洪流猛增，常导致冲坏堤坝、渠道决堤，淹没农田和村庄，给人民带来灾难。到元代首次实现了有闸引水。《元史·世祖本纪》记载，至

现汉惠水闸

元元年（1264 年），行省郎中董文用修复此渠，郭守敬更立木质闸堰。此闸堰址在汉延渠上段，即今小坝汉坝闸处。郭守敬选择此地筑堰建闸由于两个原因：一是汉延渠东约 800 米是西河，在汉延渠东堤建退水闸可直接泄洪于西河；二是从汉延渠渠口到叶盛段为空流段，汉延渠东西两地地势较高，无法引用汉延渠水灌溉，在此围堰建闸，可抬高水位，闸坝分水，将汉延渠水引灌东西两岸农田。元代时期更立的木质闸堰，疑主要采取在渠口处挖深坑，栽木桩，底顶用横梁固定木桩，用“插杠子”方法堵水，以杠子的疏密调控渠道进水量，并在汉延渠闸东筑退水闸。此地在秦汉唐时期称为何名，无史料可鉴。因元代郭守敬建坝筑闸堰，取汉延渠之首字和闸堰控水为坝，得名为“汉坝”。从元代到明代，时过 300 多年，汉坝汉延渠木闸年久将朽，到明万历五年（1577 年），河西道汪文辉视察宁夏水利，“恫念民隐，登览渠流，怃然叹曰，‘是闸也，木也。洪涛冲溢，非木可支，盍易石为抵柱乎？’于是奏请改筑，然工将兴而未就。”经后任者继续努力，“丙子秋，唐坝落成。丁酉四月，汉坝亦相继告竣。”将汉坝木闸改建成石闸 1 座 4 孔。据考证汉延渠闸前东边渠旧称天河渠，天河渠主要灌溉今小坝以东和红星、林东一带农田，由此证明，现小坝地区至少在元代就已开发。明代，宁夏地处边防斗争前沿，明朝创设宁夏卫，实行以军屯戍边为主的防御办法，于洪武九年（1376 年）左右，在河套地区广建堡寨，进行自卫，首次在汉坝闸西筑堡，以汉坝闸命名为汉坝堡，堡东西长，南北窄，土筑寨堡，墙高 4 米，有东西二门，面积 0. 134 平方千米。是年创设宁夏卫，于洪武二十六年（1393 年）七月整治之。永乐元年（1403 年）再置，辖屯堡 11 座，其中今青铜峡市叶升堡、汉坝堡隶属宁夏卫。汉坝堡这一地名在《明［万历］宁夏镇南路图》中有标识，同图标示的屯堡还有今青铜峡市的邵岗堡、瞿靖堡、蒋鼎堡、林皋堡、陈俊堡、叶升堡、大坝堡。

狗拉壕与固原内边

岑国义

盐池县麻黄山乡位于陕、甘、宁三省区交界处一个偏僻的大山深处，其东南与陕西定边县姬源乡接壤，西北与甘肃环县秦团庄乡毗邻，人常说“鸡叫一声听三省”就指这块地方。

从麻黄山起身，向东 10 里就到李记畔村。在李记畔村东 1000 米，有一个东北西南走向的高大山梁，山梁上有道深三四米、宽五六米的沟壕。沟壕旁有一两米凸起部分。沟壕从山脚一直沿西南方蔓延到山顶，大约五六百米。当地人说，这个沟壕叫狗拉壕。在最高处，有个当地人所谓的墩台，保存基本完整。墩台大约 10 米高，底边 10 米宽，顶部边长四五米。墩台十几米远，又有一道 1 米多深的深壕，深壕外有一道一人高围墙。

狗拉壕西面是宁夏，东面是甘肃。

狗拉壕的来历和二郎神杨戬有关。二郎神的母亲玉华仙子是玉帝妹妹，因思凡嫁给凡间一个叫杨天佑的男人。与其私订终身，并生下杨戬和妹妹杨婵。玉帝因妹妹私嫁凡人，触犯天条，觉得很没面子，龙颜震怒，把玉华仙子压在桃山底下。二郎神从小立志救母，幼年偶遇流落在外的哮天犬，就三度犬于草莽中，授犬以修身之术，并作为猎犬和后来收养的逆天鹰一起带在身边。

二郎神救下母亲后，返回灌江口，当时心情沮丧，无精打采。哮天犬跟在身后，二郎神也没在意。哮天犬的狗链没收起来，从华山不远处就掉下来，狗链所过之处，山梁上拉出一条陡峭的崖壁，深沟里峭壁如削，平处拉出一道深壕。200 多千米后二郎神才发现，就赶紧收起。以后人们把哮天犬狗链拉过的深壕叫狗拉壕。

除李记畔外，向东的前塬向西的冯记沟都有狗拉壕。从李记畔山梁下到山脚，下面就是深沟，绵延不断一直延伸到前塬，深沟峭壁如削，山梁上也有个墩台。从李记畔向西北也是深沟，一直到冯记沟，自沟沿至沟底全是悬崖，山梁上也有个墩台。

前塬属麻黄山乡松记水村，墩台对面是甘肃环县秦团庄乡朱新庄行政村。冯记沟属甘肃环县秦团庄乡冯记沟行政村，墩台对面属盐池县麻黄山乡管记掌行政村巴尔掌自然村。

在当地，还流传着另一个有关狗拉壕的传说。

很久以前，这一带有个纪财主，漫山遍野都是纪财主的土地与牛羊。纪财主心地善良，爱护仆人像爱儿女一样，但纪财主50岁了膝下只一个女儿，想要入赘个女婿。

纪财主家有三个放羊娃，分别是小姬、小秦、小麻，都十几岁。小姬聪明，小秦机灵，小麻木讷。三人放羊时领个叫大黑的狗，大黑很听话。有一天小姬说："我将来富了，一定把家产给你俩一人一份。"小秦和小麻笑着说："谁做证?"小姬说："大黑做证。"小秦又问："家产谁来分?"小姬说："大黑分。"小秦和小麻只当是玩笑，也没在意。

财主一直观察着三个放羊娃，有一天忽然宣布，让小姬做女婿。从此小秦和小麻领着大黑放羊。不到三年，有一天纪财主一病不起，不几日竟归西了。从此偌大家产由小姬执掌。一天，小姬把小秦、小麻叫去，要把家产给他俩一人一份，让大黑来分。

大黑从院子向西南一路狂奔，所过之处，竟被链绳拉出一道深壕。纪财主家业一分为三，东北方为小姬所有，小秦和小麻分别以大黑链绳拉过的沟壕为界。最后三人三省各占一角，小姬占现在陕西定边县姬源乡，小秦占现在甘肃环县秦团庄乡，小麻占宁夏回族自治区盐池县麻黄山乡。

这终归是传说。以前笔者在麻黄山教书，在不同的地方多次见过狗拉壕。后因工作关系调到盐池县博物馆，和一些文物遗迹打交道，工作中才知道，所谓的狗拉壕，其实就是固原内边长城。

1986年版《盐池县志》有对固原内边长城的记述："固原内边，又名小边，重险，弘治十五年（1502年），总制秦纮始奏筑，至嘉靖十六年（1537年），历任三边总制维修或重筑。位于本县南部山区，由陕西省定边县向西，经甘肃宁夏交界线，然后经本县麻黄山、萌城乡境，入宁夏同心县境西去。这道长城随山就崖，铲削而成，在地势平缓处以土筑墙。现存遗迹不甚明显。"

通过对照发现，当年实地所见与《盐池县志》记载完全吻合。除李记畔山梁上平处以土筑墙外，自李记畔向东北、西南全部是随沟崖铲削而成。至于山梁上的墩台，其实就是烽火台。

《盐池县2009年第三次全国文物普查名录》中，也有对李记畔烽火台和前塬烽火台的记载："李记畔烽火台，位于盐池县麻黄山乡黄羊岭行政村李家畔自然村东500米，东距甘肃环县秦团庄乡白塬畔行政村白塬畔500米，明代，尚未核定为保护单位。有围墙，东西66米，南北66米，墙体残高5米，宽约一米。开南门，西墙有人为缺口。烽火台呈方锥台体，底部边长15米，残高14米，顶部东西8米，南北6米，黄土夯筑，台体四周和顶部呈坡状，周围散布灰陶绳纹残片。

前塬烽火台，位于盐池县麻黄山乡松家水行政村前塬自然村东1500米，明代，尚未核定为保护单位。有围墙，东西50米，墙体残高5米，墙基宽4米，顶宽约2米。围墙残缺不全，开东门。烽火台呈方锥台体，黄土夯筑，东西长16米，南北宽15米，高8米，台顶东西宽2米，南北长3米。烽火台被风吹雨蚀，顶部至底部呈坡状，且有塌陷土堆，台体底部已呈斜坡状，烽火台西面有雨水冲刷塌陷土堆。"

至于冯记沟烽火台，因冯记沟属甘肃环县管辖，在盐池史料上未有著述，别处也未能查到。只是20世纪80年代，烽火台只五六米高，底部有10米左右宽，比起李记畔烽火台，雄伟高大差远了。自冯记沟向西，下一个烽火台在距离冯记沟10千米的任新庄，也属甘肃界。以后一直沿着盐池惠安堡到同心县，最后至固原。

自明洪武后，鞑靼和瓦剌一直成为明朝边患。蒙古族南侵时，必须逐水草而居，必须就近有水源。而花马池（盐池县城）至兴武营（在盐池高沙窝）一带有几处水泉。所以，鞑靼南侵时，兴武营至盐池县城一带首当其冲。由宁夏至榆林400里，很少有高山深沟做屏障，蒙古族一旦入侵就长驱直入，因此在花马池、兴武营设控就很有必要。《读史方舆纪要》载："兴武营守御千户所在镇（银川）东南三百二十里。东至花马池百二十里，西至横城堡百四十里，向为寇径。"

明王朝修筑长城的目的是军事防御，但让开国皇帝朱元璋没想到的是，明王朝构筑的巨大工事最终没能让蒙古部落就此停止奔袭。"土木堡之变"，使堂堂大明皇帝成为蒙古族俘虏。

当时宁夏镇的兴武营至花马池一带可算蒙古南侵的第一道防线。《九边图论·宁夏》载："花马池一带边人谓之大门，若拼力坚守花马池，则固原自可无虞。"一旦盐池至兴武营一带被攻陷，那就只能靠固原了，若固原再失守，中原门户顿开，就朝不保夕。

明统治者也知道，盐池至兴武营一带第一道防线如被攻破，只能死守固原。固原再被攻破，进入中原就没防线了。蒙古族多次突破河东至延绥一带长城，明统治者也明白固原对京都的重要，鉴于此，固原内边长城应运而生。

从陕西定边饶阳堡始筑，进盐池，过甘肃环县，又返回盐池，过同心，最后到固原。自英宗被俘那年，又过53年，由当时三边总制秦纮奏筑，经历35年后，于嘉靖十六年（1537年）成功。

修筑固原内边的目的，就是减轻军事重镇固原的压力，但自固原内边修成的100年里，明王朝国力衰微，每况愈下，不断走下坡路，最终被李自成率领的农民军推翻了。

经历500年的固原内边长城，被演绎成狗拉壕。狗拉壕其实是沟拉壕的讹传，固原内边长城是逢山削崖，名曰山险墙。逢沟挑堑，名曰沟拉壕，遇到平缓处就以土筑墙。

将沟拉壕演变成杨戬哮天犬的狗拉壕，以及大黑分田地，其实只是人们对和平生活的向往，对美好生活的向往。筑墙挑堑并不是防御的唯一手段，友好往来才是交往之道。起初明朝廷与蒙古族剑拔弩张，所以一直摩擦不断，自"隆庆议和"后，中原与蒙古族就融洽多了。就像当前我国的"一带一路"倡议，友好往来才能互利共赢。

东干渠

郭文秀

东干渠在宁夏黄河段自青铜峡以东灌区的四大渠系里是较为年轻的一条渠，它修建于20世纪70年代，可以说是一条正值青春的渠。时至今日，它承载着吴忠市利通区、青铜峡市的河东灌区、灵武市多个乡镇和沿线的大中型国有林场及盐环定（宁夏盐池、甘肃环县、陕西定边）部分地区群众的饮水与农田灌溉任务。它的修建，为黄河以东地区的农业、林业、渔业、牧业以及沙荒地区的人蓄用水注入了无限的生机，为地方区域经济发展作出了巨大贡献。

东干渠的开挖最早于1960年被自治区政府提出，计划从青铜峡开挖至陶乐。1961年因国家经济困难被搁浅，直至1966年由自治区水利工程处对东干渠进行勘测，同年11月完成渠道进水闸的设计。1967年完成《东干渠工程规划报告》。规划中，东干渠自青铜峡水库东岸引出，沿牛首山山麓向东至吴忠到灵武南，下游沿毛乌素沙漠西边缘向北至灵武郭家碱滩，全长54.33千米，计划分三期开挖完成这项工程。

为了在1967年4月青铜峡水库蓄水前建成渠首进水闸，1966年底，自治区水利局就委托青铜峡水利工程局兴建了渠首进水闸。1966年以前，青铜峡水利工程局还负责兴建了胶泥沟涵洞，开挖了紧靠进水闸的1.7千米渠道。1970年下半年至1971年10月下旬，自治区水利工程处负责完成了33千米以上的第一期工程渠系建筑、山洪处理和过境沟道等建筑物工程。1972年，按照自治区政府的要求，东干渠续建工程改由银南地区接办，并成立了“银南地区东干渠工程指挥部”，随即，青铜峡、吴忠、灵武三地联合成立民兵师，集中2万余人参加东干渠的开挖和砌护。当时经济比较落后，条件十分艰苦，也没有什么大型机械，开挖沟渠只能靠千军万马齐上阵的人力作业。当时是人民公社大集体时期，各县分工、包定任务后，再自行成立由县级领导挂帅的工程指挥部召开会议，按照工程难易程度和工程土方量多少，给各公社分配任务，各公社再将任务分配到生产大队，生产大队最后将要出工的人数、工程地点、车辆等一一分配到各生产队。数万人会战在东干渠上，真是人山人海，浩浩荡荡，用肩扛、用手抬、铁镐砍、铁锹挖，不畏风沙严寒。在数万人历经3年的艰辛努力下，干渠终于呈现在人们的视野里。主体工程于1975年11月5日竣工，渠道总长54.4千米，建大小扬水泵站41个，灌溉面积44.37万亩。1976年正式放水试渠，这也是中华人民共和国成立后，宁夏兴建的第一条采用混凝土全断面砌护防渗的新型渠道。它的修建，为沿途百姓发展生产发挥了重要作用，对保护老灌区，开发新灌区产生了深远的历史意义。

就灵武会战工地来讲，东干渠在灵武的建设，时间紧、任务重，与青铜峡和吴忠地域相比，条件更差，难度更大。1972年银南地区东干渠工程指挥部成立后，按受益面积分配，灵武于同年10月11日就组织民兵1万人，破土动工。在完成东干渠开挖建设任务的同时，还按照1972年10月在吴忠召开的东干渠工程会议精神，在充分的准备后，于1973年组织万人会战，完成了灵武大泉沟的兴建，并于1974年11月，按照上级要求，又开挖了东干渠的配套工程——枣岗子东沟和火城子沟。在开挖东干渠配套工程建设中，成立了灵武工程建设指挥部，具体负责政治宣传、工程施工、后勤保障等工作。为了早日完成这些沟道的建设任务，1974年11月，全县各公社大队共组织1.2万余民工开赴工地。郭家桥公社首先破土动工，2000多名劳动大军每天凌晨4点就从家中出发，晚上6点才收工回家。新华桥公社华二大队组织300多名劳力不到10天就完成了工期任务。石沟驿公社只有劳动力500多人，除放牧人员和拖拉机手外，动员400多人全部参加工程建设。当时天气十分寒冷，风雨夹着雪花，茫茫大地一片白色。虽然天冷，但施工现场，劳动号子却此起彼伏，所有参战人员信心百倍，干劲十足。雪花被融化成雨水和头上的汗水交织在一起，大家全然不顾。在开挖东干渠的配套工程枣岗子沟时，石沟驿大队人口不多，但他们克服困难，宁肯自己住得紧一点，也要为城一大队的130多名民工腾出房屋，安排好食宿。石油农场腾出库房，还拿出大量的帐篷，解决了郝家桥公社近2000人的住宿。因为下雨，部分施工地段积水较多，无法施工，石油农场就配合灵武县有关部门派出的抽水车或安排抽水机赶排积水。石沟驿煤矿还向各工地支援煤炭150多吨，解决会战人员的住宿御寒问题。县商业局组织服务行业职工将日用百货送到工地，解决大家的生活用品。川区各公社还向马家滩、石沟驿两个公社支援了钢材、水泥及粮食、棉衣等物品。石油农场、巴浪湖农场及驻地解放军部队无私地提供了车辆运输等任务，为整个工程的顺利进展提供了保障。全体施工人员相互帮助，相互支持，团结友爱精神处处涌现。到12月5日，仅用10天就完成了长10.2千米、沟底宽4米、深4米，部分地段沟底宽、深各3米的工程任务。

1974年12月，银南地区东干渠工程指挥部又一次召开青铜峡、吴忠、灵武3县负责人会议，安排1975年东干渠自流灌溉区的工程建设任务。灵武县委于12月11日召开会议进行部署，决定加强民兵师的领导，同时下设办公室、施工组、后勤组，负责联络、施工和材料供应等相关工作。各公社大队也都相继成立了由领导带队、专人负责的工作机构。为了将各项工作准备充分，1975年1月，刚进入新年，灵武民兵师就根据县革委会的要求，召开了公社大队以上干部会议进行动员部署。会后，全县投入拉运备料汽车、拖拉机、大小胶车2000多辆，负责拉运沙子、石子、片石、水泥等，而拉运水泥的车辆最远要赶赴中卫拉运，在青铜峡水泥厂排队拉运水泥的灵武车辆，有拖拉机、手扶车、大马车、小胶车等，每天都有近百辆之多。

由于东干渠地处沙漠边缘，冬春季节，风沙强劲，大风刮起，遮天蔽日，用飞沙走石形容，一点都不为过。部分地段开挖后，一夜大风刮过，又被风沙重新填埋，还得再一次进行清淤疏通。所有参战干部群众战天地、斗严寒、冒酷暑，饿了吃点干粮，渴了喝口凉水，风沙天气，满嘴都是沙子。在施工中，大家相互帮助，相互支持，不分彼此。

在灵武干部群众历经3年的艰苦奋战下，1975年11月5日，东干渠终于建设完工。1976年5月顺利通过自治区计委、建委等有关部门的验收。

东干渠的建设，为周边群众开垦土地，增加灵武农田灌溉面积创造了条件，也为增加粮食产量奠定了坚实的基础。在建设后期，林业部门组织人员沿着渠堤两侧又种植了数万株杨树、柳树、沙树等。建成几年后的东干渠，渠道流水哗哗，渠堤绿树成荫。此情此景，感动着无数人的奉献；此时此刻，曾经为修渠作出奉献的劳动者，汗水、泪水交织成欢歌，辛劳、付出汇成笑语。

1976年，东干渠又实施了原规划的第三期工程，完成了青铜峡草台子扬水泵站、灵武五里坡扬水泵站及吴忠扁担沟扬水泵站的建设，直至1998年先后建成了灵武狼皮子梁扬水泵站及陕、甘、宁三省区的盐环定扬水泵站。其中盐环定扬水泵站是东干渠建成后最大的扬水工程，该泵站建成后，解决了宁夏银南、陕西定边、甘肃环县灌溉土地面积数十万亩，为河东地区经济社会发展作出了重要贡献。

东干渠建成后，在管理方面，归秦汉渠管理处所辖，灌区农业种植以水稻、小麦、玉米为主，其次为经果林及其他经济作物。它所流经的地方草木茂盛、稻花飘香，百姓安居乐业。可以说，它是灵武大地身体里一条律动的脉搏。

县域分界分守岭

沈学文

分守岭位于宁夏青铜峡市青铜峡镇黄河西岸峡口山西麓冲积扇区，自古是干旱荒漠山地，此地段呈平缓鱼脊梁状凸起，南北两边山地形成平缓下坡，故称分守岭。分守岭在清代建筑有灵官庙，俗称卡子庙，“文化大革命”时期遭拆毁，现灵官庙是20世纪80年代群众自发建起。

今宁夏青铜峡赛马水泥股份有限公司新厂址建筑于此，西北1000米处是青铜峡铝业股份有限公司。国道京萨路（G109）经分守岭灵官庙旁通过。

分守岭是古灵武县、宁朔县、中卫县，今青铜峡市（县）、中宁县的边界划分界线，地属广武界，在宁夏历史上具有重要的意义。

公元前221年，秦统一六国，分全国为36郡，正式实行郡县制。秦始皇三十二年（前215年），秦北击匈奴，取河南地（今河套及其以南地区），宁夏平原归入秦版图。秦始皇三十三年（前214年），始置富平县，富平县辖今银川平原及中宁县黄河以南地区，今中宁县黄河以北地区未记载归属。

公元前202年，刘邦建立汉朝，史称西汉。汉承秦制，仍沿用郡县制，仍置富平县，富平县址移至今青铜峡市峡口镇东南，县境约今吴忠市利通区、灵武市、中宁县、中卫市。汉武帝时期，派卫青、霍去病北击匈奴，取得巨大胜利，中原王朝版图扩大到阴山以北，宁夏的黄河西岸包括贺兰山区都囊括其中，随后的移民实边政策，使宁夏地区冠盖相望，人口大增，原来的政区已不相适应，西汉惠帝四年（前191年）置灵洲县，县址在黄河洲岛上，故号灵洲，辖境为当时黄河主流（在县西）与支津（岔河）所围洲岛，约今吴忠市利通区、青铜峡市黄河的沿河各地，永宁县、银川市、贺兰县的黄河西岸至包兰铁路以东地区。元鼎三年（前114年），增设灵武县、廉县等，灵武县治今青铜峡市邵岗镇西，辖境约今青铜峡、永宁县、银川市西部。如果西汉时期灵武县南部与富平县接壤，那么，接壤的地界黄河以西应该是在今青铜峡市的分守岭，分守岭是青铜峡最早的县界。

东汉建武二十一年（45 年），因人口锐减，汉光武帝下令裁减郡县。保留富平县、灵洲县、廉县，县的建制数减少，灵武县被裁减，今青铜峡市黄河以西地区归属灵洲（州）县，今吴忠市利通区、青铜峡市黄河以东地区归属富平县，分守岭又是富平县与灵洲县的县界。

581 年，杨坚灭北周建立隋朝，实行郡县制。隋仁寿元年（601 年），将灵武县治由原陶乐县高仁镇附近移治黄河以西的灵武县旧址（今青铜峡市邵岗镇西），灵武县辖今青铜峡市大部（黄河以西地区）。隋开皇十九年（599 年），复立鸣沙县，辖今中宁县全境，分守岭是灵武县与鸣沙县的县界。

唐代续置灵武县、鸣沙县。灵武县辖境今青铜峡市、永宁县、银川市西部，东南接壤鸣沙县。分守岭仍是灵武县与鸣沙县的县界。

北宋初仍置灵武县、鸣沙县，分守岭是北宋初灵武县与鸣沙县的县界。

宋咸平中灵武县入西夏，改升为顺州，亦作“归顺州”，又称灵武郡，西夏在今中卫市置雄州。西夏时期分守岭是顺州与雄州的州界。

1206 年，成吉思汗建立蒙古汗国。1277 年元灭西夏，元至元十二年（1275 年）复置灵武县，辖今青铜峡市大部。元将雄州改置为应里州。灵武县南接应理州，分守岭是元代灵武县与应里州的分界。

明洪武二年（1369 年），明大将徐达占领宁夏，结束了元朝对宁夏的统治。由于宁夏外围仍是蒙古军的残余势力，其不断向宁夏北部边境侵犯，鄂尔多斯南缘和贺兰山麓烽火不断。明洪武二十五年（1392 年），明朝中央政权在宁夏实行军卫制，即不设府、州、县，而以宁夏镇统辖卫、所、堡、寨戍防。明洪武二十五年（1392 年）置宁夏右屯卫，后废，建文四年（1402 年）复置，治宁夏镇城内。明洪武三年（1370 年）废应里州（元置，属宁夏府路）。永乐元年（1403 年）正月，以庆王右护卫改置宁夏中卫，治今中卫市城内。根据《康熙朔方广武志》记载，明代，广武营隶属宁夏中卫。为防御贺兰山以北鞑靼部对内地的侵犯，宁夏镇沿边界修筑边墙（亦称明长城），在广武营、大坝营派军驻防，两营派兵到边墙和边墩巡防，分守岭地处广武营与大坝营的协防地带，由大坝营和广武营派兵驻守，因此将此地命名为“分守岭”。分守岭亦是宁夏右屯卫与宁夏中卫的分界。

清初宁夏先沿袭明朝建制，在宁夏设立巡抚，与卫所并存。雍正二年（1724 年），废除镇、卫、所制，设宁夏、宁朔、平罗、中卫四县，以宁夏镇右屯卫改置为宁朔县，以宁夏镇中卫改置为中卫县，宁朔县与中卫县以分守岭为界。

民国二十二年（1933 年）3 月，马鸿逵就任宁夏省主席，上任伊始，即着手整理行政区域，9 月，将中卫县全境划分为中卫、中宁二县。民国三十年（1941 年），宁朔县划分出永宁县后，境域缩小，南至分守岭，界中宁，分守岭是宁朔县与中宁县的分界。

1960 年 9 月，因青铜峡建设黄河水利枢纽工程，撤销宁朔县、金积县，成立青铜峡市，将原属中宁县的广武农场划属青铜峡市。青铜峡市黄河北岸以渠口农场为界接壤中宁县，分守岭自此后不再是县界。

分守岭既是宁夏古代河西地区通往兰州、西安的要地，亦是古丝绸之路广武通往青铜峡秦王渡口的必经之处。由分守岭向东至青铜峡秦王渡口有山间古道，经此道可过黄河，此古道多代沿用，为“丝路之径；由分守岭向北，在艾山主峰东有一道山沟通原青铜峡水泥厂区到大坝营，为宁夏通都官道，由于地处荒山，山高、坡大、沙多，是银川平原至中宁、中卫平原最难走的一段路。由于干旱无水，古代有广武人在此设茶坊卖水，以接济行人。据《康熙朔方广武志·募引》记载，清康熙丁酉年秋，广武士绅、大学生、候选州同知雷起潜在广武发起募捐，发《募化六塘岭穿井疏引》，云：“吾乡六塘岭顶，通都要路，坡高沙深，上下颇艰。北抵大坝，南距广武，咸二十里。既无树荫可憩，且无泉流可饮。虽有庵堂、僧舍，往返取水约二十里。不言人力为艰，既驴驼牛车牲畜之苦，亦有不忍眼见者。兹凭堪舆，择地穿井，将已及泉。”“告募于乡之同志者也”“随清代广武分守岭方位图愿乐施”“成此千百世之功德，亿万人之方便，人畜咸苏，贻修后世。”此募捐凿井虽为善举，而古代要在此凿井汲水谈何容易？

分守岭道在中华民国之前又称之为险道，由于山中荒无人烟，时常有土匪出没，拦路抢劫。抢劫的山道主要有两处：一处为秦王渡口道，当地人称为“大贼沟”，主要抢劫从青铜峡过往黄河的行人；另一处为“小贼沟”，址在原青铜峡水泥厂区南的小山沟，主要抢劫从宁夏（银川市）到中卫县过往的行人，所以明、清时期由大坝营或由广武营派兵丁把守。民国时期，在分守岭设稽查所。中华人民共和国成立后，人民政府肃清匪患，分守岭一带匪患匿迹。20 世纪 80 年代，国道京萨线（1709）复改道经广武，分守岭成为国道京萨线、黄河滨河大道河西道交通枢纽。

青铜峡的地名文化

刘　瑛

地名的形成有着深刻的地理、历史和文化背景，它既是当地某一特定历史时期自然地理环境的表征，也是一种具有本源意义的宝贵的历史资料，记录着诸如民族兴替、文化变迁、经济生产、政治斗争、军事活动等纷繁的历史事件，可以毫不夸张地说，地名是存在于现阶段的显示人地关系变化与重大历史事件的信息源，是文化的传承，同时它也随着时间的推移而更迭，并有着很强的时代性。如宁朔县，既是表示安宁的朔方之地，也记载着青铜峡厚重的历史，至今为人们所津津乐道。

一个区域的地名表面上看是五花八门、名目繁杂的，但是地名的形成和沿革却是有规律可循的。

我国古代在地名命名与更名时已经形成一些原则，诸如相对稳定原则、反映地域特点原则、反映社会经济历史文化原则、为人们乐于接受原则、同级同名排斥原则、便于听说记忆与健康原则、回避帝王名讳原则，等等。

现代地名命名与更名在基本继承上述原则的同时，同时还强调了科学化原则、规范化原则、符合时代方针政策原则、主地名与派生地名相统一原则等。在这样一些约定俗成的与既定的命名原则之下，可以将青铜峡的地名划分出较为清晰可辨的地名类型，这些地名的文化景观特征也得以凸现出来。

总体来说，地名分为政区地名和地物地名两大类，每一类都具有层次性，层次越高，地名数量越少；层次越低则数量越多。

青铜峡的军屯色彩地名昭示边疆开发史，由堡、寨、营、卫、所等的名称延续下来的不少，屯堡多以当时驻防军官得名，如邵岗、叶升、瞿靖、蒋鼎、林皋、陈俊等。青铜峡境内自秦汉以来，就是中原王朝与西北少数民族政权对垒交锋之地，中原王朝在此采用的是移民戍边、军屯军牧方式的开发，即筑起城堡、营寨乃至关隘，在守备一方土地的同时，还在周边开辟农田或牧场。因历史久远，在乡镇、行政村一级地名或地物地名中还可见一斑，如地三、地十、二旗、补号、三塘墩等；明清时期的军屯军垦遗迹如今还可以从玉泉营、广武营等的地名中折射那段历史并显示兵营的方位。

青铜峡地区的自然要素类地名不少，又多见“滩、渠”字样，而以人工建筑物为名的人文要素类地名相对较多，其中尤以“坝、桥、闸”字样多见。究其原因，青铜峡地区人口集中分布于平原地带，地形平缓，渠是青铜峡地区农业经济生产的命脉，干支斗农四级渠道组成密如织网的排灌体系，渠道上所架的桥、修的坝、建的闸等，无不成为显著的地理标志，自然而然地成为地名之源。湖滩湿地广布是自然绿洲的景观，灌溉渠道密集则为人工绿洲的风貌，“塞上江南”是青铜峡田园风景的写照，其地名与地物体现出的是人们对这片绿洲的开发史。

除自然要素类地名外，人文要素类地名是人类在生产、生活、军事、政治等各项活动影响下产生的地名。如有源于生产资料土地的；有源于灌渠名称的；有源于古代军事建制堡、寨、营、卫与所等的；有以各种人工建筑物命名的地名，即称作某庄、某桥、某寨、某营、某庙、某园等的地名，在构成上主要有以下几类：一是姓氏＋建筑物通名，二是方位或距离＋建筑物通名，三是建筑物形态或顺序号＋建筑物通名。有姓氏类地名，有对美好生活的向往地名，有表达吉祥和平之意的地名，还有描绘新时代人民当家做主的美好前景等。

与黄河有关的地名：青铜峡、峡口、漕河滩、西滩、东滩、上滩、中滩、下滩、双滩、万粮滩、营门滩、新城滩、陈袁滩、柳条滩、陈滩、袁滩、唐滩、杨滩、刘滩、黄滩、王老滩、蒋滩、法马滩、蒲滩、峡门滩、双营滩、城门滩、张恩滩、沙坝湾、罗家河等。

与十大干渠有关的地名：大坝、小坝、五道渠、沙渠、汉渠、闫渠、郝渠、赵渠、高渠、曹湾、沙湾、陆湾、永涵、中沟、大沟、张岗、正闸、双闸、沈闸、巴闸、龙门、林皋桥、营桥、上桥、下桥、高桥、新桥、余桥、毛桥、雷桥、蒯桥、尚桥、韦桥、谭桥、任桥等。

按地理位置、村寨命名：二旗、地三、地十、林东、蒋西、玉泉、玉南、蒋东、蒋南、玉西、玉东、三塘墩、旋风槽、滑石沟、三棵树、草台子、马站、时坊、张庄、哈村、席庙、盛庄、中庄、南庄、园艺、园林、补号、沙湖、刘庙、沙庙、广武、甘城子等。

取吉祥之意的地名：宁朔、立新、沃沙、甘泉、友谊、友好、光明、东方红、星火、银光、银辉、渔粮、光辉、朝阳、新民、东升、利民、甘泉、红星、先锋、富裕、永丰、新林、新田、跃进等。

从上述地名特征的分析，可以看出，青铜峡地名中的汉文化特征是根深蒂固的，但从地名源头上发掘，则具有多民族文化特征。

青铜峡地名是自然生态与人文历史形成、发展、变化的真实写照，是无形而有意的“活化石”，构成了青铜峡独具地方特色的地名文化景观。

世界上任何一种文化，总是和它产生的地域相结合的。

青铜峡的文化与其地质、地貌以及自然地理的特点密切相关。青铜峡的自然环境，孕育了青铜峡文化。天下黄河富宁夏，首先富在青铜峡。青铜峡地理、历史、文化沉淀深厚，青铜峡文化，犹如青铜峡的水系一样源远流长。在历史发展的长河中，它萌发、成长、壮大，又逐渐融汇了多民族的地方文化，逐渐凝结成渊深的青铜峡文化。它犹如一个伟大的生命，自强不息，历尽沧桑，永不间断地向前发展。

大禹治水与神禹洞

沈学文

神禹洞址在青铜峡镇，坐落在黄河大峡谷西岸峡口山峡谷中，距金沙湾黄河码头约1.5千米，距青铜峡黄河大坝南7千米的峡口山麓黄河岸边。据《康熙朔方广武志·古迹志》记载："神禹洞，在青铜峡中，即坎离窑。石古烟苍，相传神禹治水，曾宿此洞。广武俞汝钦，尊父遗命，鼎建禹王殿宇于洞口，庄严、圣像，有记勒钟镌石，见词翰。"此洞幽邃、明亮、宽阔，"子午正向，时有烟岚氤氲，嶙峋苍古，殆非后世人力所凿"。《朔方道志》记载："禹王庙，在青铜峡内，凿石穴为殿，相传此峡为禹王开凿。"相传在远古时代，滔滔黄河水被峰峦叠嶂的牛首山阻隔，横流四溢，泛滥成灾。大禹治水来到这里，住宿山洞，采回五岳峰顶的宝石，冶炼了3650个日夜，炼成了一把青铜巨斧，挥舞青铜神斧，劈山成峡。从此，便有了青铜峡峡谷。后来，人们为了纪念这位治水有功的英雄，便把大禹当年住过的山洞称之为禹王洞、神禹洞、禹王神洞。清康熙五十五年（1716年）初春，广武武进士、南河功授副使道俞汝钦秉承父（俞益谟，清康熙年间历任大同总兵、湖广提督）命在神禹洞口鸠工兴建禹王庙。建有大殿3间，斋宿僧舍6间，洞顶建文峰小阁，塑大禹像，金碧辉煌。石洞中亦有大禹塑像，"像在石洞中，幽邃而明透"。河边道路修理完善，并造船只1艘，以济往来。清康熙五十六年（1717年）夏初，时任翰林院检察、广东道监察御史的清代宁夏人栗尔璋自中卫归来，舟泛峡口，拜谒禹庙，访问父老，赋诗《青铜禹迹》："铜峡中间两壁蹲，何年禹庙建山根？随刊入载标新迹，疏凿千秋有旧痕。凭溯远流推远德，采风作述识高门。黄河水著安澜颂，留取丰功万古存。"遗憾的是，1960年2月，青铜峡水利枢纽工程拦河大坝截流合龙时，神禹洞被淹没。遗迹虽然不在了，但是大禹治水、造福百姓的丰功永存，大禹治水的伟业，已深深地融入华夏文明的血液中，也深深地植根于青铜峡文化传播的历史长河中。

禹王庙旧址

大禹文化园

2012 年至 2013 年，青铜峡市为了开发旅游业，利用神禹洞这一历史遗存，在青铜峡谷 108 塔上游 2.5 千米处，黄河东岸建筑大禹文化园，总建筑面积 1.3 万平方米。利用自然山体，整体建筑高度由西向东逐级增高，高差 31.05 米，形成错落有序的空间格局，建有黄河码头、广场、牌楼、钟楼、鼓楼、明堂、大殿、大禹雕像等，大禹铜质雕塑高 36 米。

中卫篇

沙坡头的故事

张跃政

沙坡头位于中卫境内，是国家级自然保护区、国家级沙漠生态自然保护区，沙坡头在中卫境内，是一个呈月牙形的大沙丘，高出黄河水面300多米。关于沙坡头，民间流传着一个神话故事。

早先，沙坡头这地方，没有沙丘，是无边无沿的大平原，到处是村庄房屋，河水流淌到平原上，稻谷飘香，牛羊遍地，百姓安居乐业。离黄河不远的古城里，城大、人多、买卖多。古城南门面对黄河，离城门不远处，有家专演皮影戏的铺子，铺子的主人姓董。

董老汉和老伴，老两口演了30多年皮影戏，只能勉强混饱肚子。董老汉老两口的皮影戏，用灯光照射兽皮或纸板所做成的人物、动物、山水剪影，来显示戏里的景物和故事。董老汉一边牵引皮影绳，一边用脚敲锣打鼓嘴吹箫，老伴唱着好听的曲儿，人们看得很开心。皮影戏晚上演，看皮影戏的男女老少都有，戏散后，人走屋空，老两口喝点儿白开水，润润嗓子歇一阵。第二天早起，再准备晚上的戏码。近几天晚上，皮影戏散后，一男一女两个娃娃不肯走，这儿坐坐，那儿靠靠才走出门去。董老汉觉得奇怪，便跟在他们身后，看看是谁家的娃娃，别有了啥病，耽误治疗就麻烦了。董老汉耳不聋眼不花，腰板硬朗腿脚灵便，跟着两个娃娃穿街过巷，不大一会儿，就来到南城门。却见两个娃娃，顺着城门楼台阶，走上城门楼。董老汉紧走几步，上了城门楼，不见两个娃娃，正要下去，听见城门楼顶有说话的声音。女的说："童哥，我们回到天宫，太白金星不让我们进屋咋办?"男的说："玉妹，老白不让我们进屋，我们来给董老爹演戏，你演哪吒闹海，我演沉香劈山救母，省得老白告玉帝。"女的又说："童哥，还是先回天宫吧。"男的说："行!"再听不见说话，只听"唰"的一声，闪出两道光来，两个娃娃回天宫了。董老汉回到家，他想：这一男一女两个娃娃是天宫的啥神呀？突然，凭着他30多年的演戏经历，他对老伴大叫："哎呀，他们是天宫里的金童玉女。"第二天晚上，金童玉女没来看皮影戏。

几天后的一个傍晚，金童玉女早早来了。进到屋门，双双给董老汉老两口齐齐跪下，说："老爹，大妈，我们是天宫里的金童玉女，我们给你演皮影戏吧！"董老汉和老伴连忙拉起金童玉女，说："起来，快起来。"这天晚上，金童主演的《劈山救母》看得人们都不想走了；第二天晚上，玉女主演的《哪吒闹海》演完，人们还想看。金童玉女演的皮影戏是真的，人们一传十，十传百，每天晚上，董老爹的屋都挤满了人，门外站着，窗子上还趴着。戏完散场，金童玉女回天宫了，董老爹老两口发愁，挣钱不少，怕呀！怕啥？怕天宫知道怪罪，怕在自个家出了事那还了得。

怕出事还真出事，金童玉女演的皮影戏好看，惊动了黄河龙宫里的龟丞相。虽说龙宫里的宝啊财啊都是龙王的，龟丞相也落不下呀，他搂的财宝也不少哇。龟丞相打扮成个庄户人的样儿，连着看了几晚上金童玉女演的皮影戏，人们看金童玉女演的皮影戏，是图个热闹稀罕，解个乏开个心；龟丞相看皮影戏，图的是弄死金童玉女，让整个金人和玉人成为自个的财宝。他天天晚上看金童玉女演的皮影戏，天天想弄死金童玉女的办法。他知道了金童玉女要从城门楼顶上回天宫，便派虾兵蟹将在城门楼顶上张网。金童玉女演完皮影戏，刚走上城门楼。闻见一股呛人的腥味，知道有人暗算他们，急忙化成黄白两道光，来到董老爹门前，显出金童玉女的身形，叫开董老爹的门，走进屋里。谁知龟丞相老谋深算，他知道把回天宫的路一挡，金童玉女还得到这里。龟丞相和虾兵蟹将隐身藏在董老汉门前，把金童玉女堵在屋里。玉女挡在龟丞相面前，金童急忙对董老汉说："董老爹，请你快把我们看皮影戏给你的钱拿来。"董老汉知道他们是金童玉女，早把他们给的钱另包着。眼看金童玉女要吃亏，他连忙拿来一包钱给了金童。金童从钱包里拿出三个铜钱，把龟丞相和虾兵蟹将逼出门外，在门口"当啷啷"撇下几个铜钱，把龟丞相和虾兵蟹将都挡在门外。龟丞相一看他的财宝要泡汤，急狠狠地说："金童玉女，你们还是早变成金人玉人，要不，你那铜钱撒在院门口，我进不去，你们也出不来。一年后，你们还是要变成金人玉人，等你们变成金人玉人我再来拿。"说完话领着虾兵蟹将回黄河龙宫去了。金童玉女用的这些钱，是前些年龟丞相帮龙王在龙宫里给玉皇大帝制的钱，龟丞相一见这些钱，一口气吹过去，使金童玉女出不了门。董老汉老两口哪里见过这些阵势，吓得老两口蹲在墙根里直发抖。金童玉女一改往日的娃娃相貌，摇一摇，晃一晃，金童成为一个美男子，玉女成为一个俊姑娘。他们跪倒在老两口跟前，金童说："您二老就是我们的亲爹娘，我和玉妹给爹娘磕头。"老两口一见，连忙把金童玉女拉起。玉妹说："爹、娘，都是我们不好，给爹娘惹出大祸！"董老汉说："娃娃哎，别那么说，一家人想法过。龟丞相派人，不让人们来看皮影戏，皮影戏演不成了！"好在老两口和亲朋四邻都能进出，相帮着暂度光阴。老两口还是愁，愁啥？眼看一对活脱脱的俊男美女放在家！近邻有位老太太说："我说大兄弟、大妹子呀！给他们成亲吧。""他们是神仙，能听我们的？"董老汉说："在天上他们是神仙，在家是我们的儿女，怎能不听呢？"董老汉老两口回到家，把金童玉女叫到跟前，四人围在一起，老两口说叫二人结婚，二人也没推辞，老两口就给他们张罗婚事。婚后，小两口欢欢喜喜省俭过日子，近年，玉女给老两口生下一个大胖孙子，老两口跑进跑出，乐得嘴也合不拢，逢人就说，他们有了孙子。消息传出城外，被从黄河冰凌里出来的龟丞相听到，他正要去看金童玉女变成金人玉人，好拿回府去。没想到，他们成婚还生下儿子，董老汉呀董老汉，你可坏了我的财路，饶不过你！

过了年，黄河解冻，春暖花开。董老汉姓董，孙子的父亲是金童，便给孙子取童姓。金童玉女成婚，还有了儿子，变不成金人、玉人。龟丞相气呀，鼓动龙王下一天大雨，把董老汉的房淋塌，砸死他们，兴许金童玉女能变成金人、玉人。谁知，这年大旱，这一天喜雨，没淋倒董老汉的房，却使城里城外树绿花红；庄稼长得好；牛羊撒着欢，啃吃着又青又鲜的嫩草。龟丞相帮了倒忙，气了一鼻子灰，又想出一条毒计。当年风姑年轻气盛，在宁夏川狂飞乱舞，形成一座座山一样的黄沙丘，害苦了百姓。金童玉女在凌霄宝殿当众神的面，禀告玉帝，玉皇大帝怒判风姑掌嘴十下，风姑哪受得了这个，几十年来，一直怀恨在心。

龟丞相的法术失灵。金童拾起撒在院门口的几个铜钱，给儿子装在小肚兜里，他和玉女心乱如麻，知道大祸临头，龟丞相不会放过他们，他们有了儿子，成了半仙之体，不能上天宫求救，抵不住龟丞相的阴谋诡计，只好早做准备。这天傍晚吃过饭后，金童玉女又跪在董老汉老两口跟前，玉女说："爹、娘，我们给你们养下孙子，却不能养活，也不能给你们二老养老送终！"董老汉老两口又是大吃一惊。金童只好说，龟丞相请来风婆，要把这里变成大沙丘，为救全城百姓，他们要到城北挡住风婆。话音刚过，金童玉女搀扶着董老汉老两口，抱着儿子，出了南城门，把董老汉老两口和儿子安顿在黄河边一个打鱼的窝棚里。老两口只觉眼前黄、白两道光一闪就不见了金童玉女。

金童玉女来到城北，二人现出身形，只觉黑夜里的轰隆轰隆声，震得地皮不停地发抖，从北刮来的黄沙山翻滚着朝城里砸来，大风刮得人直翻跟头，眼睛睁不开。大风猛停，一道道黄沙山，像一堵堵黑墙立在眼前。龟丞相从旁边过来嬉笑着，说："金童玉女，这回看你们还有啥招，该我实拿金人、玉人！"金童"呸"地吐了一口，骂一声："爱财的黑东西！"玉女也"呸"地吐了一口骂一声："不得好死的黑东西！"两点吐沫稳沾在龟丞相脖颈上。高高大大的风婆，本是和黄沙一样的黄，黑夜里，显得又黑又高又大，几十年过去，美丽的容颜没了，干干皱皱的脸上、身上到处往外冒着黄沙。她人老还是狂，脾性一点儿也没改。她往金童玉女跟前凑凑，一顿大笑，喷得金童玉女满脸满身的黄沙。笑罢说："金童玉女，还记得我在玉帝跟前掌嘴的事儿吗？"风婆气得呼呼怪叫，对龟丞相说："黑东西，等着抱你的金人、玉人。"说罢，张嘴露牙，摆动两手，朝金童玉女连啃带抓扑了过来。龟丞相在一旁，两手张开等着，只要风婆咬断金童玉女咽喉，把他们往下一撩，他便可接住金人、玉人。谁知金童玉女二人紧紧抱在一起，头顶地，四脚齐蹬风婆脸面，蹬得风婆差点儿断气。风婆狠狠地又朝金童玉女扑来。金童玉女抱在一起，身外已被黄沙罩住，风婆往前一步，他们身上就长一层黄沙。金童玉女想用这个办法，拖延风婆用黄沙埋城的时间，好让百姓们逃命。可风婆使了狠劲，金童玉女滚上北城墙，滚进城里，眼看滚上南城墙，他们凭着路熟，顺南城门楼滚来。"咔喳喳"天崩地裂一声巨响，南城门楼顶被震散了，砖瓦木头四下乱飞，金童玉女在南城门楼这儿纹丝不动。风婆使出吃奶的劲，搅动着黄沙往前涌，城被埋，生灵和一切都被埋在沙里。风婆有气无力地往城上涌沙，沙涌满全城，高出城墙，又高了许多。

几天以后，风平沙稳，逃得一命的龟丞相，从黄河里上岸四处一望，眼前是一眼望不到边的大沙丘，到处都是沙，他吓得舌头伸出来，半天没缩进去，"我的妈呀！要不是金童玉女挡在南城门上，连黄河都埋了，还有我的小命吗？"龟丞相拍拍屁股想回府，扭头望见不远处有个小窝棚冒着烟，便走过去，到跟前，见董老汉用几块坷垃支着，上面放块烂瓦，盛着一点儿水，下边点着柴火烧；旁边坐着老伴，抱着的小孙子，使劲地哭。她眼角挂着泪珠说："到处都黄茫茫的，没了人世，还咋活呀?"董老汉凑把火，铮铮地说："天无绝人之路!""对呀!"龟丞相接上话茬，走到董老汉老伴跟前，边抢娃娃边说："把娃娃给我，你们活……"你说怪不，董老汉老两口的小孙子，金童玉女的儿子，听见龟丞相说话竟然不哭了，在龟丞相抢他时，他使劲一挣，小身子掉在地上，一个铜钱也"当啷啷"一声从兜肚里滚出。这娃娃，小脚往前一抵，铜钱顶在半截砖上，"嘭"的一声，正好打进抢他的龟丞相的咽喉，那正是金童玉女两口吐沫摞在一起的地方。龟丞相"咚"的一声倒地死去。董老汉老两口把小孙子放在窝棚里，连推带搡地把龟丞相的死尸扔进黄河。龙王一见龟丞相咽喉被自个制的铜钱割断，知道他为了贪财常做坏事，便叹息一声也不再追究。

从此以后，苦了董老汉老两口，边操心孙子，边在大沙丘下，开荒种地，栽树点瓜，建家立业。多少代以后的今天，沙坡头的童家园子住户都姓童，他们就是金童玉女的后代。风婆受龟丞相的挑唆，累死在北城墙下后，化成一堆黄沙，就是现在沙坡头这边的小沙丘；金童玉女被埋在南城门上，就是现在月牙形的沙坡头最高处。沙坡头下的十几处泉眼，一年四季清泉不断，那是金童玉女心疼全城百姓被黄沙压后流出的泪。每当游客从沙坡头的高处往下滑时，就听见闻名中外的沙坡鸣钟：金童的声音是"唰唰——童儿好吗?"玉女的声音是"沙沙——童儿笑吧!"

楼房庄子与绢子湾

李进兴

在海原县关桥乡有一个村子，名字叫圈湾村，从名字上看，这个村名似乎与养牛羊的圈有关。其实不然，它却与一块绣花手绢有着很大的关系，以前老年人称这个村子为“绢子湾”，但现在人很难知道这个村子的来历。

古时候，绢子湾村流传着一个传奇的故事，跟绣花手绢有着不解之缘。据传唐朝的一位公主嫁给了一位胡将（少数民族将领）。新婚之后，公主跟随这位将军巡边，路过这里。那时这里没有道路，都是沿着河道行走。有一条河，河面很宽，水流很急，也很深，能淹到马肚子的下面。当公主骑着枣红的骏马过河时，水流深又急，马就跳跃着过河。水珠儿溅到了公主的脸上，公主掏出绣花的手绢擦脸上的水时，马又跳跃一下，差一点把公主摔了下来。公主赶紧抓紧马缰，不想绣花的手绢掉落到了河里，漂在河湾的水面上。过河的将士们停留在河对坡上，有几名将士跳下马，准备跳河捞手绢时，被公主制止了。将军让各位将士在这里安营扎寨休息，再前往巡边。这里山清水秀，瓜果飘香，公主很是喜欢，就在这里让士兵留下来，建造一处居住的楼房。楼房建成后，公主就安居下来，陪将军守边，不想回长安了。那时楼房很罕见，也成为这里的一大景观和标志，老百姓也就将这里称为“楼房庄子”（“楼房庄子”的名字一直延续到民国时期，当时还设立过“楼房庄子乡”）。再后来很多随从回到长安，皇帝询问公主的情况，住在哪里，生活怎样。随从也不知道这个地方叫什么，只知道公主的绣花手绢漂落在河湾的水面上，就编了一个地名“绢子湾”，还说这里山清水秀，瓜果飘香，公主生活得很好。皇帝就打发人到“绢子湾”看望公主，并问公主还有什么要求。公主要了些绣工，要在这里养蚕织丝，供将士家眷穿着镇守边关。但这里不适合种桑养蚕，适合种植胡麻，就发明了胡麻纺织和绣花工艺。而且，每年举办一次绣花大赛，获奖者给予重奖。随着岁月的流逝，绣工大多都嫁给了戍边将士，成为这里长久的居民。在这里还流行婚嫁时，都备齐绣花物品，上轿或骑马时都穿绣花衣服，沿路贴上写有“花红盖之”的纸片，宴席结束时，还要摆针线，彰显绣花技艺，“绣花”的习俗就这样传承了下来。时至今日，在这个村子里，居住的人大多都姓李，据说是唐朝皇帝赐给的姓氏。现在很多年轻人多数都不懂“花新姐”“花新妈”的来历了。古时候，海原人常将家庭新进的成员都冠以“花”“新”两个字，“花”当然不是田间地头园子里长的花卉，而是指绣花，“新”当然指的是家庭新进的成员。这里的人见女孩子身着漂亮的绣花婚服，就说：“这是谁家娶的一个‘花媳妇’，俊得很！”哥哥娶的媳妇，弟弟就称“新姐”，而不称嫂子，穿着绣花的衣服就称“花新姐”，侄子们就称“花新妈”。为了不至于称呼混淆，在“花新姐”前冠以乳名，“赛丽麦花新姐”“法蒂玛花新妈”等。可见海原古时流行着绣花衣服。

绢子湾演变成圈湾，与几位测绘军人和几名村委会领导有关系。记得是20世纪60年代末期，村子里来了几名测绘的解放军，手里拿着地形图标注地名，找到了生产队长，就问这个村的地名叫啥。生产队长说：“叫绢子湾。”解放军问：“绢子湾三个字儿怎么写?”队长是个典型贫农不识字，不知道怎么写，就告诉解放军说：“我们这个地方书记说了最适合养牛羊，养牛羊就得多建牛羊的圈，地名叫‘圈湾’吧！”解放军便写上了“圈湾村”。“圈湾村”这个地名就这样诞生了，一直延续到了今天。然而，“绢子湾”就这样消失在人们的记忆里了。

中宁渠口堡的前世今生

刘虎山

渠口堡位于中宁县西北部，东临黄河，西至贺兰山与内蒙古交界处的明长城，南和中宁枣园堡相邻，北与青铜峡广武接壤。历史上的渠口堡一直被视为边防要塞，商贸重镇。为抵御外侵，明正统九年（1444 年），在渠口堡地区的古城墙处修筑边墩 18 座，其中包括现存的渠口堡墩。明万历三十九年（1611 年），建造了渠口堡，堡子建造前地名不详，建造后因先前有一条从此处开口引黄河水到广武城的“石灰渠”而取名为“渠口”。

1958 年，渠口堡成立了跃进人民公社，后改为渠口人民公社，辖枣园、铁桶、渠口、广武等管理区。也正是这一年，穿越渠口堡西山的包兰铁路建成通车，青铜峡水利枢纽工程开工建设，中宁县组织 10 万大军开挖的跃进渠通水。这三大工程的建设与建成，拉开了渠口堡西山大开发与近代移民的帷幕。

渠口堡农场成立与浙江支宁青年

跃进渠开挖通水，唤醒了沉睡着的渠口堡西山的亘古荒原。1959 年 10 月，宁夏回族自治区党委决定，在渠口人民公社境内二级阶地的平塘建立国有渠口堡农场。中宁县组成国有渠口堡农场筹建处，场部规划建在包兰铁路以东的跃进渠旁。农场第一批职工是从中宁县各乡抽调 2000 名 1958 年来自浙江的支宁青年。当时粮食短缺，无房可居，条件非常艰苦。中宁县给每人带了 3 个月的口粮，自治区农垦局调拨了 30 顶帐篷。帐篷不够住，只能自己动手挖地窝子。第一批 2000 名浙江支宁青年的抽调安置工作在年底前基本完成。

农场成立之初，筹建处先后从北大荒农垦，大、中专学校，区内农场调入 200 多名复转军人、农业技术人员、拖拉机手带领支宁青年在跃进渠以东的荒原中筑路修渠，开荒造田，当年开荒3000多亩，种上了小麦与秋粮。下半年以队为单位自建住房，这些房屋大都是用土坯垒起的连排窑洞，也称“干打垒”，年底前职工家属分期搬进了住房中。

1960年5月，自治区党委决定，撤销渠口人民公社，将公社所属的渠口大队，铁桶一、二大队，及中宁鸣沙公社所辖的硝磺滩大队共计16个生产队，26个自然村的1278户、3755人、2.4万亩耕地整体移交给渠口堡农场筹建处。1960年6月1日，国有渠口堡农场正式成立。至此，农场共有人口6256人，职工3668名，土地总面积350.8平方千米，耕地3万余亩，下设3个作业站，19个生产队及3个专业队，1个卫生队。

国有渠口堡农场建场恰逢国家经济困难时期，而当时的中宁县又是闹饥荒的重灾区，农场虽有救济粮供给，但标准极低，职工家属吃不饱、穿不暖。加之浙江青年不适应北方气候和生活习惯，建场时的2023名支宁青年陆续返回原籍，坚持留在农场的也只有一少部分。

青铜峡水利枢纽工程与库区移民

1958年，青铜峡水利枢纽工程开工建设，1967年大坝建成蓄水。设计规划库区水域面积113平方千米，淹没耕地6.56万亩，移民2万人。移交给渠口堡农场的渠口、铁桶、硝磺滩大队都在青铜峡库区淹没区之内。渠口堡农场除开发建设平塘、红崖新灌区外，又担当起了安置库区移民的重任。移民工作从1964年开始至1970年结束，共搬迁安置移民1397户、7124人。其中场内安置604户、3157人，场外安置793户、3967人。农场自1964年开始，先搬迁渠口堡老街、硝磺滩、郭家大湾、周家营子、上拜滩陈家闸部分人口到农场山上的各生产队插队安置，并在与广武相邻的地界处组建安置队（十队），在渠口堡墩旁组建五队进行整体安置。经过几年的努力场内安置库区移民3000多人。

1966年底，经自治区批准、农垦局协调，渠口堡农场三站下辖的渠口老街两个生产队，一站下辖的湾滩、张家滩生产队，共163户、745人整体迁往国有灵武农场，插花安置在4个作业站的各生产队。三站下辖的郭家大湾、董家山嘴子两个生产队的98户、498人整体迁往国有的连湖农场，插花安置在了各生产队。灵武、连湖是宁夏建场最早的农场，生产条件和生活环境比较好，搬迁过去的移民生活和工资待遇有所提高，因而很快融入了当地的生产和经济建设之中。

1967年12月，国有渠口堡农场更名为国有渠口农场。到1970年，农场自然人口增长恢复到了建场初期的6000多人，加之青铜峡大坝蓄水发电，山下1.5万亩耕地被淹没，农场出现了生活、生产经营不堪重负的局面。为缓解农场压力，保障库区移民生活，1970年初，自治区党委决定，由渠口农场党委书记李英选带领一批管理、技术干部，从农场各生产队抽调459户、2315名职工家属迁往石嘴山市的简泉农场。简泉原是劳改就业农场，由于刑满就业人员落实政策陆续返回原籍，农场的土地、资产闲置，鉴于这种情况自治区决定将该场整体划归宁夏农垦局管理。当时移民到农场最大的困难是住房紧张，一户只能分一间房，人口少的两户一间，实在没房住就住马厩和养殖场的饲料房。后来生活和居住条件逐步改善，移民大都也能安心生活和生产。到1977年11月，经自治区批准，简泉农场的七、八、九3个生产队与驻在永宁黄羊滩火车站以东的兰州军区二十师农场进行土地置换，组建了国有玉泉营农场。来到玉泉营农场的近千名职工家属中百分之八十是渠口农场迁出的二次乃至三次库区移民。

20世纪70年代，渠口农场加快了农田水利基本建设的步伐，山上的平塘、红崖灌区主要是开荒扩大耕地，山下的重点是将铁桶灌区1万亩没被淹没的零散耕地改造为标准化农田。经过5年奋战，耕地恢复到建场时的3万多亩。在这种情况下，经农垦局批准，1973年后，从内地省份招收了1200名社会青年充实到农场各基层单位。其间还接收安置了100名银川知识青年，30名中宁城镇知识青年。从50年代末到70年代中期，渠口农场既是移民接收区，也是移民迁出地，人口一直在减与增之中变动，80年代初农场人口和职工队伍才趋于稳定。

太阳梁开发与生态移民

渠口农场境内，在跃进渠以西跨过包兰铁路有50多平方千米的荒原，90年代前一直是农场的牧场。2002年，自治区政府批准将这片三级阶地进行开发利用，作为宁南山区生态移民安置区。

2002年5月，渠口农场成立了太阳梁生态移民项目工程建设指挥部，2005年8月调整为太阳梁生态移民管理委员会。指挥部首先在农场内为六盘山水源涵养林区的移民建设住房，安排耕地。2003年6月，来自原州区、隆德县、泾源县的230户、1000人，插花安置在了农场的4个农业队、2个园艺队。

从2002年5月开始，太阳梁生态移民工程指挥部集中人力和机械，在跃进渠边的太阳梁修建扬水泵站一座，铺设输水主干渠15.3千米，平整耕地1.5万亩，建成5个居民村及配套的生活服务设施。2005年5月和2006年9月，来自原州区、隆德县、泾源县、彭阳县、海原县的1595户、6834名移民，分两批搬迁至太阳梁生态移民安置区的5个行政村，到2009年完成了第一期开发任务，共安置生态移民1895户、9854人。

在完成一期生态移民搬迁安置的基础上，自治区决定，加大太阳梁生态移民安置区项目工程开发建设的力度，争取安置更多的生态移民。渠口农场太阳梁生态移民管委会，按照项目开发工程的规划，在提高扬水泵站扬水能力的同时，延长了输水主干渠的铺设，又平整耕地2.9万亩，建设移民村两个及配套的管委会办公楼、学校、医院，硬化了连接外界及村村通道路，搬迁安置移民2987户、11301人。

在自治区发改委和农垦局的领导支持下，渠口农场太阳梁生态移民管委会，经过15年的不懈努力，共开发平整耕地4.4万亩，建成7个行政移民村，安置生态移民4882户、21155人（回族占50.7%）。这些移民均来自原州区、隆德县、泾源县、彭阳县、海原县部分乡镇的自然村组。2016年7月，太阳梁生态移民安置区由渠口农场整体移交给中宁县政府管理。2017年2月14日，经宁夏回族自治区政府批准设立太阳梁乡。

古老的渠口堡虽已淹没在青铜峡水库湿地之中，但在其二、三级阶地的荒原上孕育开发出了生机勃勃的渠口农场和太阳梁乡。今日的渠口地区居住着3万多回汉儿女，库区移民和生态移民共同耕耘守护着年轻而又美丽的新家园。经过60年的发展，109国道穿过的渠口农场场部已成为黄河金岸重镇，这里楼房林立、商铺众多、车来人往、贸易活跃，其繁华程度远远胜过昔日的渠口堡老街。

固原篇

天高云淡六盘山

北　风

作为宁夏境内两大山脉之一，六盘山历史文化浑厚，景色雄壮秀丽，更有红色文化积淀，最负盛名的莫过于毛主席长征之时路过六盘山时写下的《清平乐·六盘山》。

宋代以前六盘山一直叫陇山。“六盘”一名，始见于《新唐书·地理志》中的“六盘关”，是控扼古道的一座关城，固山路曲折险峻，盘旋有六，故名。到宋代，才用于山名，称“六盘山”。近20万亩成排的天然落叶松林将山体密密包裹，金钱豹、林麝、金雕、红腹锦鸡等30多种国家珍稀动物栖息山中，黄河水系的泾河、清水河、葫芦河均发源于此。是西北重要的“绿岛”和“湿岛”，被誉为黄土高原上的绿色明珠。

当代，六盘山扩展为山脉名，而南段仍称陇山。六盘山既是关中平原的天然屏障，又是北方重要的分水岭，几千年北方游牧文化和中原农耕文化在这里激荡交融，是中原王朝的西部屏障和边防重镇。历来就有“山高太华三千丈，险居秦关二百重”之誉。多少边塞诗中都有它的身影，多少铮铮铁蹄都踏落在它的身躯，从繁华的长安到萧瑟的西域，这座山又成了多少戍边将士为之断肠的分隔岭。六盘山是一位历史的见证人，它目睹了历史的发展进程：秦始皇在公元前220年取道陇西，建立回中宫，并翻越六盘山；汉武帝曾六过六盘山；唐太宗李世民、肃宗李亨也曾登上六盘山，欣赏这里的青山秀水；元太祖成吉思汗在六盘山避暑，后病逝于六盘山。六盘山作为丝绸之路的咽喉要塞和重要地位被载入历史，深厚的人文印记被留在这山峦之间。

这里有相传始祖伏羲诞生之地的北联池和伏羲崖，有留下魏徵梦斩老龙王典故的老龙潭。须弥山石窟成为我国古代文化遗产瑰宝，当西北歌王王洛宾来到六盘山，充满生命力的民间花儿瞬间打开了他创造的灵感源泉。他毅然拜民女五朵梅为师，从此走上了民歌改编创作之路，一首首经典歌曲在世界华人中传唱。《在那遥远的地方》中那位牧羊的好姑娘据说就是他心中的五朵梅。千年后的今天，战乱远去，边塞的豪迈悲伤已成记忆。当年的兵家必争之地，现在成了游人如织的国家森林公园。秋天，六盘山层林尽染，小南川里有的汩汩溪流，野荷谷里荷叶田田，最美的油画也莫过如此。

一个个历史的回眸中，六盘山依然静静矗立。

1935 年 10 月 7 日，红军的长征队伍来到六盘山，击败了前来堵截的敌骑兵团。当天下午，一鼓作气，翻越六盘山。之后，长驱直入，与陕北红军胜利会师，完成了震惊世界的二万五千里长征。毛泽东写下了著名的咏怀之作《清平乐·六盘山》。把不到长城非好汉的长征精神永远铭刻在六盘之巅，六盘山巍巍高耸，红军长征纪念亭屹立山巅。

历史在这里凝固，它目睹着过去，也关注着未来。现在这里也是国家红色旅游基地、爱国主义教育基地，六盘山别具匠心地将红军长征路上经历的大事件微缩点缀在登山路上，使我们一目了然，红军当年如何一次次突围，如何克服难以想象的困难，最终到达陕北延安，六盘山不仅仅是中国革命走向胜利转折的标志，更是中国悠久历史和灿烂文化的见证。

朝那古城

刘天文

在神州大地上，如果沿时间长河逆流而上，你一定会遇到许多历史悠久的古城。在华夏五千年文明的浩瀚星空里，它们都闪耀着属于自己独有的璀璨光芒。这里笔者所讲的古城，已不是一个泛指概念，而是一个地理专有名词。它位于宁夏东南端的彭阳县西部，是一个乡镇的名称。

一个以“古城”命名的地方，该有多少耐人寻味的故事呢？这个名字本身像极了一个谜面，足以调动人们的好奇心和探究兴趣。

我一次次前往，却一次次陷入迷乱……

它的乳名叫“朝那”

历经几千年风雨洗礼的古城镇，依然用盘亘其上的残垣断壁委婉地诉说着它的身世沧桑。1979 年，这里出土西汉初年的铜鼎一尊，鼎上清晰铸有“朝那”等铭文。这就是后来被定为国家一级文物的“朝那鼎”，并成为“古城”即汉“朝（zhū）那（nuó）县”城址的实物佐证。这一鼎定乾坤，终止了周边十余县对“朝那”所在地的竞相争抢。

朝那鼎

秦昭襄王三十五年（前272年），秦灭义渠戎国置北地郡，以彭阳县古城镇为中心设置朝那建制，对周边进行统治。这是古城镇目前有据可考的最早的名称了，距今已有2200多年。因其年代十分久远，加上人口多次流动变迁，当地居民已无法说清其历史，就以“古城”（意即古老的城池）概之，后来被官方采用，成为此地的“官名”了。而查阅各种典籍，均没有对“朝那”一词的来源作出说明，笔者认为，作为游牧于华夏文明发源地的六盘山地区远古居民，“朝那”应该是一个原始部落的名称。相对今“古城”这一“官名”而言，“朝那”就是这片地域的一个亲切的“乳名”了。“朝那……朝那……”这样叫下去，眼前就能清晰地浮现出众多部落成员围绕火堆载歌载舞的场景来……

朝那古城遗址

当然，古城作为秦汉的朝那县治所以后，还有金东山县，元广安县、广安州治。沿茹河流域，古城也是通往古长安的要冲，为丝绸之路的重要驿站。秦朝时的大牧主、大商人乌氏倮曾活动于此，将中原谷物、盐铁、丝绸等卖于匈奴，再将换来的草原良马南下卖于中原各国。凭此智慧，他为自己赢得“比封君”地位，有了“与列臣朝请”的资格和权力。

神秘朝那湫

古城位于大西北内陆区，山山相望，但这里却因水而尊荣载誉。

山不在高，有仙则名。水不在深，有龙则灵。这里传说有神秘的龙之居所——朝那湫。从古城遗址北行13千米到达海口村，再穿越一段狭长河床便是。这是远古以龙为图腾的伏羲氏部落及上溯到华胥氏部落的起源地。据说远古的华胥国坐落在六盘山一带的丛林中，有一天华胥氏去朝那湫沐浴，于是就有了“履大人迹，生伏羲、女娲”的传说。2004年，在此出土过一棵7000年前的松科古木，说明在新石器时代晚期，这里被整片或零星的针叶林为主的森林草原覆盖，适合畜牧业的发展，华胥部落在此游牧并孕育伏羲、女娲及其后裔，共同创作了灿烂的华胥文化，成为中华文明的发祥地之一。

朝那湫

因人们对“人文始祖”的信赖和崇拜，千百年来，历代帝王对朝那湫的祭祀经久不衰，并形成祭祀规范，历代相沿。据《史记》记载，战国时秦国在朝那湫立祠，祭祀商朝大臣巫咸，祈求巫咸大神助秦克楚。秦惠文王曾献文于朝那湫神：“敢昭告于巫咸大神，以底楚王熊相之多罪。”这就是“投文诅楚”的故事。现在在彭阳县博物馆，你还可以看到朝那湫祭祀幻影成像场景。《史记·封禅书》说秦时祭祀制度：“自华以西，名山七，名川四。”四大名川“曰：河，祠临晋；沔，祠汉中；湫渊，祠朝那；江水，祠蜀”。可见，在秦统一六国后，朝那湫被列入四大名川之中，与黄河、长江、汉水齐名，并立祠由朝廷祭官祭祀，其规模不小，地位不凡。公元前220年，始皇首次出巡，取道陇西，由鸡头道穿越六盘山，观览并祭祀了朝那湫。公元前112年，汉武帝首巡安定郡，从骑数万，穿回中道，来到朝那湫祭祀。史学家司马迁随驾记胜。汉文帝还曾下令增加祭祀祭器，将“圭玉、币帛、俎豆等祭器品与礼器均予等次增加”，祭祀的场所也予以修葺拓宽。东汉安帝、桓帝也曾驾临此地，祈求湫神。

一座小小的高原湖泊，能有如此之地位，不能不让人慨叹它的魅力！那里的任何什物，都潜藏着打开其神秘之门的密码。它们是那块刻有“那之湫”

朝那湫石碑残片

三字的石碑残片，是一块石面上隐约可见的棋盘，是一口破瓦盆边沿的优美弧线，是一条荒芜了的羊肠小道，是深秋后赫然悬挂于天际的两道彩虹……

大英雄孙印

这里作为中原文化、草原游牧文化和西域文化的交会地带，其战略意义非凡。汉文帝十四年（前166年）匈奴单于14万骑入朝那萧关，北地都尉孙印碧血洒疆场，朝野震动。

司马迁在《史记》里多次提到“北地都尉印”，并将孙印的事迹当作重大历史事件引入传记中。两汉史学家、文学家班彪也“吊尉印于朝那”，并写下著名的《北征赋》。孙印的英雄壮举，为什么会引起“朝野震动”和史学家的青睐呢？

自西汉初年“白登之围”后，汉统治者对匈奴的挑衅只能以屈辱的和亲来偏安一隅，因此朝廷上下渐渐多了苟且偷生之臣而无战死疆场之将。孙印作为西汉统一以后的第一个敢于奋起抗击匈奴且以身殉职的戍边武将，在汉朝的边郡镇守史上是一个壮举，立了头功，为汉朝对匈奴组织全面反击做出了示范和榜样。

古老的朝那城，因为有了大名鼎鼎的英雄孙印，也就有了威严和荣光。

世界针灸鼻祖——皇甫谧

沐千载风雨的朝那古城，也铭记着皇甫家族的荣辱兴衰。

在长达百余年的汉匈战争和逾半个世纪的羌汉战争中，朝那县籍的皇甫家族迅速崛起，人才辈出，载入史册者达30余人。西晋是皇甫家族的全盛时期。在这个群星灿烂的皇甫家族里，最耀眼的一颗就非皇甫谧莫属了。

皇甫谧

皇甫谧生于汉末，长于魏晋，逝于西晋。他很小的时候就父母双亡，由叔父、叔母抚养成人。由于叔父、叔母过分溺爱，小时候的他“不好学，游荡无度”。后来在叔母宽严相济的谆谆教诲下，到20岁时幡然醒悟，开始刻苦学习。他勤奋努力，从不偷懒，甚至达到了“耽玩典籍，忘寝与食”的程度。42岁时，不幸得了半身不遂的风痹症。就在这种贫病交加的艰难岁月里，他“犹手不释卷”。有人劝他不必过分沉迷读书，以免损耗精神，他却说：“朝闻道，夕死可矣，况命之修短分定悬天乎！”

他一生经历三朝七帝，无数次拒绝魏元帝、晋武帝亲自下诏的做官机会，终生安贫乐道、傲视权贵、布衣不仕。他淡泊名利，博览群书，潜心致学，精通天文、地理、历史、哲学，尤其擅长针灸医疗，特别是12卷《针灸甲乙经》，奠定了其“针灸鼻祖”的地位，是当今世界保存最早的一部针灸医学专著，成为世界医学界的经典，被列入世界文化遗产名录。西晋左思写成《三都赋》，一时不为世人所重，皇甫谧为之作序后，《三都赋》声名鹊起，时人竞相传抄，遂成“洛阳纸贵”的历史典故。皇甫谧不但撰文立著，还设馆授徒，晋朝名臣京兆长安挚虞，安定乌氏张轨、牛综、安定席纯等均出其门下。皇甫谧不仅学识渊博，而且对人生有独到的见解。他弘扬“仁者爱人”的价值观，践行节俭至上的人生准则，信奉神鬼皆无和人本自然的哲学理念。

皇甫谧丰富精深的学术造诣及其过人的毅力赢得了世界人民的尊重。他让“朝那”这个地理名词在某种程度上成为一个文化符号！

有城堡，有湫渊，有大英雄，有世界名人。古老的古城，如一个多棱镜，给我们透析出灿烂夺目的人文光芒。然而，我们还是无法真正走进它，它有更多谜底等着我们去探寻，去揭开。

任山河烈士陵园

近代，古城又添新韵。1935 年 10 月 7 日，毛泽东、周恩来等率红一方面军翻越六盘山，经青石嘴战斗后进入古城境内，夜宿小岔沟，在煤油灯下创作了不朽诗篇——《清平乐·六盘山》，其名句“不到长城非好汉”最终演绎成宁夏精神，成为新时代指引宁夏儿女不断奋进的精神力量。1949 年 8 月 1 日，中国人民解放军十九兵团六十四军在此取得任山河战斗的胜利，打开了解放宁夏的南大门。我军有 364 名指战员长眠在这里，为宁夏乃至全国的解放谱写了一曲壮丽的悲歌。

悠悠古城，风雨沧桑写春秋；
古城悠悠，人杰地灵耀神州！

单家集

单小花

陕义堂清真寺在中国历史的长河中，有着一段传奇的佳话。

清真寺的北面小院里，有一排陈旧的老式泥土坯房子，窗户是许多小方格形拼成的，房顶上面挨挨挤挤地铺着青蓝色的碎瓦片。一间门前挂着“毛主席住宿旧址”的牌子，另一间挂着“毛主席警卫住宿旧址”的牌子，还有一门前挂着“自治区爱国主义教育基地”的牌子。花园的左边是卫生间，右边是阅览室和仓库。虽然这是一座古老的土庄院，但每天参观的人络绎不绝。

1935 年 8 月，红二十五军作为先遣部队首先进入宁夏，途经西吉县的兴隆镇单家集。那年月，缺吃少穿、社会动荡、兵荒马乱，生活很不安宁，单家集的百姓在惊慌失措、东躲西藏中度日。村子里时常叫嚷着共产党要来了、红军要来了。村民只是听到过共产党和红军，可没亲眼见过，也不知道究竟是怎样的组织。加之土匪和国民党军队时常进村烧杀掠夺，因此村民都怕得要命。红二十五军到达单家集时弹尽粮绝，他们已好几天水米没打牙了，个个衣服褴褛，面黄肌瘦，渴望得到村民的救助，可村民像躲瘟疫一样躲着他们，家家户户的门闭得严严实实，红军连村民的面都见不上，更不要说进家门了。危难之际，恰巧在半路上碰到陕义堂清真寺的阿訇马德海。马阿訇识文断字，他发现这些军队穿衣打扮和其他的军队不同，脚上的草鞋破得不成样子，嘴皮子上结了一层厚厚的干痂。他明白这些军队遇到困难了，就邀请他们到寺里歇息，并嘱咐寺师父尽快做好饭菜。俗话说：“人是铁，饭是钢。”红军们吃了顿热乎乎的饭菜一下子精神多了，说话的声音也提高了。政委程子华给马阿訇讲解了他们的来历和目的。马阿訇就到村里挨家挨户地敲门，叫来了村民，并对村民解释说，红军是咱们自己人，他让大家和红军先认识一下，以便以后互相照应。当村民们了解了红军的情况后，纷纷为红军筹粮备款。程子华教导红军战士，说这里是回族聚居区，红军一定要尊重回族群众的宗教信仰和风俗习惯。在陕义堂得到休整后，红军继续北上，临走时，红二十五军政委程子华给陕义堂清真寺赠了“回汉兄弟亲如一家”的锦匾。从此，红军被当地百姓称为“仁义之师”。

当年9月，毛泽东率领陕甘支队北上。10月5日下午，毛主席率中央红军长征途经单家集，当地群众盛情接待。毛主席亲自去陕义堂清真寺北厢房拜访阿訇马德海，马阿訇热情地招待毛主席。

当时物资匮乏，老百姓的生活异常困难，买不起煤油，晚上的时候，马德海在灯盘里倒了一坨清油，搓了一截棉花来当灯捻子。灯光变暗时，他就拿针头将灯捻往起一挑，灯光就亮起来。那一夜，马德海和毛主席长谈了一夜，毛主席给马德海讲红色革命政权，告诉他共产党是为劳苦大众谋幸福、为人民打江山的党；红军是人民的军队，纪律严明，军容整齐，是保护劳苦大众的军队。为了美好的明天，共产党人挥汗洒血，甚至于牺牲宝贵的生命。在共产党不畏艰难困苦的努力下，不久的将来，人人平等，家家都能过上平安幸福的生活！

毛主席离开单家集之后沿着好水川从隆德一带出发，踩着蜿蜒的山路顺势而上，向六盘山方向前进。时隔不久，马家军投了6颗炸弹，两颗在毛主席睡觉的地方爆炸，幸运的是主席刚刚离开不久。红军转至六盘山，国民党飞机狂轰滥炸，殃及古寺，厢房窗棂以及门板被弹片穿透，留下了许多窟窿。

长征期间，尽管敌人围追堵截，红军历尽千难万险，遭遇伤痛、饥饿，但是凭着坚定的革命信仰，克服重重困难一路向前。《长征谣》豪迈的词句，就是毛主席经过单家集后登顶六盘山后感怀而作。

1936年9月，彭德怀带领的西征部队在单家集住了40多天。他们住在单家集，就像回到了自己家，帮村民们挑水、做饭、砍柴、打扫庭院，哪里忙哪里就有他们的身影，和单家集村民们打成一片。村里的队长特意将几名伤员安排到安全偏僻的村民家养伤。红军伤员在养伤的那些日子里，看到当地老百姓仅靠蒸、煮等方法食用洋芋，就拄着拐杖、忍着疼痛，把自家制作粉条的手艺讲给老百姓听，并系上围裙亲自下厨，手把手教当地群众将洋芋先切成碎块，使用石磨将碎块磨成粉汁，再经过几次沉淀滤尽杂质后用漏勺将粉汁漏成条，在开水锅里煮、晾晒等程序后，制作出了透亮筋道的粉条。这样的工艺经红军传授后，就在当地流传开来，老百姓亲切地称之为“红粉”或“红军粉”。

粉条的传承，解决了当地洋芋不易保存的问题，还帮助群众实现了增收。当年红军手把手教村民做洋芋粉条，没想到成了单家集几代人的谋生手段。如今单家集的父老乡亲依靠当地优质的洋芋资源大力发展淀粉加工，产品远销陕西、甘肃、新疆等地，受到了全国各地顾客的青睐。

红军三过单家集，给单家集人民留下了美好的记忆和宝贵的精神财富，长征精神成为单家集广大群众发展生产的动力源泉。如今，单家集是坐拥“四宝之地”，即红色基因传承地、民族政策启蒙地、回汉团结和谐地和村级经济典范地。而陕义堂清真寺作为当时开展革命活动的中心，见证了中国革命的历程，对民族团结和红色基因传承都具有重要意义。单家集依托区位和资源优势，坚持多种经营，大力发展牛羊贩运和屠宰加工产业，经过多年的发展，单家集清真牛羊肉产品已远销新疆、内蒙古、陕西、河南等十多个省、市和地区。

岁月如歌，过去早已成为历史，但在这片红色的土地上，新的长征路却行程正酣。单家集一眼望不到边的苹果园，是乡亲们的脱贫园、致富园、幸福园，有了这个果园，单家集的父老乡亲就不再外出打工，一家人一年四季可以团聚，享受天伦之乐。如今的单家集人民，响应习近平总书记的号召，继续走好新的长征路，村村通公路，家家盖新房，舍饲养殖，牛羊满圈，村民脸上个个洋溢着幸福的笑容。

单家集是中国革命史上一颗璀璨的明珠，先后荣获全国民族团结先进集体、全国先进基层党组织、全国精神文明建设示范村、全国文明村、全区先进基层党组织、全区历史文化名村等多项荣誉称号。陕义堂清真寺也先后被列为西吉县文物保护单位、区级文物保护单位和爱国主义教育基地。

单家集正以自己独特的魅力吸引着八方来客，陕义堂的油灯也将永远照亮单家集！

老巷子

蔡文刚

一个老字，就把一条幽深的巷子拉远而延伸了。古老的历史牵系着遥远的岁月，眼前的变迁见证着今日的辉煌。

“老巷子”这个名字是“六盘人家红崖老巷子历史文化名村”的简称。这里原本就是一个叫“红崖”的村落，坐落在宁夏最南端隆德县城东南边缘不远处，属于山区自由分散的普通村落。然而，这个村子的居民住房是和别的村庄有所不同的。就是在很早以前，没有人统一规划，村里十几户人家的大门自觉地排成一线连在一起，与门相对两米左右的距离，又是一排一线式的居民住房的后背墙。两排一线的建筑高高竖起，自然而然形成了一条幽深的巷子。一个人在某个寂静的时刻，要是从这一头走到那一头，真有些害怕。笔者说的害怕就是忽然从门里跑出一条狗，或者在你思想毫无准备的情况下，“吱呀”一声，门突然被打开。

翻开历史，就会发现红崖村一直都是兵家争夺的有利地形，有一夫当关之险。史载发生在隆德县境内的古战役不计其数，其中重大的战事有宋金争夺德顺之战、成吉思汗拔德顺、李自成攻占隆德城。红崖村是每一次战役的军事指挥中心。现代历史上著名的红军长征，红一、红二方面军，红二十五军高级将领等历史名人也曾与红崖村结下不解之缘。配合中央红军长征，红二十五军先遣团宿营在红崖村，紧急召开党委扩大会议，研究部署工作。红二十五军在军长程子华、副军长徐海东、政委吴焕先率领下，于 1935 年 7 月 15 日进入隆德……一幕幕远去的历史故事，为村子留下了印记鲜明的历史和文化胎记。

踏入古城墙式的红崖村大门，顺着青瓦和青砖铺就的盘曲石阶前行，不远处的树上悬挂着一口沧桑厚重的古钟，向世人昭示着历史的厚重和沧桑。前方不远处一眼温馨的红崖泉，写着“饮甘泉念故人”，让世人感悟滴水之恩当涌泉相报的传统美德。流淌不息的泉水顺势而下，宛然一条小瀑布，冲洗着岁月的磨痕，“逝者如斯夫”，惊醒着世人对生活的珍惜和热爱。一旁吃着青草的老黑牛，像一个饱经风霜的老人，余光中扫视着来来往往的游客，显得那么慈祥和安宁。一直沿着小路走，还有老井、老磨坊、辘轳、砖雕照壁、青铜印、红军墙、老树根、文革墙、土蜂窑子、土羊圈……红崖村已在政府的科学规划下，用一流的理念和设计水平，打造成集旅游生态、养生度假、教育观光、旅游娱乐、休闲健身于一体的农家乐。建筑的风格保持着红色的本质和岁月的古朴，巷子深处每一户人家的大门上大红灯笼高高挂，对面的平场里人造的麦垛上红红地书写着“五谷丰登”四个大字，好一派丰收喜庆的场面……

原来那个狭窄泥泞的“巷子”，真正变成了青石铺就宽敞明亮的迎客大道，“巷子”真变成巷子了。微风吹过，农家乐院子里时不时飘逸出诱人的酒香味和菜香味，一个个忙里忙外的主人脸上挂满收敛不住的微笑，幸福的歌声透过磁性的喇叭弥漫在空中。村子的外围是统一规划的蓝脊青瓦、白色墙面、青色地脚线的新农村，一排排铺开，错落有致，县高级中学等一批重点项目建设拔地而起。平整的田地里一片红色的海洋，那是农民产业结构调整之后种植的红花。又是一片翠绿，那是一块育林基地，约莫50厘米高的云杉看着让人喜爱。一幅幅世外田园的幸福生活画卷不断映入眼帘，除了迷恋，我还能说什么呢？

零星的细雨一直在下，不紧不慢地落着。湿了地面，润了心扉，染了心情。对面墙上“我在老巷子等你！”红色醒目的大字，饱含着深情，留住多少故乡人的思念和缠绵。笔者突然想起了《雨巷》，莫名地吟了出来：

撑着油纸伞，独自
彷徨在悠长、悠长
又寂寥的雨巷
我希望逢着
一个丁香一样地
结着愁怨的姑娘
……

别了，红崖村；别了，老巷子。走近你，追忆你峥嵘岁月，喜见你辉煌今日。走出来，思考你，终于明白遗失的只是岁月，改变的只有容颜，而永驻人间的就是村子里一代人传给一代人的勤劳、善良、自强的生活信念和道德风骨。

古村梁堡

杨七斤

六盘山西麓，宁夏隆德县奠安乡以西，有一个古老的村庄，村庄中有一座神秘的城堡，这就是梁堡。梁堡，最初称梁家桥，据当地老人讲，大约明代后期，有了梁家堡子的名称。明朝以前，有陈姓、路姓、毛姓人家在这里生活，最初姓陈的人家住在古城堡，叫陈家堡子。明朝年间，有董姓人家、柴姓人家、刘姓人家、梁姓人家迁来到这里，随着人口增多，形成一个小村落。陈姓人家、路姓人家、毛姓人家迁居他乡。由于梁姓人比刘姓、董姓、柴姓人多，川道沟中有一座通往官道的桥，于是就给村子命名为梁家桥，后来官道改道北面，官桥毁坏消失，又因村里有一个古城堡，所以改为梁家堡子、梁堡。梁堡沿用至今。改革开放后的几十年，在都市化迅猛发展的进程中，梁堡村却仍然保留着古老村庄的风貌。为此，2012 年 12 月，中国传统村

梁堡村庄

落保护和发展专家委员会评议认定，梁堡村列入第一批中国传统村落名录。

2016 年 11 月，中国名村志文化工程启动，次年 3 月初，自治区方志办将梁堡村确定为第一批“中国名村志”编写村，《梁堡村志》于 2017 年 12 月由方志出版社出版发行，并入选“中国名村志文化工程”。

战事和匪患催生了古城堡的出现。通过考古了解，隆德古城堡最早应追溯到北宋。在隆德县境内，以筑于大中祥符七年（1014 年）的笼竿城为代表的城堡，可以说是山城林立，星罗棋布，蔚为壮观。其中梁堡古城堡，位于隆德县奠安乡西，梁堡村一组北山半山腰。根据文物专家考古推断以及现有文物、夯层证明，古城堡筑于宋代，而且为官方军事防御修筑，主要为囤积粮草之用，距今 1000 多年。后来战乱平息，为避匪患，逐渐变为民居城堡。

梁堡古城堡建筑规模 1.19 万平方米，东西长 170 米，南北宽 70 米。城墙为黄土夯筑，基宽 10 米，顶宽 4 米，墙高 7 ~ 11 米，夯层厚 6 ~ 9 厘米。四周城墙中间筑有马面，马面长 7.2 米，宽 2 米。北面、西面城墙上建有炮台。城门朝西，以大块条石砌筑，上绷粗壮方木。堡门为厚实的木板，用铁板大圆铆钉装饰。门额上是拍摄电影《杂嘴子》时写的“吉祥”两字。如果站在北山向下看，城堡在川里，站在川里望北山，则城堡在山上，此堡易守难攻。城墙上面有 2 米高的垛墙，西、北墙上建有炮台，架设有抬枪、火铳。东西墙上建有城房瞭望台。古城堡在民国二十二年（1933 年）至二十四年（1935 年）进行过一次维修。

梁堡古城堡城门

古城堡里保存下了城防用的铁铸火虎将军炮一门，梁堡村民称之为“九箭力”。火虎将军炮长约1.5米，重29公斤，底部直径10厘米，口径6厘米，口内径2.5厘米，炮眼距底部10厘米，有13节铁箍，刻有“乾隆伍拾柒年伍月贰拾柒日万步興重修”“火虎将军”字样。这门将军炮周身的斑斑铁锈，足以说明曾经经历过战争的惨烈。

古城堡里街巷、房屋、仓库、蓄水井一应俱全，而最吸引人的，则是一处至今还保存完整的古宅“世德堂”。据文物考古专家考证，始建于明代，距今400多年。建筑面积500多平方米。这是一座典型的北方四合院，南面大门进去有一个建造精美的影壁。主建筑坐北朝南，由门厅、左右厢廊、正殿组成的古建筑，门厅进深2.4米，宽2.2米。抬梁式梁架，用圆柱，建筑结构是“锁子厅”，呈“凹”字形平面（当地称为“锁子厅”式），正中一开间为凹进的前廊，两端为凸出的卧室，内设火炕。出檐砖雕斗拱，马头墙上砌有“福”“寿”“白鹤”“鹿”等，墙面磨砖对缝镶砌牡丹花盆。房上覆以小青瓦、筒瓦，瓦口是勾头滴水，清水脊，脊上刻有镂空莲花。门额镶有“世德堂”匾额一面，长1.65米，宽0.7米，中间刻有“世德堂”3个大字，右边落款“岁在乙卯浦月上浣之吉”，左边落款“表弟薛梦麟赠”。东西两排厢房，南面一排厢房，大门在南厢房中间过堂。房上覆以筒瓦，花脊。马头墙上砌有“福”“寿”“白鹤”“鹿”“牡丹”等砖雕图案，工艺让人叹为观止。

古宅经历了无数次地震。清代末期，该房屋外墙曾经因地震而倒塌，但房屋内木质结构仍完好如初。古宅“世德堂”对研究地方建筑形式及文化提供了十分重要的实物依据和较高的文物史料价值。古宅里摆放着祖传下来的明代太师椅、笔盒、古砚、锦盒、官帽官架等文物。其中，3枚雕刻精美的印章、明代的水烟壶都显示出宅子主人曾经不一般的地位。其中“济世堂记”印章，刻有“隆邑”“济世堂记”“南乡梁家堡本街坐南向北药材老局丸散，具全来者不悮”字样。说明“济世堂”的具体位置在隆德县南梁家堡本街，坐南向北，是药材铺老字号，药材丸散俱全，来买药的人不被耽误。这充分说明古宅的主人祖祖辈辈居住在此，为行医世家。村民刘昌友、刘昌珀家传承祖辈接骨、正骨医术100多年，声名远扬。

20世纪80年代，曾有美国旅游考察团前来观光考察，对古城堡叹为观止。其中旅游考察团中的一位老太太对古城堡十分感兴趣，在2005年，老人自己走不动了，派她的孙女又来考察古堡，并为梁堡小学捐赠电脑及学习用品。

梁堡村，到底哪一年开始有人类居住，从什么时候形成村落，的确无法考证，也没有人能够说得清楚。但有一点可以肯定，梁堡村历史源远流长，与华夏文明相始相伴。早在新石器时期，这里就有人类繁衍生息。洼儿坪、崖上、夹耳子、马槽槽等新石器遗址出土的大量文物，就是最好的证明。

梁堡村位于庄浪河流域，曾经是唐制胜关西出陇右的唯一孔道，到了元代成为丝绸之路上的一个驿站。随着丝绸之路的繁荣发展，优越的地理位置，使梁堡村在历史的发展长河中，成为兵家必争之地和商贾云集的“旱码头”，为货栈通衢，商贾云集、官吏驻跸之地。到了明代，梁堡演变成一个很大的贸易市场，商贸十分发达，曾经有“万义堂”“济世堂”“福兴奎”三家老字号药铺、商铺。来自陕西、甘肃等地的商贾、工匠、文人墨客不断会集，使梁堡集市繁华，街道游人云集。清代以后，随着西兰公路开通后，梁堡交通要道的位置改变，天水通往平凉、固原的道路从唐山梁经山河、隆德翻越六盘山，使得梁堡的街道渐趋衰落，道路由村南沿河改道北面。昔日繁华的梁堡街道现在变为一片良田。

经过数千年的历史演变，梁堡村给我们保留下了弥足珍贵的历史、文化遗产，积淀了深厚的历史、文化底蕴。梁堡村蕴藏着丰富的历史信息和文化元素，是人类历史文明保留下的宝贵遗产。这里受北方游牧民族文化、回族文化、中原农耕文化的相互渗透相互影响，民间艺人层出不穷，传统习俗民风淳朴，地方文化特点突出。

“耕读传家远，诗书继世长”。梁堡人崇文重教，清朝时就开办私塾，民国时设立保国民学校，宁夏解放后设立梁堡小学。一代代读书人走出梁堡，为国家贡献自己的聪明才智。民间习俗、文化艺术传承，发扬光大，有放社、马社火、皮影戏、地摊戏、秦腔、剪纸、刺绣、农民画等。梁堡人杰地灵，习武成风，武生辈出。全村参加青年远征军、抗美援朝、中国人民解放军特种部队等军人达三十四人之多，先后涌现出了一批保家卫国的忠勇之士。

2014 年 11 月，梁堡村被国家发改委、旅游局等七部委列入全国乡村旅游富民工程，从 2015 年开始，由中央统筹、地方负责，整合资金支持重点乡村景区开发，扶持旅游业发展。该项工程的实施，将进一步推进民俗文化的传承和发展，提升梁堡村文化旅游业层次和水平，加快梁堡村群众脱贫致富步伐。

萧关瓦亭

王武军

萧关，位于宁夏固原市东南的瓦亭，始于秦汉。历史上有“东函关、南武关、西散关、北萧关”一说。萧关是关中北面的重要关口，也是抗击游牧民族进犯的前哨。汉文帝十四年（前166年），匈奴入萧关，袭扰北地等郡，致使关中震动。汉武帝曾六出萧关，巡视西北边境，阅兵塞上，威慑匈奴。唐武则天时，曾任魏元忠统重兵镇守萧关，以抵御突厥。古时候，人们习惯把越过长城叫出塞，因此，北出萧关也就成了出塞的同义词。出萧关后，西可至河西、青海和天山南北，北可到达宁夏和蒙古草原。《资治通鉴》记载“安定乌氏县有瓦亭故关”，可见在东汉初年，瓦亭城已是一处著名关隘，是驿站兼关城的重要古城。唐代驿藏关也设在瓦亭城，因这里有城有关有驿站，所以又被称为驿藏关。历史学家薛正昌认为，古萧关不是一个“点”，而应该是一个“带”，是指三关口、瓦亭峡到青石嘴这一险要地段形成的一条防御

萧关瓦亭（王武军摄影）

带，并称萧关，素有“铁瓦亭”之称。738 年，河西节度副使崔希逸战胜吐蕃，唐玄宗命王维以监察御史的身份出塞宣慰。赴边途中，王维写下了传世绝句《使至塞上》：“单车欲问边，属国过居延。征蓬出汉塞，归雁入胡天。大漠孤烟直，长河落日圆。萧关逢侯骑，都护在燕然。”这首诗道尽了边塞风光的雄浑、壮美与苍凉。一条萧关古道，不仅联系着万里疆土，而且有征夫的悲歌、商贾的驼铃，也有历朝历代戍边将士和文人墨客律动的诗篇。

笔者的父亲是一位土生土长的萧关人，也是一名参加过抗美援朝的退伍军人。在他的口中，有无数与萧关有关的故事，几天几夜也说不完。什么“孟姜女夜宿瓦亭驿”“先有瓦亭城，后有固原城”“杨六郎把守三关口”，等等。我最爱听他讲有关红军和解放军的故事，据父亲讲，解放宁夏的战斗最早是在萧关打响的。1949 年 7 月 31 日，解放宁夏的第一仗在古萧关的三关口打响。当日黄昏，解放军第六十五军一九三师五七九团指战员，趁着夜色，兵分两路，在炮火的掩护下，迅速占领了敌前沿阵地。8 月 1 日凌晨发起总攻，经过 4 个多小时的激战，突破了三关口、瓦亭一线“马家军”的防线，打开了宁夏的南大门，拉开了解放宁夏的序幕。这一仗，不仅谱写了古萧关在宁夏革命史上光辉的一页，而且赋予了它更具魅力的红色文化内涵。

春天，放眼望去，瓦亭古城北面的岳王山上，秦长城沿着山梁蜿蜒而下，烽火台伫立在山顶，一列火车从半山腰上缓缓穿过，一簇簇、一片片桃花盛开在山坡上，远看，美艳如朝霞；近看，好似珍珠玛瑙，芬芳满山。再看周围的田地，一眼望不到头的绿油油的松树林，纵横交错，一直蔓延到对面的山梁上。漫山遍野的花向我们纷涌而来，把萧关最美的一面呈现给我们，正如清人韩国栋赋诗所言：“六盘俯瞰接三关，斗大孤城万仞山。试向萧关一回首，依依杨柳水潺潺。”

羊牧隆城的演变

苏正喜

羊牧隆城（火家集宋代古城址）位于宁夏西吉南部26千米处，属将台堡镇管辖。东靠葫芦河，西靠滥泥河，北靠大小源滩梁和六盘山脉相接。葫芦河、滥泥河是保护城寨东、西、南侧的天然屏障。

羊牧隆城地名

宋天禧元年（1017年）置羊牧隆城，隶属于泾原路渭州。宋庆历三年（1043年），在泾原路陇山以西设置德顺军，改为隆德寨，隶属德顺军。其名称系由蕃语转译而来，《武经总要》记载："天禧中筑寨，属渭州地，名邪没笼川，蕃语讹谓之羊牧隆城。庆历初改今名。隶德顺军，在陇山外。"民国学者陈国栋认为："《雍大记》：'邪没陇川蕃语讹为羊牧隆城。''邪没'即是'邪洛'字画之讹。'邪洛'者，缘隆县北七堡大段山脉由海原来，为六盘山大尽头处。回指清水、固关、陇干，南来北走，至固原折向西北，呈半圆弓形。六盘，《汉书》作'络盘'，'络'与'洛'同声，故称'邪洛'。"但彭向前先生认为，这种解释"单从文义上来看，有理有据，但从音韵上来看，这个结论则是错误的"。因为"'邪'在中古有两个读音：一为'以遮切'，平声麻韵喻母；一为'似嗟切'，平声麻韵邪母。吐蕃人读'邪'为'羊'，羊读'与章切'，平声阳韵喻母。表明'邪没陇'的'邪'，这里读作'以遮切'，其实就是'耶'，古读大致是y倩。'耶'字今安多藏语读j倩，'羊'字在宋代西北方音中脱掉鼻韵尾，今安多藏语读jo，二字读音十分相近。如果'邪没'为'邪洛'之误，'邪洛陇'一词，蕃语无论如何也不会讹为'羊牧隆'。因为'洛'为来母字，'牧'为明母字，二者读音相去甚远。更何况读如'耶'的'邪'字并无'歪斜'义。看来，作者对'邪'和'洛'的解释都是错误的"。并进一步指出："至于'邪没陇'一词，笔者颇疑这是个藏语词，‘陇’与‘珠结龙’中的‘龙’相当，是藏语‘山谷’的记音。”基本上认清了羊牧隆城的语源问题，并提出了解决“羊牧隆”词义的路径。在此基础之上，有学者进一步指出，“羊牧隆”由“羊牧（邪没）”和“隆（笼）”两个词构成，意为“黑水谷”，其得名与六盘山一带的湫池黑水龙君有关。这一论证还需材料证明，肯定的是，宋夏时期羊牧隆地区是蕃部集中分布区。

羊牧隆城军事

在宋代德顺军边防中，羊牧隆城具有重要的军事和经济地位。《长编》记载：“渭州笼竿、羊牧隆城、静边、得胜四寨在六盘山外，内则为渭州藩篱，外则为秦陇襟带，地土饶沃，生齿繁多。”城寨设立初期，就驻扎有番兵指挥一部。元丰二年，实行置将法，隆德寨是第十寨驻地，“以泾原路正兵、汉蕃弓箭手为十一将，第一、第二将驻渭州，第三将原州，第四将绥宁寨，第五将镇戎军，第六将彭阳城，第七将德顺军，第八将水洛城，第九将静边寨，第十将隆德寨，第十一将永兴军奉天县”。宋熙宁以后，商业地位上升，熙宁十年（1077 年）的商税税额是“一千一百八十八贯五百三十七文”，买扑税额“二千四百八十二贯三百三十九文”，在德顺军排名第四，仅次于德顺军治所笼竿城和内边城寨水洛城、静边寨。“金升为县，属德顺州。元属静宁州，明嘉靖三十八年（1559 年）属平凉府，本朝因之，乾隆四十三年（1778 年）并庄浪县入焉。”“明、清以来，以姓氏取名火家集。毁期不详，现存残疾。”至元十五年（1278 年），忽必烈以“今隆德有城都可居高甚便宜”六盘山附近无据点为由，令迁县至今隆德县城之地。

羊牧隆城寺观

西吉县第三次全国文物普查时发现，寺观旧址三处，称其为阳三观：东阳观，在兴隆镇罗庄村；中阳观，在内城东侧，如今沿用。寺内有同治年谢氏先祖迁徙时，从山西大槐树带来种植的一棵槐树，枝叶繁茂，生长十分茂盛，已成为一处景观，羊牧隆城也因火姓改名为火家集；西阳观，在王明红太村，距城西约 2000 米处，滥泥河从中穿过。

羊牧隆城战争

宋康定二年（1041 年），宋夏在羊牧隆城区域爆发了著名的口袋战，称之为宋夏好水川之战。《宋史》详细记载了战役的过程："康定二年春，朝廷欲发泾原、延两路兵西讨，诏福诣泾原计事。会安抚副使韩琦行边趋泾原，闻元昊谋寇渭州，琦亟趋镇戎军，尽出其兵，又募敢勇得万八千人，使福将之。以耿傅参军事，泾原路驻泊都监桑怿为先锋，钤辖朱观、都监武英、泾州都监王各以所部从福节制。琦戒福等并兵，自怀远城趋得胜砦，至羊牧隆城，出敌之后。诸砦相距才四十里，道近粮饷便，度势未可战，则据险设伏，待其归邀击之。福引轻骑数千，趋怀远城捺龙川，遇镇戎军西路巡检常鼎、刘肃，与敌战于张家堡南，斩首数百。夏人弃马羊橐驼佯北，怿引骑趋之，福踵其后，谍传敌兵少，福等颇易之。薄暮，与怿合军屯好水川，观、英屯龙落川，相距隔山五里，约翌日会兵川口。路既远，刍饷不继，士马乏食已三日。追奔至笼竿城北，遇夏军，循川行，出六盘山下，距羊牧隆城五里结阵，诸将方知堕敌计，势不可留，遂前格战。怿驰犯其锋，福阵未成列，贼纵铁骑突之，自辰至午，阵动，众傅山欲据胜地。俄伏发，自山背下击，士卒多坠崖堑，相覆压，怿、肃战死。敌分兵数千，断官军后，福力战，身被十余矢。有小校刘进者，劝福自免。福曰：'吾为大将，兵败，以死报国尔。'挥四刃铁简，挺身决斗，枪中左颊，绝其喉而死。乃并兵攻观、英。战既合，王珪自羊牧隆城引兵四千，阵于观军之西；渭州驻泊都监赵津将瓦亭骑兵二千继至。屡出略阵，阵坚不可破，英重伤不能视军。敌兵益至，官军遂大溃，英、津、傅皆死；内殿崇班訾、西头供奉官王庆、侍禁李简、李禹亨、刘钧亦战没；军校死者数十人，士死者六千余人。唯观以兵千余保民垣，四向纵射，会暮，敌引去，与福战处相距五里，然其败不相闻也。"可见按照韩琦的战略部署任福出镇戎军后须由怀远寨趋羊牧隆城，相度情形，据险防御或设伏；实际战况是任福由怀远寨东偏，沿六盘山西麓南下进至好水川，循川西行至羊牧隆城五里处结阵。所以不论是从韩琦的战略部署，还是实际的战争进程中，羊牧隆城都被设定为好水川之战的关键位置，作用重大。

出土文物

羊牧隆城与好水川近在咫尺，主战场兴隆镇马家嘴、姚杜、杨茂、王沟村（旧名张家堡）区域，近年出土了较多人马骨头、箭头、宋夏钱币等重要文物。20 世纪 70 年代中期，生产队在东山后湾组织社员开挖水渠时，发现了大量的人骨和马骨，一坑一坑地埋着，最厚叠压骨层达 2 米左右。1982 年西侧王家湾，出土唐代鎏金佛造像60尊，造型各异，最高17厘米、最小2.8厘米。1984年文物普查时，从白骨中还发现了成捆的铁箭头、铁质兵器和西夏铜头盔。1999年兴隆镇维修粮库围墙时，挖出一个长度100多米，厚度约1米有余的尸骨层，人、马骨相互叠压。2001年兴隆镇政府驻地修建房屋时，挖出人、马骨叠压层达1米左右。2003年王沟村南湾，在机耕平田时，推出长约20米、宽约3米、深约1米左右的深渠，全是人、马骨，有的马头、人头上还插着铁箭头。陈田玉村东500米处，农民打庄、整地、挖渠开沟常会翻出成堆的白骨。遗址东侧200米处有一处地隐子，洞内还遗留有人骨。2009年在陈田玉村北山崖边，农民取土时，挖出耀州窑豆绿瓷盏、四系灰陶背壶、将军罐、陶灯、铁琉球、瓷片、铜（铁）箭、马刺、瓷蒺藜、铁甲、铁泡饰和一把铁刀，插在马头缝一簇铁箭头深约3厘米。2019年在羊牧隆城东北500米处，挖埋液化气管道时，挖出一块断残的石质墓碑，共计13字，碑题“朝记”，正文内容大概是五代记载唐朝在该地建造了历史重镇。

战国时秦灭义渠戎，在东侧建筑长城，且向东北、西南延伸，以阻匈奴南侵。元世祖成吉思汗固城驻足，足见地处中原文化、北方草原文化交会处的羊牧隆城，自古就是农耕民族和草原民族角逐的古战场。

金鸡坪

林生库

金鸡坪上的金鸡雕像

金鸡坪位于彭阳县白阳镇阳洼村，很久以前叫乱井子，方圆百里打不出一口有水的井来，唯独这里地下水源丰富，住着的20户人家，家家都有几口水井，百十口水井散乱地布在山坪上，人们就把这里叫乱井子。住在乱井子的庄户人家，不务农事，仅靠卖井水为生，养成了好吃懒做好赌的毛病。

乱井子有个张老好，生了个儿子取名福满，福满3岁那年，戎族盗贼入乱井子抢劫，打死了福满妈，张老好就请了拳师教儿子福满武功将来报仇。福满习武至15岁，张老好又把福满送到20里开外的王家洼子读私塾。私塾老先生有一漂亮的独生女儿叫菊香，与福满同岁，都属鸡。菊香离娘早，由私塾先生一手拉扯大，视为掌上明珠。福满好学，人也勤快，课外常帮着菊香干些活计，一来二去，两人产生爱慕，私塾先生看出了苗头，就不再教福满，让退学回了乱井子。不是先生看不上福满，而是乱井子的庄风不好，怕福满将来也被引诱得好吃懒做好赌，败了家，让女儿菊香受罪。

菊香依依不舍送走了福满，便一病不起，茶饭不思，私塾先生请了郎中，郎中对私塾先生说，菊香得的是心病，无药可治。私塾先生便把实情告诉了郎中，郎中劝私塾先生，乱井子张老好人实诚，家道也不错，福满也机灵，你就允了这门亲，何况菊香的病要紧。私塾先生思前想后，看着奄奄一息的女儿，就托郎中说合这门亲事。

郎中即刻骑上驴去了乱井子张老好家，当把菊香得病的事一说，福满疯了似的向王家洼子跑去。当福满跑到私塾先生家门睑坡坡时，菊香已站在门睑一棵杏树下等着。福满扑上去紧紧抓住菊香的手，急切地问菊香咋了，菊香深情地说，好着呢，就是等你呢。进到窑里，福满跪拜了私塾先生，先生被两个娃娃的真情感动得老泪纵横，当场就答应了两个娃娃的婚事。

择了吉日，福满就将菊香从王家洼子娶到了乱井子，把私塾老先生也接了过来养老。福满与菊香恩恩爱爱，张老好与私塾先生如亲兄弟一样，在福满和菊香的照料下安享晚年，日子过得滋滋润润。只是戎族时不时进庄抢掠财物，搅扰得庄里不得安宁。福满便组织了庄里的壮年男丁成立了自卫队，教武术，筑寨堡，保家园。戎人对福满有杀母之仇，福满攻打戎人非常勇猛，自揪掉戎贼团伙头儿的头之后，戎贼再不敢轻易来乱井子抢劫了。

公元前272年，秦始皇太爷秦昭襄王嬴稷，攻灭义渠戎国，从甘肃临洮开始沿甘肃静宁入宁夏西吉、原州区、彭阳等地直至内蒙古托克托县修筑长城据胡入侵，福满别提有多高兴了，组织庄里青壮年积极响应，负责为百里之内修筑长城的民夫送水。长城工程浩大，修了好多年，乱井子井水越来越少，供不上民夫用水，秦廷监工便亲临乱井子督水，来到了福满家，福满酒肉招待，监工见菊香貌美如花，两盅酒下肚，就色胆包天，当着福满的面就对菊香非礼，福满阻拦，菊香躲闪，监工竟然恼羞成怒，打了菊香脸儿巴掌，福满顿时火冒三丈，迎面给监工两拳，监工立即倒地，耳眼出血，不省人事了。监工的几个狗腿子见势不妙，撒腿就跑了。

邻里见福满打死了监工，知道闯下了大祸，劝福满带着菊香出逃躲避，福满怕连累邻里，坚持不逃，说一人做事一人当。次日，来了几十个秦兵将福满抓了去，活活夯到了长城里。邻里念及福满对大家的好，就趁着夜晚，挖开城墙，把福满尸体偷了回来，埋在了乱井子。自此，天气大旱三年，乱井子井水干了。虽然长城修好了，庄里安宁了，但乱井子人无水可卖，又懒赌成性，太阳升起八竿子高了还睡觉，日子越过越难，就又干起了偷盗营生。菊花看在眼里急在心里，虽然思念福满整日以泪洗面，但她每天天不亮就起来，挨家挨户催促庄里人早起干农活。有几户人家听了菊香的劝，跟着菊香早出晚归下地干活，日子也慢慢好了起来，大部分还是睡觉、赌博、偷盗，但菊香一直坚持说教催促。

日子长了，菊香劳累病了，她还是硬撑着虚弱的身体挨家挨户地催。一天晚上，菊香做了一个梦，梦见了福满，福满变成了一只大公鸡，用两只翅膀搂着菊香，心疼得眼泪直流，对菊香说，你不用再起那么早挨家挨户催了，我替你去催他们吧。第二天菊香早早起来，依旧去催邻里早起，奇怪的是邻里都起来了，聚在一起都说，五更时分，耳边好像一只大公鸡一直在叫，吵得睡不着。这时候私塾先生拄着拐杖来了，说他也听到了，是大公鸡在喊话呢，大家问私塾老先生公鸡喊的啥话，私塾老先生说公鸡在喊："高盖楼，赶紧起！"意思是说，要想过上好日子，就要起得早早地务庄稼。大家一听，有的说像着呢，有的说不像。菊香就把晚上的梦说了，有几个后生就嘟嘟囔囔的开始埋怨起福满来，死了的人还管这么多闲事。私塾先生就开导大家，福满和菊香一样，都是希望大家能过上好日子来，大家都这样连赌带偷，惹得是非不断，日子咋能过好呢？大家还是好好务弄庄稼吧。话虽这么说，上地干活的还是那几户。其他的人又都回去睡觉去了，谁知头刚一挨枕头，大公鸡就趴在耳门子上叫，不起来就叫个不停，还真的像私塾先生说的那样喊叫——高盖楼，赶紧起！

自此，每天五更时分，懒汉们耳门子就会响起公鸡的喊叫声——高盖楼，赶紧起！懒汉们实在没有办法，只好起来下地干活。这一年，风调雨顺，庄稼丰收，家家户户粮食都堆满了仓，邻里都夸福满和菊香心好，不仅自己过上好日子，也不忘让庄里人都过上好日子。粮食丰收了，大家心里也不慌了，也不愿意过"赢了钱比驴欢，输了钱比牛蔫""偷了人的手手软，整日提心吊着胆"的日子，不几年，庄里懒汉没有了，偷盗、赌博也没有了，大家都日出而作，日落而息，日子一年比一年好，乱井子成了远近闻名的富裕庄户。

可恨岁月不饶人。这年秋天，85岁的菊香殁了。菊香殁的那天，乱井子突然漫山遍野开满了金黄色的野菊花，庄里的老人说这黄菊花是菊香变的。野黄菊清香扑鼻，有人就将其入黄酒曲子，酿制出的黄酒果然醇香甘美，乱井子的黄酒一下子名气远扬，被奉为佳酿，就连后来的唐肃宗李亨在灵武登基过彭阳，也赞不绝口——彭阳有酒皆罐罐，提神醒脑舒坦坦，有朝一日回长安，大宴宾客喝罐罐。

自有了野黄菊，乱井子家家户户酿黄酒卖黄酒，日子越过越富足，庄里人都夸福满和菊香殁了还想着造福乡里呢。为了感念福满和菊香对庄里的好，就在乱井子的山坪上塑镀金金鸡一对，感念福满和菊香夫妇，昭示后人勤劳致富，也寄希望金鸡保佑乱井子风调雨顺、五谷丰登。

秦始皇元年，秦始皇来到了位于彭阳的朝那湫祭祀，沿长城视察民情，当看到乱井子山坪上的金鸡时，问明原委，被福满和菊香夫妇的事迹感动，就将乱井子赐名为金鸡坪，并题匾额“金鸡纳福”，特许福满和菊香可受人间香火。这对金鸡便成了纳福的象征，方圆几百里都来金鸡坪敬香化裱祈福，十分灵验。直到明末，西北匪患猖獗，土匪进入金鸡坪，看见两只硕大的金鸡，扑上去抢着剐金而被毁坏。但菊香变的野黄菊，直到今天依然开遍彭阳大地，彭阳的黄酒依然飘香千里。

金鸡坪梯田

隆德由来

杨七斤

隆德地处六盘山西麓，宁南边陲，“北通银夏，南连秦巩，东接平泾，西趋兰会”。境内关山险阻，水道西行，历来为兵家必争之地，故有“关陇锁钥”之誉。“隆德”之名，由北宋朝廷所赐，距今有千年的历史。

“隆”取之于羊牧隆城之“隆”，羊牧隆城则由邪没笼川蕃语翻译成汉语而来。隆德境内是少数民族聚居的地方，早在夏商周时期，隆德境内就居有戎族。据《史记·匈奴列传》载，早在商周间就已“放逐戎夷泾洛之北”，即六盘山及周边地区。西汉初年设月氏道，建月氏城，即第一个民族县的建制。两晋南北朝时期，隆德为鲜卑族、羌族、氐族等少数民族的聚居地。隋唐时隆德属监牧之地，安史之乱后吐蕃占领河西、陇右，隆德境内为吐蕃属地。北宋天禧元年（1017 年）在邪没笼川（今西吉县火家集）筑羊牧隆城，置羊牧隆城寨。庆历三年（1043 年）羊牧隆城寨改为隆德寨，隶德顺军。金皇统二年（1142 年）改隆德寨为隆德县，县沿寨名。元大德八年（1304 年），并陇干县入德顺州，后改为静宁州，领隆德县。隆德县城从羊牧隆城（今西吉县火家集）迁至陇干城（今隆德县城），隆德县辖原县境与德顺州所辖地。明因元制，嘉靖三十八年（1559 年）十一月改属平凉府。清因明制。直到民国三十一年（1942 年）设立西吉县，火家集归西吉县管辖，其他辖地未变。

“德”取之于德顺军之“德”，德顺军之名由朝廷所赐，德顺军治所在陇干城，即今隆德县城。德，德隆之谓也。有两个意义：一个是得道的得，一个是道德的德。北宋大中祥符七年（1014 年），渭州知州曹玮在今隆德县城请筑陇干城，又叫笼竿城。为什么叫陇干城？因为六盘山在唐代以前一直叫陇山，此城东南为陇山（今六盘山）主峰米缸山，海拔 2942 米。陇干城位于陇山之主峰下，“陇干”之名，寓意“陇山主干”。庆历三年（1043 年）在陇干城置德顺军，初辖陇干、羊牧隆城、静边、得胜四寨，后辖隆德、静边、得胜、通边、治平、怀远六寨。金皇统二年（1142 年）改德顺军为德顺州，将所辖六寨改为六县，包括隆德县。“隆德”之名，则由陇干城、德顺军、羊牧隆城延续而来。

陇干城城门楼

隆德地名文化厚重，丰富多彩。隆德是陇山文化的发源地之一。六盘山古名陇山，地处宁夏和甘肃南部、陕西西部三角地带中心，孕育了博大精深的陇山文化。隆德县位于陇山主峰之下，地名文化厚重，旅游资源丰富，自然景观和人文景点众多，其特有的边塞地名文化、军政地名文化、游牧民族地名文化和现代地名文化相互交融，相得益彰，不仅是陇山人民的宝贵财富，更是中华文化不可或缺的精髓所在。

隆德边塞地名文化特点突出，陇干城、羊牧隆城或陇干寨、羊牧隆城寨，这都是当时军政合一的政权机构，它位于宋夏两国的边境线上，属于边塞地区，这就形成了当地以陇干川、陇干城、羊牧隆城等古地名为代表的陇右边塞文化。另外，以陇山为题材表现陇右边塞文化的诗歌有很多，最早的《汉乐府民歌·陇头歌》：“陇头流水，呜声幽咽。遥望秦川，心肝断肠。”从南朝、唐宋到元明清，以《陇头水》为题的诗歌就有好多首，如唐代沈佺期的《陇头水》：“陇山飞落叶，陇雁度寒天。”明清时期以“六盘山”“隆德”地名为题材的诗歌更多，如明代姚孟昱的《过隆德次六盘山》：“六盘山色昼常阴，溽暑行过寒亦侵。”清代卞三元的《早发隆德过六盘》：“跨鞍出郊坤，征鞭不少停。”这些无不体现隆德境域作为陇右边塞地区的风貌特色。尤其是毛主席的一首《清平乐·六盘山》留下了“不到长城非好汉”的长征精神，使六盘山名扬天下。

隆德军政地名文化特点突出，隆德地处“关陇锁钥”战略要地，“六盘扼久塞咽喉，七关襟带。”历史上为兵家必争之地。在隆德境内发生大大小小的军事战争不计其数。最著名的有康定二年（1041年）的宋夏好水川之战，“好水川”地名沿用至今，今隆德县好水乡就位于好水川。隆德境内修筑的用于军事的城、堡、寨、烽堠不计其数，城有陇干城、羊牧隆城等，寨有陇干寨、羊牧隆城寨、隆德寨、六盘关寨等；作为宋夏两国的边境沿线，城、寨的地名延续到今。堡有神林堡、邸店堡、东山堡等，神林堡、邸店堡这些地名延续至今，成为今天的神林乡、奠安乡。烽堠有北象山、南凤山、东山烽火台，三里店、七里店、杨家店烽燧，牛站山、马站山、卢家咀、乱柴、神林、沙塘墩等，这些地名今天一直沿用。这些地名文化丰富了隆德地名军政文化的内容。

隆德游牧民族地名文化特点突出，隆德是北方游牧文化与中原农耕文化的结合部，古代有许多民族在这里聚居。早期以游牧为主，兼营农业。汉、唐、宋、元时期，匈奴、羌、吐蕃、党项、蒙古等游牧民族与中原王朝连绵不断的战争，西北地区一度成为汉族与游牧民族的战场。其中“邪没笼川”“羊牧隆”地名就是游牧文化的典型代表。汉文帝时，境内设月氏道，并建月氏城，专门安置被匈奴击败的月氏族归附者。月氏城就设在今天的隆德县观庄乡大庄村西蕃岔，名叫红土城。这是隆德大地上的第一个县级民族行政建置。隋朝初年设立陇右牧，设置总监、副监、丞，统一管理各牧地，设立驴骡牧，隆德境内属于监牧地辖地。唐代“安史之乱”后，西北边防空虚，吐蕃乘机占领河西、陇右，进入宁夏南部，隆德境域被吐蕃占领，地名“西蕃塆”就是唐代吐蕃居住的地名，沿用至今。在元代出现的地名如“达子沟”就是蒙古族居住的地名，沿用至今。清同治年间，回族各派如陕西回族、河州回族安插在隆德县聚居。隆德自古深受中原农耕文化和北方游牧文化影响，多民族聚居，使这里的农牧文化特色浓郁。这里的农耕习俗、礼仪习俗、节日习俗、饮食服饰接近陕西、天水等地的风土人情。而一些娱乐活动，艺术表现又深受游牧民族生活习惯的影响。比如百姓挂灯笼，据说在唐代，吐蕃族人用竹子编的灯笼，绑在竹竿上挂在院墙上以祈求平安，并给夜间过路的人照明，后来演变成节日的花灯。还有表现游牧民族骑马征战的场面，演变成节日欢庆时装扮的马社火。擀毡、哇呜、口弦（篦档儿）、剪纸等，都是游牧民族文化的具体表现。

隆德县城

杨　郎

梁红茹

杨郎，是个地名。

并非这个地方的大部分人姓杨而得名，是因为历史上赫赫有名的忠烈杨家将曾驻守于此。由于有历史资料的辅证，杨家将的名字和他们的故事才成就了杨郎这样一个满是历史印记的地方，并供养着世世代代生活在这里的人们，用一腔杨郎话、一口米粮食繁衍至今。

杨郎之前世传奇

在历史上，杨郎就是个古镇，传统文化底蕴深厚，人杰地灵。明朝隆庆四年，开国元勋沐英后裔在其封地杨郎建有城隍庙。“沐府杨郎”中筑有城郭，留南门一座，砌石砌就，上书匾额曰“黔南门”，下镌“隆庆四年立”。清朝建有“锡字宫”，还有财神庙、文昌楼等。杨郎也曾遭受过兵荒马乱，加上天灾、地震等自然灾害，生态破坏严重，土地荒芜，人烟稀少，有十年九旱之说，故而这里的老百姓就期盼着年年都有好收成，对自然环境、日月星辰、风雨雷电、阴阳五行、天干地支的敬畏也就理所当然了。在农时季节里，正是青苗出土、桃花盛开、杨柳吐絮、花红柳绿的好时候，百姓就借庙会，祈求老天爷造福。跟过年一样重要的“朝山供水”节，开始了。

朝水节借以每年的农历三月二十日庙会举办，主要是巡游杨郎四边村庄庙宇，祈祷老天爷降及时雨，吹迎时风，祈祷来年风调雨顺、五谷丰登。数百人组成的队伍中，除了杨郎本村镇的居民外，还邀请邻村人参加，凡参加的人员，要求斋戒三天（吃素食）。队伍组成后，会有指定的巡视监督员手执“戒尺”（一柄木质的剑，但没有开刃，长约二尺八寸）在前领队。一马当先的是搭着一面蓝底白字“朝山供水”四个大字的旗帜，随后是一面黑底白布图上北斗七星的三角旗帜。接着两面铜锣开道，两位手持长喇叭，吹得嘟啦嘟啦作响。三声炮响，惊天动地，锣鼓队紧跟在“万民伞”之后，打起用彩绳连接并拴上一对红色长缨的云板，左右扭动，甩开长缨，先站立，然后迈出左脚起步，口默念一二三四，右脚停步拍板。接着一二三四五六七八，停步拍板，发出噼啪的声响十分壮观。随后有十多位青少年小伙子，身着马褂，挽起裤腿，肩上三尺三的小扁担，挑着一对木桶，桶口用红色绸布封住，从东、西、南、北四个方位取水，谁能喝到这四方水，自是一种幸运，能保一年的顺心如意。可想而知，这四方水是如何珍贵了。

喝完了这四方水，水会队伍继续分成两行，搭起龙、凤、虎三种不同颜色的三角彩旗，每隔上一旗，穿插一幡。所谓幡，是用一木杆或竹竿挑着一种铁质莲花瓣形，中间有一小钩，挂上各种不同刺绣的长条彩旗。幡上以天干配五行，即甲、乙东方木；丙、丁南方火；庚、辛西方金；壬、癸北方水；戊、己中央土，各为一对；地支配十二生肖，子鼠、丑牛、寅虎、卯兔、辰龙、巳蛇、午马、未羊、申猴、酉鸡、戌狗、亥猪各一对，彩旗与幡达七十二对。朝水节所用道具和表演形式，表达的意思就是龙的传人。龙可治水，借以遵从天地万物自然运转的法则。

抬上“灵官爷”神轿巡游最有意思。民间传说“灵官”长着三只眼，明察秋毫、降妖除魔、扶正压邪。因旧时此处缺医少药，娃娃们一旦得上传染病就会死掉。为了求神保全性命，另外再图个吉利，便有百姓在“灵官桥”下“过关”以求免遭瘟疫疾病缠身，并合唱布上的“关单”。

为时三天的朝水节，头一天先在杨郎本城巡游城隍庙、财神庙及北街、南街东壕、西壕等巷道。第二天巡游周边村庄到蒋家河、虎家洼、南山沟、陶庄、杨家庄、齐家庄、马家崖湾、马家庄，最后一天到北水沟、罗圈河。每到一村，村民早有准备，欢迎水会队伍，并自动献上茶水、蒸馍、面食及油炸食品进行款待。

本应还到马家店、张家河，因清水河河水较大不宜渡河，到此结束。

热热闹闹的朝水节过后，这里的人们也开始在春种夏忙秋收冬藏的演绎中，日复一日，年复一年。而在杨郎最为出名也最具地方神秘色彩的金子泉，因为没人明其来历也没人知其去向，面对世事变迁和年代更迭，它却依然保持着它面无表情的特色，淅淅沥沥、淅淅沥沥……一直流向那不知名的远方。

有些传承或许会断流，但有些传承却一直在开始。因为老祖先们敬天畏地、遵循天地万物自然运转的法则，我们也才能安然地在此述说它的今生故事。

杨郎之今生故事

要想写杨郎的今生故事，总归是易于它的前世传奇，毕竟，作为土生土长于那片土地上的一位写作者，从小到大，见过黄土地里黄花吐出来的蕊，麦田里麦苗抽出来的穗儿，见过平房里讲故事的舅爸如何从一个拿着羽毛扇的议程官变成失明的老人，也经历了黑馍变白馍、黑白电视机变彩色大液晶，更是亲眼见证了生活在这里的男人和女人们，如何在岁月的变迁中变成如今心宽体胖的样子。

和杨郎隔着一条清水河的马店村，舅爷爷正在给孙子们讲故事。那故事好长啊，像那条不明来历也不知其去处的金子泉冒出来的水，淅淅沥沥、淅淅沥沥流向不知名的远方。临终时，舅爷爷从他的百宝箱中解开那颗他离开部队时从帽子上摘下来的五角星，说，这是咱家的传家宝。虽然现在日子好了，但好日子不是平白无故得来的，一定要让后辈儿孙记得那些为了这好日子付出鲜血和生命的革命者。重孙子们看着那个红五星和胸前的红领巾，同一个色，都很鲜艳。

现在，他的后辈们勤劳致富，家家户户因地制宜种植枸杞，马店村的王氏家族成为远近闻名的“小香港”。

接下来说说慧霞吧！她前半生有形的和无形的财产配置是这样的：一间漏雨的破屋，夏天的几件衣服全部穿上就是冬天的装备，两任倒插门的丈夫，不知道鸡蛋的味道，每年就除夕能勉强吃顿饺子……可就是这么个农村女人，因为不受命运的摆布，她竟然在后面这 40 年时间里成为带动全乡发家致富的带头人。

后来我用得来的稿费请她吃饭，她笑着跟我说，就自己的那命，如果不是政府给她的帮扶政策，哪有现在的好光景。

说来也是，成就我们的，从来都不是命。

2015 年 4 月，兴高采烈的杨郎人将那块写着“全国文明村”的大石头安放在了离赫光烈士雕像的不远处。任何一个地方，不管它富甲天下还是贫甲天下，只要有人，才被赋予生命。人，才是找到万物灵气的法门，也是根植于尘世俗缘的慧根。

风雨石窑寺

杨七斤

隆德县城西南2.5千米处，有一座山叫南凤山，在南凤山南麓的悬崖间，有五处道教石窟，这就是有名的龙凤山石窑寺。隆德县旧志记载：“石窑磨日”为隆德八景之一。诗曰：“岩腰小磴通幽阿，谁凿石窑竟不磨。劈面山横天一线，崖临红日擦头过。”

石窑寺就建在山路上边的山坡上，从石窑寺下，爬上近乎垂直的石阶，穿过玉皇阁，方可到得寺内。石窑寺现有大小石窟五座，均依绝壁巨岩而凿成。居于中间的石窟是大雄殿，平顶直角，高2.3米，宽2.8米，深2.7米，前壁用青砖砌补。紧邻大雄殿两侧的是无量殿和大士殿。无量殿形制大小与大雄殿相仿，大士殿也是平顶直壁，高2.4米，宽2.8米，深5.2米。大雄、无量、大士三大殿左右，又有两个小石窟，右是文昌宫，左是子孙宫。大雄、无量、大士三殿均凿成于南北朝晚期，距今已有1500多年的历史了。而两个小石窟应当是明朝后期所凿。该寺有佛道合一倾向。大雄殿的门额处镌刻着“磨日宕宵”4个大字，字被描成了红色，十分醒目。

每到天气晴朗的日子，在石窑寺能目睹初日与山岩相磨的奇特景象。于是“石窑磨日”成为游人游览石窑寺必看的一大景观，那种感受并不亚于泰山日出。如果是遇到阴雨绵绵，是无法看到“石窟磨日”的壮观景色的，一阵风刮来，绵密的雨点不停地打在刻有“磨日宕宵”的石岩上，顷刻，石岩湿了一大片，水在岩石上流走，划出一道道的湿痕，呈栏杆模样。而后有风雨声大作，天地间便奏响了恢宏的乐章，而石窟内的世界却是异常的干净、安宁。

千百年来，石窑寺尽管经历了无数次的风雨洗礼，而“石窟磨日”的壮观景色却依然如故。但是，历史的风雨，却让石窑寺伤痕累累，跌宕不息。石窟的佛像神龛都毁坏于“文化大革命”中，至于玉皇阁、灵官殿、阎罗殿

磨日宕宵

石窑寺

等庙观殿宇早在同治年间毁于兵燹。宋代后多次扩建重修，到清朝中期，石窑寺香火鼎盛。从山脚到山顶，山岩呈红色，共凿石梯数百阶，沿梯楼阁，栉比高啄，香客游人可以顺石梯而上，直到大殿。石窑寺台阶下曾出土残碑3块，一块身长80厘米，宽57厘米，厚7.5厘米。碑头有“福寿碑记”字样，落款为“大明万历三十四年（1606年）”。一块为清代乾隆时期的石碑，高80厘米，宽80厘米，厚10厘米，记载了当时补修寺观的事迹。一块破损剥落腐蚀严重，字迹模糊难辨。

相传广成子先在石窑寺修炼，广成老祖每日静坐看红日东起，慢慢与山顶相磨。一天忽听洞后有风火声，回头见洞开一穴，循穴遂至崆峒。广成子临走时以掌断山，斩断仙脉，并题字壁上：“此处吾修行，他人休打禅，若要成正果，拜师崆峒山。”故此，民间有“修行石窑寺，成仙崆峒山”，或言：

“先有石窑寺，后有崆峒山”的说法，而《隆德县志》有“先有龙凤，后有崆峒”的记载。

石窑寺是佛道兼容的寺庙，在佛教东渐之前，道教早已扎根这里，广成子的故事就是证明。外来的佛教与中国本土的道教后来走上融合的道路，石窑寺就是这条漫长化合之路上的一个交点。两种文化的交融不会是平平静静的吧，交融中一定产生过激荡。只是这种激荡，远离了今天的石窑寺。

南宋末年，抗金名将吴璘驻守德顺军时，曾避暑石窑寺。吴璘的后人，明朝嘉靖年间探花吴咣为追寻祖上足迹，曾亲临石窑寺，并题诗石壁曰：“岩腰小磴通幽阿，列祖解甲将剑磨。劈面山横天一线，热泪倾作雨滂沱。”1984年，在大雄宝殿内右侧小窟“玄圣宫”黄草泥皮剥落的墙壁上发现了用宣纸书写的“探花吴宗达”“大定四年（1164 年）”等字样，这是吴咣来石窑寺寻觅祖上足迹的又一佐证。身为探花的吴咣，踏在祖先曾经踩踏过的土地上，怕只有“热泪倾作雨滂沱”才能真切表达彼时百感交集的内心情状吧！

清朝乾隆年间，河南鹿邑白莲教首领刘松和他的弟子刘子协、宋之清被充军发配到隆德，经过长途跋涉，他们均患痨病咳嗽不止。到隆德后，他们口渴难忍又无处觅饮。有一位老妇人正在路边淘洗苦苦菜，他们就请求喝些苦苦菜水，喝后顿然觉得神清气爽，刘松疑心是观音赐药给他们，于是就在石窑寺的大士殿中塑了观音像供奉。刘松等人继续在隆德传教。后来，刘松的儿子刘四儿被陕甘总督额勒登保捕获时，还手持苦苦菜祈求观音解救。石窑寺记录下了民众反抗封建统治的叛逆之声，尽管这声音微弱，且持续时间很短，但它真实的存在过，只此，足矣。

秋千架的传说

马　孝

秋千架位于泾源县城北10千米的黄花乡向阳河畔，为崆峒山系胜景之一。这里山谷狭窄，深数十米，河谷两岸石崖高耸对称，其状颇似秋千架，故而得名。据说，此地是穆桂英荡秋千的地方。又有崆峒碑文记载，广成子在崆峒修行仙道时，也曾在此歇息、云游、观景。

这里石崖如笋，风景奇秀。在横穿南北的河谷中，山峰如柱，峰头奇石怪异，若搏若噬，岩壁苍松倒挂，纷呈俱秀。谷底溪流潺潺，宛若素绢，斗折蛇行；涡流在峭壁缝隙间旋转，似素丝挂壁，似银河倒悬，佳景天成，应接不暇。有诗赞曰："秋千幽谷一线天，游人到此难欲返。"

如此之景，怎不引得神仙倾慕，怎不引得穆桂英驻足流连？

穆桂英，大宋鲁西穆柯寨之主穆天王穆羽之女，一名穆金花，又名穆桂英。她聪慧毓秀，武艺高强，曾得神女传授飞刀神箭之术，百发百中，盖世无双。时值豆蔻年华，正欲寻觅一如意郎君。杨六郎之子杨宗保，年轻英俊，一表人才，身怀杨家绝技"回马枪法"，武艺超群，勇冠三军。在一次作战中，偶同穆桂英相遇，阵前联姻结为夫妻，郎才女貌，天生地配的一对美满姻缘。穆桂英对令公杨延景尤为尊重孝敬。六郎杨延景不仅得到一位贤淑的儿媳，而且还得到抗击辽军的智勇双全的女将军。

辽主萧英宗野心勃勃，一心想夺取中原，一统天下，实现自己的大皇帝美梦，时刻厉兵秣马，窥探时机，欲谋一举攻克守边的杨家军。但辽主萧英宗知道，把守三关口的杨家军兵强将勇，天下无敌，若正面交锋，实难取胜，只能智取，方可奏效。于是四处打探，访得沙里国有一黄发道士精通兵法，熟知奇门遁甲，善摆阴阳八卦之阵。辽主即以重金聘请，前来助战对付宋军。

黄发道士的到来，喜煞了萧英宗和萧太后，即封道士为兵马大元帅，将帅印符全交于他，由其统领兵马，听其调遣。道士根据三关口的地形，唯恐有误，一连摆下太阴阵、铁门金锁阵和青龙阵三个奇阵，然后蛮有把握地对辽主说："现在放心好了，快准备好去做你的中原大皇帝吧！"

三关口守将杨延景观阵之后，心里明白，辽军所摆的三门奇阵是阴气阵，男兵勇将是无能为力的。破此阵，只有女兵女将才能对付。于是，派孟良去天波府搬儿媳穆桂英和八姐九妹。

穆桂英接到公公杨延景之令，立刻率领八姐九妹和烧火的丫头杨排风一等女兵女将向三关口奔来。杨六郎将统率三军之权交于她，让其指挥作战。桂英到阵前一看，哈哈大笑不以为然地说："此区区小伎，有何难哉？"桂英之所以发笑，是因为她知道这三阵中唯有太阴阵难破，此阵若破，其余的便迎刃而解。此阵之所以难破，是因阵中辽兵女将皆赤身裸体，红酥酥一丝不挂，个个摇头晃脑，面目狰狞，又是抬脚，又是亮腿，围绕中台而布。台之四角，备有一位披发赤身者，一手持死人头面骷髅，继而大放悲声，众男将士昏迷坠于马下，一一被生擒之。不过，破此阵倒有一个秘诀，必先射杀持骷髅者，别让她发出哭声，阴气则散，阵可破之。

穆桂英披挂上马，领一支女兵冲入阵中，只见许多妇女皆赤身裸体而立，桂英大叫："老娘也是如此躯体，你有何魔力可使？"于是，面对一片红虫盖地之势，桂英搭弓放箭射向骷髅女，杨排风等女兵随之万箭俱发，没等骷髅女出声，皆呜呼倒下。旋即，辽兵阵地上叫苦连天，四下乱蹦的赤身者，遍体鳞伤，血流如注。这时炮响三声，八姐九妹领着两队人马，从南北两个方向杀进，刀起剑落，如劈瓜，似削葱。突然一阵呐喊声，辽兵副将乌里苏、沙依木领两支人马冲上来，穆桂英等女将大杀回马枪压了过去，辽兵败退而逃。

太阴阵大败，辽军元气顿伤。黄发道士大失体面，威风扫地，但他不甘心失败，誓与宋军再较量一番，便对萧太后说："胜败乃兵家常事，天下哪有常胜将军？这次，不过是个小小的失败，何必愁眉不展，闷闷不乐呢？况且，铁门金锁阵、青龙阵还未大显神威，此二阵法力更强，料她难能攻克。"萧太后听后，觉得有些道理，脸上露出笑容说："此二阵若能获大胜，使宋兵全军覆灭，我将大辽江山分你一半。"道士忙说："言重了，言重了，等击败宋军再说。"

攻克太阴阵，三关将士一片欢呼雀跃，穆桂英却低头不语，她想，铁门金锁阵是咽喉重要之所，不易攻取，且辽人增强了兵力部署，但必须先破它，然后才是青龙阵。她随即给三关将士交代一番，将士们各执其事去了。

第二天，穆桂英领兵六千，行至快接近辽军时分兵两千，让其各执火炮、火箭，等候宋军攻阵时俱发。同时，又分兵两千，令其从北面插入，抄青龙阵之后，接应八姐九妹。穆桂英则驱兵呐喊，分左右攻打铁门金锁阵。辽军大将马荣远远望见穆桂英攻阵，便离开将台，引领大军如排山倒海之势杀去。穆桂英与马荣近前交战二十余回后，不分胜负。激战之际，杨排风引领两千士卒，从通道攻进，越杀越猛，辽军边战边退。辽军铁柱、铁棍一十四门精兵俱来接应，被宋兵一一击退。遂炮箭并发，穆桂英趁机杀了上去，大喝一声，飞刀扬起，马荣头已落地，宋军乘胜攻入，辽军损兵折将，死伤者无数。

穆桂英大胜回来，三关将士一片欢天喜地，杨延景尤为心悦意惬，这不仅是宋国的一大喜事，而且是杨家门庭一桩荣光之事。此时，三关口里里外外彩旗飘扬，鼓乐阵阵，爆竹声声，一片欢乐喜庆的穆桂英更为欣喜，在这次抗辽之战中，不仅旗开得胜，连战三捷，而且使杨门女将大显威风，声名远扬。这对她来说，是一生中最为辉煌、风光的，如此之荣耀怎么能不欣喜若狂？作为儿媳尽管在公公杨延景面前有点拘束、腼腆，但此刻她怎么也抑制不了内心的喜悦而开怀大笑，雀跃失体。平素滴酒不沾的她，竟然在祝捷宴席上觥筹交错，尽兴畅饮。而后，又去登高望远，四处畅游。

兴冲冲、乐陶陶，把酒临风，喜气洋洋游完崆峒山，来到秋千架。这里两山突兀如柱相对而立，形似一秋千支架，鬼斧神工，玄妙逼真。不用想，这是一处天仙玉女戏荡秋千的神阙仙境。时值阳春三月，满山遍野桃花竞放，山上山下，喷红吐粉，如火如荼，如锦似霞，红了天，粉了地，一抹红粉世界降临到这里。身临其境，谁人不迷？谁人不醉？难怪神仙广成子常来此云游。面对满目的桃花浪涌，穆桂英陶然入醉，真乃是：

人间三月芳菲尽，
胭脂桃花始盛开，
欲览四时怡人景，
不如转入此中来？

穆桂英吟着赏着，心旷神怡，情不自禁快步登上秋千石架，抓住铁索，脚踩踏板飘荡起来。人逢喜事精神爽，她越荡越高，越荡越有劲，一会儿升起，一会儿落下，上上下下，飞荡自如，时而春燕掠空，时而玉女天降，时而飞天搏云，时而金童掠地。悠悠荡荡，兴冲冲吟起词来：

南山春半踏青时，
风和闻马嘶。
青梅如豆柳絮飞，
日长蝴蝶来。
花露重，
草烟低，
苍山帘幕垂。
秋千慵困解罗衣，
尽兴迟迟归。

她吟着，心头荡漾着浓浓春意，不觉陶然入醉。阵阵琅琅笑声，划破了空山幽谷的寂静。桂英身后的彩带随风荡曳，若缕缕彩云游动，恰似一幅真正的飞天仕女图。

欢快的秋千之荡，使穆桂英神清气爽，兴致勃勃。有了第一次，就少不了第二次、第三次……后来，她索性将女兵坤将安营扎寨于此，不时登上秋千，尽情去荡逸。不过，每次总是要梳妆打扮一番，常常是浓妆淡抹，对镜贴花黄，着红装，系彩带，花枝招展，光彩靓丽照人。荡秋千对她来说，是最为快乐的事，信而荡起，悠然落下，飘飘荡荡，惬意之极。每每都是乘兴而去，满意而归。至今，这里峭壁山岩上还留着她当年荡秋千的足迹。后人有诗赞曰：

秋千石架耸云天，
朗朗笑声盈山川。
巾帼英雄穆桂英，
乐在此处荡秋千。

陇干锁钥·千年隆德

北　风

地名是一个地域最具生命力的文化符号，在时间的长河中，地名承载着历史的更迭、岁月的印记、文化的积淀和人民生生不息的一脉传承。

隆德作为宁夏古县城之一，对其地名的形成、挖掘、传承与保护具有丰富的历史和人文价值。展示这一地区丰富的文化积淀与浓厚的人文情怀。

在层峦叠嶂的六盘山大景中，秦腔腔调的古诗唱道：

峻岭插天望六盘
一轮旭日射东偏
晓来佳气凝浓翠
万古青松镇陇干

宁南边陲，六盘山西麓，一座小城安然地躺在山脚之下，阳光将人们热气腾腾的生活唤醒，上学路上的孩子、门集商铺里的摊贩、车站里人声鼎沸的旅客和习惯了早晨出来遛弯儿的老人，人们怡然自得地享受着现代文明带来的种种优越，似乎已然淡忘，它有一个传承千年的名字——隆德。

打开地图，我们可以清楚地看到隆德战略要害之地理，“东望关陕，西眺河洮，南走秦州，北通宁朔。”关山阻险，水道西行，历来兵家必争，故有“关陇锁钥”之誉。

它是宁夏为数不多的古县之一，解开隆德的身份密码，历史便在我们面前徐徐展开。上万年来，人们在这片土地繁衍生息，新石器时代先民的遗迹诉说着文明在这里的发祥，商周戎狄部落追逐着肥美的水草游牧于此，这方土地先后隶属秦之北地郡；汉、三国之安定郡；南北朝之北魏秦州；隋之平凉郡。北宋真宗景德元年（1004 年）是隆德历史上极具重要意义的一年。

《宋史》记载：泾原路都钤辖曹玮上书朝廷，请求在六盘山西麓修筑笼竿城，以要害地募兵以居，并曰："异时秦，渭有警，此必争之地也。"真宗许之，十年后笼竿城修成。

隆德县前身笼竿城，开始以独立身份走入历史长河。

1014 年至 1284 年，170 年的狼烟四起，在宋与金、西夏、元各方势力的兵戈铁马中，隆德接替笼竿城站在了历史舞台之上。通过千年岁月层层斑驳的身影，镌刻着属于自己的人文印记。

县内北魏"石窑寺"洞窟古朴庄严，宋金"东山堡"军旗招展，明代"六盘关"雄踞山巅，清朝"左公柳"郁郁青青，华夏文明的遗址至今犹存。隆德红崖村老巷子，这里被誉为宁夏最美的老巷子。巷子很短，不过 200 米，从这头能够看到那头；巷子很长，从历史走来，带着记忆。沿着错落有致的石头台阶和蜿蜒曲折的乡间小道。老戏台、老磨坊、老水井、土蜂窑子、砖雕照壁、红军墙、土羊圈等古老乡村建筑次第舒展开来，讲述着静静流淌的岁月故事。

1935 年秋，红二十五军长征途经隆德，先遣部队宿营在红崖村，让红色的种子从这里扎根到隆德百姓心里，老巷子里滋长出新生的力量！

固然岁月荏苒，纵使朝代更迭，这方土地上的人民，却把对生活最原始的热爱一代代地传递，使古朴、自然、勤劳、坚实、厚重的民族传统文化得以完整保存。新年里的社火每年吸引周边上万观众；平日里的秦腔是舒展身心的好娱乐，传承百年的马社火和杨家泥塑被列入国家级非物质文化遗产：社火、农民画、书法、泥塑、剪纸、刺绣、砖雕、皮影、编织……如一颗颗明珠闪耀在民俗文化之林，形成了隆德别具特色的文化精髓，勤劳和智慧的隆德人民在继承传统文化的基础上，积淀了隆德独特的耕读传家、崇文尚教的气质，形成了"家有藏书值千金""家有字画不算穷"的文化追求。

这里书法艺术群星璀璨，代有奇才。近来更是荣获中国现代民间绘画之乡、全国文化先进县、中国书法之乡、中国民间文化艺术之乡、中国社火文化之乡、中国非物质文化遗产保护基地等殊荣。在城北象山园山顶，隆德县城便可尽收眼底，俯瞰有渝河横穿城区，建筑俨然成势，园林广场点缀其中；城南清凉河、城北清流河，二水抱城而过，在城西三里店交汇成水库，走过千年的古县城，带着历史的积淀、带着对未来的期许。在时代的洪流中，继续融合汇聚以崭新的城镇面貌谱写着它的全新历史！

丝路轨迹与地名文化

苏　卓

据《西吉县志》记载，西吉县成立于民国三十一年（1942年），以境内席芨滩演化得名，当时属甘肃省陇东专区，驻穆家营。夏商时为雍州。秦属北地郡，汉武帝分北地郡置安定郡，现西吉县地域属安定郡。三国时今县境南部属曹魏雍州安定郡，西北部被羌胡占领。两晋时仍属安定郡。隋时先属原州，后属平凉郡。唐属原州。北宋时属秦凤路，天禧元年（1017年）在今将台乡火家集置羊牧隆城，庆历三年（1043年）改为隆德寨。金时升隆德寨为隆德县，今县境东、南及西南部属其管辖，县属德顺州。今县境西北部属西夏的西安州。元代至元年间，隆德县迁治于今隆德县城，今县境西南部属其管辖，隶陕西行中书省静宁州，今县境东北部属开城府。明时属陕西布政使司关西道平凉府固原州隆德县管辖。县境沐家营一带为朱元璋养子黔宁王沐英牧地，新营、旧营一带为朱元璋十四子朱模牧地。清初属陕西，后归甘肃省，属固原、海原、隆德三县辖地。同治十三年（1874年），在硝河城置州判，属固原直隶州。民国初年隶甘肃省泾源道。

1949年属甘肃省定西专区。1950年5月改属平凉专区。1953年9月，甘肃省西海固回族自治区成立，西吉属其管辖。1955年西海固回族自治区改置为固原回族自治州。1958年宁夏回族自治区成立，西吉县归属宁夏回族自治区固原专区。1970年固原专区改为固原地区。1938—1941年，固海地区3次爆发回民起义，国民党为加强其统治，于1942年置西吉县。1949年解放后，废除保甲制，实行区乡村制。1953年12月，将隆德县的兴隆区划归西吉县；将静宁县单民区所辖的单民、河东、河西3个乡划归西吉县。1954年5月，固原县张易区的什字、官堡2乡划归西吉县。1955年6月，撤销城关区的穆营乡，改置为穆营镇。1958年3月，原兴隆区所辖的杨河、张程、官堡3个乡划归隆德县组建公社。

县境内的葫芦河、清水河、祖厉河沿岸300多处遗址和石窟，产生繁衍了多元的民族文化。开凿于北魏时期的扫竹岭石窟，历代延展，兴盛于北周和唐代，成为萧关丝绸文化的重要组成部分。在石窟文化由西向东传播的过程中起着重要作用。扫竹岭石窟艺术遗留的石窟造像，展现了1500多年前中国汉唐悠久文化，吸纳外来文化艺术营养，与中国文化经过不断交融，升华了隋唐艺术文化的创新、繁荣和发展。绵延1000多年的扫竹岭石窟常建常新，不断产生新的题材内容、新的艺术形式，创造出了与国外佛教艺术和佛教理论不同，而富有中国民族精神和民族气派的佛教艺术和佛教思想。座座石窟，透析着历史的传说，演绎了明代那次骇人听闻的石城之战。今天，石窟东通须弥山，北通香楼山，莫大的石窟群，把绿洲丝路与草原丝路紧紧相连。

建立于北宋年间的羊牧隆城遗址与著名的宋夏好水川之战有着直接的关系，也与成吉思汗侵略扩边密不可分。成吉思汗驻跸六盘山下，制定了攻金灭宋的宏大谋略，继承者忽必烈，在统一南宋过程中以六盘山为进退的大本营，羊牧隆城成为他的左膀右臂。“忽必烈曾与八思巴相聚六盘地区的开城安西王府”。为此，产生了丝路之道马莲川“巴都沟”“羊牧隆城”这一历史地名。经考证“巴都沟”为蒙古语，其意为“雄悍”。“羊牧隆城”为蒙古语，其意为“黑水谷”，没有丝绸路文化的渗透，何来这些与汉语不相容的地名？

西吉钱币博物馆馆藏战国鎏金牛牌饰，造型别致，雄壮有力，表现了草原游牧民族那种豪放、汹涌、壮健的风格。唐代铜驼酒壶，铸工精致，栩栩如生，犹如来跸往与丝路上奔驰的驼队，喝一口，吼一声，悠扬的歌声、铃声时时响彻山间、谷底，把人带入驼队之中。丰富多元的民族文化，展现了这条丝路带的存在。

丝路轨迹也是一条富商之路。

其一，朝那（汝河）→古城镇→东马场→郭庙→上滩→盘龙坡→叠叠沟→张易堡→赵家磨（马莲）→红豁岘→吴家庄→牟荣→将台堡（秦汉古城）→硝河城（德胜寨）→西滩（黑虎沟）→兴坪（八抬轿）→苏堡（堡玉寨）→平峰（旧营）→甘肃会宁老君坡。

这条线路遗存了丰富的堡寨城址，出土了一批珍贵文物。1985 年 10 月将台堡镇王家湾出土的 60 尊珍贵唐代鎏金铜造像。1985 年 5 月，黑虎沟宋代墓葬出土了二十四孝砖雕图、武士、瓷钵等珍贵文物。2003 年 9 月，八抬轿出土了一批珍贵的北魏鎏金铜造像。另外，还出土了多枚波斯萨珊王朝、贵霜王朝、希腊王朝、罗马等丝路珍贵钱币。如今的马莲城、将台堡镇、硝河城和平峰镇等集市发达，外商云集。

其二，甘肃静宁→北峡口→兴隆镇单民（汉城）→将台堡（羊牧隆城）→将台堡（秦汉古城）→硝河城（德胜寨）→白城（宁安寨）→海源（西安城）。

从甘肃静宁到西吉，历来是葫芦河沿岸主要干线，是西吉的一条母亲河，也是一条最古老的丝路，文化遗存最多。遗存的石窟群，景致壮观，巧夺天工。镶嵌在喀斯特地貌内的扫竹岭石窟（又称云台山、西武当山）、北庄石窟、石寺山石窟、险石崖石窟、武家庄摩崖石窟、蝉佛寺石窟、马场石窟、火石寨云台山石窟北通香炉山石窟，与海源西安城相接，南通须弥山石窟与福银高速公路相接，为南来北去的商贾通往萧关、同心等地提供了生活和交流的有利条件，也为这一地区发展带来机遇，如今这里的旅游业发展呈现出一片生机。

羊蹄庙与白马庙的传说

韩久乐

秦始皇统一中国后，为了抵御塞北游牧民部落而修筑的规模浩大的军事工程长城，东西绵延上万华里，因此又称万里长城，这是中国修建时间最长、工程量最大的一项古代防御工程。由于长城在中国历史上的特殊作用，它已成为中华民族聪明智慧、艰苦勤劳的精神象征，体现了中国古代劳动人民的智慧和创造力。

1961 年 3 月 4 日，长城被国务院公布为第一批全国重点文物保护单位，1987 年 12 月，长城又被列为“世界文化遗产名目”，2016 年 8 月又被宁夏回族自治区人民政府公布为“战国秦长城——彭阳段”重点文物保护单位，随后彭阳县人民政府对保护长城遗址又立有路标牌子，并加以修复及保护。

古今中外，凡是到过长城的人们，无不惊叹它的磅礴气势、宏伟规模和工程的浩大。为了修建这样浩大艰巨的工程，秦始皇派谁都不放心，就指派他的亲儿子专门负责修建这项工程。素有“白马王子”之称的太子，身着白衣，骑着白马，率领众多兵士，一路北上，经过白阳城（今彭阳县，古时称白阳城）境内的长城塬，他眼前一亮，心想大西北还有如此辽阔美丽的黄土大平原，南北长约 30 千米，东西宽约 10 千米，他决定在这里修建长城，并与全国其他地方的长城相连接，为了施工，在全国强征民工数十万人，好多家庭由此妻离子散，民不聊生。

当时有个名叫范喜良的年轻人正在与孟姜女举行婚礼，突然闯进一队官兵，不由分说，就将范喜良强行抓做劳工，好端端的一场喜事变成了一场空，孟姜女悲愤交加，日夜思念着丈夫，决定亲自前去找他，一路上，也不知经过了多少风霜雨雪，跋涉过多少险山恶水，凭着顽强的毅力和对丈夫深深的爱，她终于来到了修长城的地方，亲眼目睹了建筑过程及方法，把黄土用笼蒸熟，然后堆砌打实，并在上面建有垛口，用来观察敌情。因为这样的工程不知饿死、累死了多少人，她遍地找不见丈夫，整整哭了三天三夜，她的哭声感动了上天，突听“哗啦啦”一声巨响，已经修好的长城倒塌了一大段，露出了范喜良的尸骨，孟姜女一见尸骨悲从中来，一头撞死在了长城上，这就是举世闻名的“孟姜女哭长城”的悲壮故事。时值秦始皇正在沿途视察工程进度和质量，发现了倒塌的大片长城，误认为是儿子监工不力，质量太差，不由分说，下令将儿子处斩了。

秦始皇沿着长城一路北上，经过彭阳前往朝那郡（今古城镇）视察。农历四月初八日这天，沿着茹河山水来到彭阳县白阳镇周沟村时，被前面围着的一群百姓挡住了去路，有随行的官员报告发现一件怪事，秦始皇也下马观看，在一处田埂边，一只母羊生了两只小羊，小羊争抢吃奶时，一只不慎滚落到田埂的下边，母羊奶了上边的，下边的小羊哭闹，奶了下边的，上边的小羊哭闹，母羊为了两只小羊，不辞辛苦，来回奔跑，竟然将田埂边蹚出了一条小道，此情此景，就连秦始皇这样的暴君也动了恻隐之心，牲畜尚且如此，何况人乎？于是下令不强征劳工，让本地的百姓在这里修建一座庙宇，圣封“羊蹄庙”，以此教化世人。由此至今，每年农历四月初八日，都将在这里举行盛大的庙会，有秦腔助演，有生意小贩，有阴阳法事，热闹非凡，以此祈求风调雨顺，五谷丰登。

秦始皇处理完这件事，才猛然想起辛苦的儿子，也明白了长城倒塌的原因，他立即返回长城塬，看见儿子已死，却跪而不倒，知道他误斩了自己的爱子，随即下令在这里立庙一座，圣封“白马庙”，又封“白马先行”，以此褒奖。这就是白马庙的由来，每年在农历四月初一这天，都要举行盛大的庙会，四面八方的善男信女都慕名而来，至此白马庙的香火日盛，风调雨顺。

为了弘扬白马王子的精神风貌，彭阳县人民政府于2011年在长城塬塑建了三匹白马雕像，白马腾飞，栩栩如生，象征着长城塬的经济像白马一样扬蹄腾飞。沿着雄伟的长城立有界牌路址。毛泽东主席率领中国工农红军胜利翻越六盘山时，写下了“不到长城非好汉”的豪情壮语，向世人诉说着历史的变迁和老一辈无产阶级革命家的丰功伟绩，今天，我们在中国共产党的领导下，沿着“长城、长征”的足迹，继续走向新时代。

羊蹄庙正门

羊蹄庙院景

腾飞的白马雕像

白马庙院景

马到成功

长城遗址修复景观

乔家大院（长征宿营地）

红崖老巷子

杨七斤

红崖老巷子，位于隆德县城关镇红崖村，在城关镇人民政府驻地东南2.9千米处，东南邻陈靳乡新兴村，西连南河社区，北与吴山村为界。因此地位于红崖山畔而得名。2010年，隆德县委、县政府以“千年隆德县，百年老巷子”为主题，以打造“红色旅游景区，保护历史文化名村”为理念，采取“政府引导、部门建设、客商配合、共同打造”的形式，开发建设六盘人家红崖老巷子历史文化名村，依托红崖老巷子景区发展旅游业，被游客誉为“六盘山第一村”。

2012年12月，红崖村被住房城乡建设部、国家文物局、财政部公布为第一批中国传统村落，2014年入选全国乡村旅游富民工程。主要交通干道有隆陈乡级公路穿村而过。辖区内有公交交通。2014年入选“中国最美休闲乡村”名录。2019年入选第一批“全国乡村旅游重点村”名录。

红崖老巷子反映了不同时代兵家必争的地理优势和市井村民的生活画卷。红崖村曾出土有大量的铜箭镞、铁质磬和宋代铜钱。自宋代建德顺军以来，德顺军驻军在这里屯田戍边。发生在隆德境内的战事不计其数，如宋金争夺德顺军之战、成吉思汗拔德顺州、李自成攻占隆德城等，都曾在红崖村安营扎寨。1935年8月17日，红二十五军长征途经隆德，一举攻克隆德县城，攻城部队从此地上山攻下东山堡，活捉国民党保安团团长，为该村留下鲜明的红色革命文化印记。

红崖村著名书法家张维岳（1872—1946年），清代己酉科（1909年）拔贡。民国三年（1914年）出任甘肃省化平县知事，喜读书，好诗文，善书法，墨迹广传陕甘宁各省。

红崖老巷子景区，位于红崖村。景区总占地面积20万平方米。景区以老巷子民俗街区为主线，在保留原住民生活、生产的场景风貌的基础上，整合

红崖村大门

优化村落资源，深度挖掘“坊文化”主题内涵，突出与周边景区的联动功能，强化“文化展示、民俗体验、休闲度假、影视风情”四大主题功能。以“食”文化为内涵，发展特色小吃、“农家乐”；以“引得来游客、留得住游客”为基础，打造精品民宿、农家小屋；以宣传为统领，开设旅游商品店。

村落整体依山而建，居民区南北排布，错落有致，从山底向半山腰按扇形分布，各家各户大门向西，清凉大道南北贯穿全村。老巷子一条街分布着十几个“农家乐”院落，通向巷子院落深处次第舒展着雕塑、园林小品等景观，内有石台阶、石村寨门洞、老巷子、老戏台、老磨坊、老水井、土蜂窑子、砖雕照壁、红军墙、土羊圈等古老乡村建筑，给古村落渲染了生动浪漫的历史人文气息。游客可以全面体验乡土文化、古村落民俗文化、乡土风情和农民生产生活状况，了解隆德民俗文化及传统民居文化。

老巷子“农家乐”